故宮

博物院藏文物珍品全集

故宮博物院藏文物珍品全集

晉唐兩宋繪畫・花鳥走獸

主編：聶崇正

商務印書館

晉唐兩宋繪畫‧花鳥走獸
Flower, Bird and Animal Paintings of the Jin, Tang and Song Dynasties

故宮博物院藏文物珍品全集
The Complete Collection of Treasures of the Palace Museum

主　　編 ……………… 聶崇正

副 主 編 ……………… 袁　傑

編　　委 ……………… 楊丹霞　金運昌　文金祥　李　湜　聶　卉
　　　　　　　　　　　潘琛亮　馬季戈

攝　　影 ……………… 胡　錘　馮　輝　劉志崗

出 版 人 ……………… 陳萬雄

編輯顧問 ……………… 吳　空

責任編輯 ……………… 田　村

設　　計 ……………… 張婉儀

出　　版 ……………… 商務印書館（香港）有限公司
　　　　　　　　　　　香港筲箕灣耀興道 3 號東滙廣場 8 樓
　　　　　　　　　　　http://www.commercialpress.com.hk

發　　行 ……………… 香港聯合書刊物流有限公司
　　　　　　　　　　　香港新界荃灣德士古道 220-248 號荃灣工業中心 16 樓

製　　版 ……………… 中華商務彩色印刷有限公司
　　　　　　　　　　　香港新界大埔汀麗路 36 號中華商務印刷大廈

印　　刷 ……………… 中華商務彩色印刷有限公司
　　　　　　　　　　　香港新界大埔汀麗路 36 號中華商務印刷大廈

版　　次 ……………… 2022 年 4 月第 2 次印刷
　　　　　　　　　　　© 2004 商務印書館（香港）有限公司
　　　　　　　　　　　ISBN 978 962 07 5326 8

故宮博物院藏文物珍品全集

總序

楊新

故宮博物院是在明、清兩代皇宮的基礎上建立起來的國家博物館，位於北京市中心，佔地72萬平方米，收藏文物近百萬件。

公元1406年，明代永樂皇帝朱棣下詔將北平升為北京，翌年即在元代舊宮的基址上，開始大規模營造新的宮殿。公元1420年宮殿落成，稱紫禁城，正式遷都北京。公元1644年，清王朝取代明帝國統治，仍建都北京，居住在紫禁城內。按古老的禮制，紫禁城內分前朝、後寢兩大部分。前朝包括太和、中和、保和三大殿，輔以文華、武英兩殿。後寢包括乾清、交泰、坤寧三宮及東、西六宮等，總稱內廷。明、清兩代，從永樂皇帝朱棣至末代皇帝溥儀，共有24位皇帝及其后妃都居住在這裏。1911年孫中山領導的"辛亥革命"，推翻了清王朝統治，結束了兩千餘年的封建帝制。1914年，北洋政府將瀋陽故宮和承德避暑山莊的部分文物移來，在紫禁城內前朝部分成立古物陳列所。1924年，溥儀被逐出內廷，紫禁城後半部分於1925年建成故宮博物院。

歷代以來，皇帝們都自稱為"天子"。"普天之下，莫非王土；率土之濱，莫非王臣"（《詩經‧小雅‧北山》），他們把全國的土地和人民視作自己的財產。因此在宮廷內，不但匯集了從全國各地進貢來的各種歷史文化藝術精品和奇珍異寶，而且也集中了全國最優秀的藝術家和匠師，創造新的文化藝術品。中間雖屢經改朝換代，宮廷中的收藏損失無法估計，但是，由於中國的國土遼闊，歷史悠久，人民富於創造，文物散而復聚。清代繼承明代宮廷遺產，到乾隆時期，宮廷中收藏之富，超過了以往任何時代。到清代末年，英法聯軍、八國聯軍兩度侵入北京，橫燒劫掠，文物損失散佚殆不少。溥儀居內廷時，以賞賜、送禮等名義將文物盜出宮外，手下人亦效其尤，至1923年中正殿大火，清宮文物再次遭到嚴重損失。儘管如此，清宮的收藏仍然可觀。在故宮博物院籌備建立時，由"辦理清室善後委員會"對其所藏進行了清點，事竣後整理刊印出《故宮物品點查報告》共六編28

冊，計有文物117萬餘件（套）。1947年底，古物陳列所併入故宮博物院，其文物同時亦歸故宮博物院收藏管理。

二次大戰期間，為了保護故宮文物不至遭到日本侵略者的掠奪和戰火的毀滅，故宮博物院從大量的藏品中檢選出器物、書畫、圖書、檔案共計13427箱又64包，分五批運至上海和南京，後又輾轉流散到川、黔各地。抗日戰爭勝利以後，文物復又運回南京。隨着國內政治形勢的變化，在南京的文物又有2972箱於1948年底至1949年被運往台灣，50年代南京文物大部分運返北京，尚有2211箱至今仍存放在故宮博物院於南京建造的庫房中。

中華人民共和國成立以後，故宮博物院的體制有所變化，根據當時上級的有關指令，原宮廷中收藏圖書中的一部分，被調撥到北京圖書館，而檔案文獻，則另成立了"中國第一歷史檔案館"負責收藏保管。

50至60年代，故宮博物院對北京本院的文物重新進行了清理核對，按新的觀念，把過去劃分"器物"和書畫類的才被編入文物的範疇，凡屬於清宮舊藏的，均給予"故"字編號，計有711338件，其中從過去未被登記的"物品"堆中發現1200餘件。作為國家最大博物館，故宮博物院肩負有蒐藏保護流散在社會上珍貴文物的責任。1949年以後，通過收購、調撥、交換和接受捐贈等渠道以豐富館藏。凡屬新入藏的，均給予"新"字編號，截至1994年底，計有222920件。

這近百萬件文物，蘊藏着中華民族文化藝術極其豐富的史料。其遠自原始社會、商、周、秦、漢，經魏、晉、南北朝、隋、唐，歷五代兩宋、元、明，而至於清代和近世。歷朝歷代，均有佳品，從未有間斷。其文物品類，一應俱有，有青銅、玉器、陶瓷、碑刻造像、法書名畫、印璽、漆器、琺瑯、絲織刺繡、竹木牙骨雕刻、金銀器皿、文房珍玩、鐘錶、珠翠首飾、家具以及其他歷史文物等等。每一品種，又自成歷史系列。可以說這是一座巨大的東方文化藝術寶庫，不但集中反映了中華民族數千年文化藝術的歷史發展，凝聚着中國人民巨大的精神力量，同時它也是人類文明進步不可缺少的組成元素。

開發這座寶庫，弘揚民族文化傳統，為社會提供了解和研究這一傳統的可信史料，是故宮博物院的重要任務之一。過去我院曾經通過編輯出版各種圖書、畫冊、刊物，為提供這方面資料作了不少工作，在社會上產生了廣泛的影響，對於推動各科學術的深入研究起到了良好的作用。但是，一種全面而系統地介紹故宮文物以一窺全豹的出版物，由於種種原因，尚未來得及進行。今天，隨着社會的物質生活的提高，和中外文化交流的頻繁往來，無論是中國還是西方，人們越來越多地注意到故宮。學者專家們，無論是專門研究中國的文化歷史，還是從事於東、西方文化的對比研究，也都希望從故宮的藏品中發掘資料，以探索人類文明發展的奧秘。因此，我們決定與香港商務印書館共同努力，合作出版一套全面系統地反映故宮文物收藏的大型圖冊。

要想無一遺漏將近百萬件文物全都出版，我想在近數十年內是不可能的。因此我們在考慮到社會需要的同時，不能不採取精選的辦法，百裏挑一，將那些最具典型和代表性的文物集中起來，約有一萬二千餘件，分成六十卷出版，故名《故宮博物院藏文物珍品全集》。這需要八至十年時間才能完成，可以說是一項跨世紀的工程。六十卷的體例，我們採取按文物分類的方法進行編排，但是不囿於這一方法。例如其中一些與宮廷歷史、典章制度及日常生活有直接關係的文物，則採用特定主題的編輯方法。這部分是最具有宮廷特色的文物，以往常被人們所忽視，而在學術研究深入發展的今天，卻越來越顯示出其重要歷史價值。另外，對某一類數量較多的文物，例如繪畫和陶瓷，則採用每一卷或幾卷具有相對獨立和完整的編排方法，以便於讀者的需要和選購。

如此浩大的工程，其任務是艱巨的。為此我們動員了全院的文物研究者一道工作。由院內老一輩專家和聘請院外若干著名學者為顧問作指導，使這套大型圖冊的科學性、資料性和觀賞性相結合得盡可能地完善完美。但是，由於我們的力量有限，主要任務由中、青年人承擔，其中的錯誤和不足在所難免，因此當我們剛剛開始進行這一工作時，誠懇地希望得到各方面的批評指正和建設性意見，使以後的各卷，能達到更理想之目的。

感謝香港商務印書館的忠誠合作！感謝所有支持和鼓勵我們進行這一事業的人們！

1995年8月30日於燈下

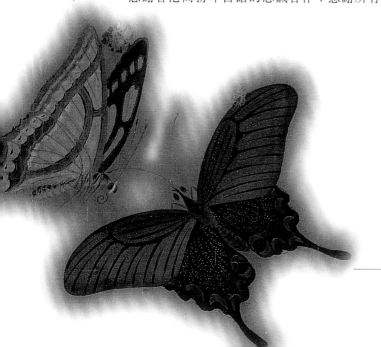

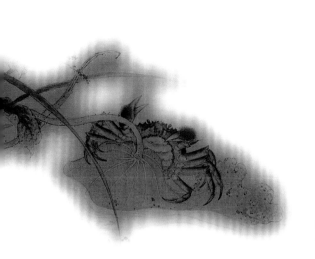

目錄

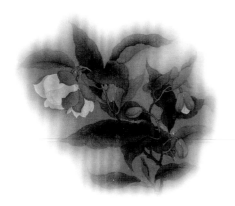

文物目錄

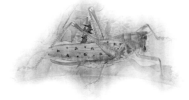

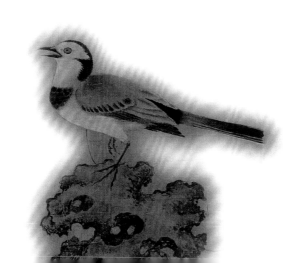

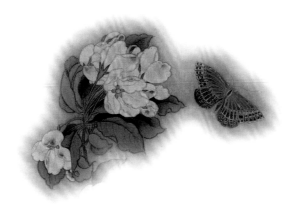
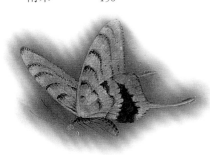

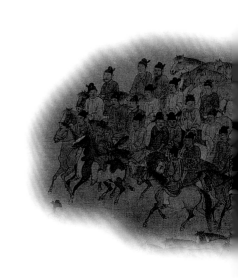

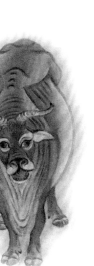

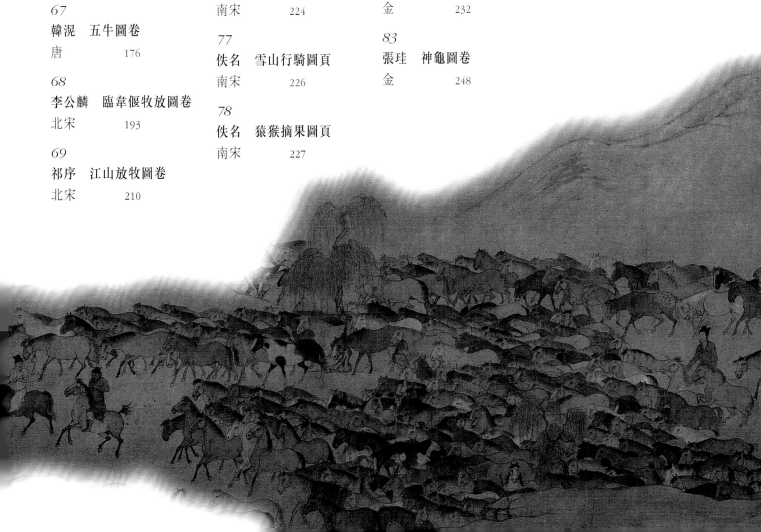

走獸

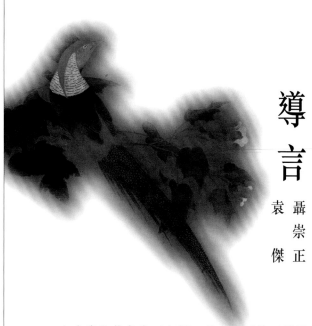

多姿多彩的花鳥走獸畫

導言

袁 聶
傑 崇
　 正

傳統的中國繪畫題材大致可以分為人物畫、山水畫和花鳥畫三大類。花鳥畫泛指以描繪動物、植物為主題的繪畫作品，其中包括現實中的禽類、獸類、昆蟲類、魚類、花草、樹木等，還包括世間不存在的祥禽瑞獸和奇花異草。按照北宋晚期成書的《宣和畫譜》中所分的門類，即"龍魚（水族附）"、"畜獸"、"花鳥"、"墨竹（小景附）"、"蔬果（藥品草蟲附）"中所容納的範圍和物種。在繪畫習慣上也可稱為"翎毛"、"走獸"、"草蟲"、"折枝"、"花果"等。

花鳥畫的興盛，反映了中國人寄託於大自然的一份情懷與趣味。自古以來，美好的願望總是與花鳥息息相關，從漢代繪畫中為西王母銜食的青鳥、月宮中搗藥的玉兔，到南北朝時期佛陀世界的蓮花孔雀，到大唐盛世的葡萄鸚鵡，乃至吉祥紋樣中的石榴牡丹，都融入了尋常百姓的生活之中。歷代畫家經過細心觀察，將自然界的動物和植物進行典型化，即通過剪裁、歸納、提煉，甚至程式化，達到盡可能完美的目的，表現出一個生機勃勃、千姿百態的理想世界。

中國花鳥畫不僅僅是表現動植物的外形，其內在的寓意性更是一種獨特的文化現象，正如《宣和畫譜》中"花鳥敍論"一節所指出的："繪事之妙，多寓興於此，於詩人相表俚焉：故花之於牡丹芍藥，禽之於鸞鳳孔翠，必使之富貴，而松竹梅菊，鷗鷺雁鶩，必見之幽間，至於鶴之軒昂，鷹隼之擊搏，楊柳梧桐之扶疏風流，喬松古柏之歲寒磊落，展張於圖繪，有以興起人之意者，率能奪造化而移精神，遐想若登臨覽物之，有得也。"時至今日，人們仍以松樹之長青比喻長壽，以梅花之耐寒比喻高潔，以牡丹之繁盛比喻富貴，以竹子之多節比喻氣節等等，足見這種寓意文化的根深蒂固。正是由於花鳥畫具有喻人、喻德、教化習俗的人文含義，才特別為人們所喜聞樂見，得以繁榮發展，經久不衰。

本卷收錄的為北京故宮博物院藏早期花鳥走獸畫，時間從7世紀的唐代起，歷經五代、北宋，到13世紀的南宋時期，跨度大約有五六百年。這一時間段的紙絹本作品存世稀少，而在中國繪畫史上卻佔有極其重要的地位，無論是其題材還是技法，都為後世繪畫的發展奠定了基礎。這是一份極其珍貴的文化遺產，人們至今還可以從明清及現代花鳥畫中感受到它們流風餘韻。

花鳥畫

中國花鳥畫的歷史可謂源遠流長。早在五千年前的新石器時代，河南出土的陶缸上就繪有鸛鳥銜魚的圖案。到了三千年前的商周時期，青銅器上的龍鳳、獸面、蟬、魚、蛙等紋樣日益增多，且明顯具有祥瑞的含義。長沙戰國楚墓出土的“繒書”四周繪有樹木，尤其是出土的帛畫上描繪了夔龍和夔鳳的形象。在漢代遺存的壁畫與畫像石中，則多繪有花木、鳥獸，其圖像已相當豐富，如杉、桑、柳、鷹、鸛、鳩、魚等。湖南長沙馬王堆漢墓中出土的帛畫上，表現的是天上、人間、地下三重景物，其天上部分繪有日、月，日中有金烏，月中有蟾蜍與玉兔，其他還有扶桑樹及蟠龍飛繞等動植物的形象描繪。這些花鳥走獸的形象在畫面中的作用，多是陪襯和裝飾，尚不能稱其為花鳥畫。

據記載，以花鳥為題材的畫作在魏晉南北朝時期開始出現。但到目前尚未發現繪製在紙、絹、帛上的花鳥畫作品存世。因此只能從文獻中了解到一個大致的輪廓，如顧愷之畫過《鳧雁水鳥圖》，陸探微畫過《雞𪆰圖》和《鬥鴨圖》，丁光畫過《蟬雀圖》等。河南洛陽出土的北魏石刻上有“仙人騎鶴”，用綫流暢飄逸，當可代表中原風尚。敦煌北朝壁畫中出現“雙鶴齊飛”、“蓮花雙鴿”、“蓮花馬雞”等獨立的裝飾畫面，以及鬥雞、白鶴獨立、雉雞飛竄等，均用綫流暢，設色明麗，但這一時期的花鳥畫仍未成為獨立的畫科。

花鳥畫直到唐代中期才開始擁有獨立的地位，據畫史記載，這一時期湧現出了畫鶴名家薛稷、畫竹名家李昇、畫折枝花的邊鸞等，他們的出現表明花鳥畫的發展步入了一個新時期。與此同時，花鳥畫大多仍作為人物畫的點綴或背景而存在，如傳為唐代畫家周昉所作的《簪花仕女圖》卷（遼寧省博物館藏）雖然是一幅人物仕女畫，但是作為背景出現的玉蘭花、小狗、白鶴等都是代表唐代花鳥畫藝術水平的重要資料。唐代花鳥畫的技巧水平和風格流變，還可以從敦煌壁畫和西安、新疆墓室壁畫中窺見一斑，所描繪的形象有松、桃、藤、牡丹，孔雀、鸚鵡、天鵝、雁，馬、驢、獅、象、虎、犬等數十種，壁畫的技法嫻熟，設色濃豔，是難得的唐人真跡。特別是新疆吐魯番阿斯塔那晚唐墓室中的屏風畫，是早期獨立成幅的花鳥畫作品。

南北朝時期的花鳥畫，大都以表現物象側面的輪廓為主，形象概括而誇張。在繪畫技法上，注重綫的使用，追求輪廓綫的流暢；同樣敷色也頗為誇張，力求色彩鮮明真實。發展到隋唐時期，花鳥畫發生了重要轉折，狀物技法生動而寫實，盛唐的“鐵綫”描法為狀物的準確打下堅實的基礎。至五代時期，花鳥畫進一步擴展描繪的品類，並出現程式化傾向。其間，表現技法越來越豐富，筆墨變化越來越多樣，從以工筆重設色畫為主，開始向以水墨寫意畫為主過渡，呈現二者並重的多元格局。而水墨寫意花鳥畫，更多地反映了畫家主觀的趣味和情感，愈加注重於“神”的表達。發端於五代的這種畫風演變，特別引起史論家的注意。

美術史家對五代花鳥畫有“黃家富貴，徐熙野逸”[1]的説法。“黃家”是指五代後蜀畫院畫家黃筌（約903—965年）及其子黃居寀和黃居寶（黃居寀和黃居寶在西蜀被北宋攻滅後均成為宋王朝的宮廷畫家），他們筆下所畫的都是珍禽異卉，畫風細膩逼真，色彩富麗堂皇，適合宮苑裝飾的需要，也符合皇家的審美趣味，所以這種繪畫風格以後便成了宮廷花鳥畫的主流。而徐熙是五代時一位生活在江南的民間畫家，其繪畫中所表現的是人們觸目所及的普通花草，畫風簡素，到北宋時為文人所竭力推崇。此後花鳥畫的發展軌跡無不在“富貴”和“野逸”之間游移，畫壇上出現一派相互融會貫通、爭奇鬥豔的景象。

在北京故宮博物院的花鳥畫藏品中，黃筌所畫的《寫生珍禽圖》卷（圖1）就是一幅代表“黃家富貴”的作品。在尺幅不大的畫面中，一共畫了鳥雀蟲龜二十四隻，均以細勁的綫勾出輪廓，然後賦彩。這些動物的造型準確，結構嚴謹，特徵鮮明。鳥雀有的靜立，有的展翅，有的飛翔，動作各異；昆蟲鬚爪畢現，雙翅透明，仿若活物；兩隻龜是從俯視的角度描繪，前後的透視關係明確，顯示了作者嫻熟的寫實能力和精湛的筆墨技巧。這幅作品只是畫家為其子用於臨摹習畫的粉本，並非正式的完整之作，不過從中已能夠大致了解“黃家”的繪畫面貌。畫史上記述：後蜀廣政七年（944年），淮南地方向後蜀國進獻了幾隻仙鶴，蜀帝便命黃筌在後宮偏殿的牆壁上照畫下來。黃筌在寫生的基礎上，描繪了六隻仙鶴的不同姿態，猶如真鶴附壁，以至幾隻活的仙鶴經常躍到牆旁起舞，久久不願離去。蜀帝驚歎於黃筌的功藝，於是將這座偏殿命名為“六鶴殿”。黃筌還曾在蜀宮八卦殿的牆壁上畫四時花鳥，形象極為逼真，可惜的是這些壁畫早已隨着建築物化作灰燼了。據《宣和畫譜》記載，北宋末年宮中收藏黃筌的作品多達349件，所藏黃居寀之作品則有332幅，可見"富貴"之風對於宮廷繪畫的影響多麼強勁。

"野逸"的徐熙，"所尚高雅，寓興閒放，畫草木蟲魚，妙奪造化，非世之畫工形容所能及也。嘗倘佯遊於園圃間，每遇景輒留，故能傳寫物態，蔚有生意"[2]。宋代的沈括在《夢溪筆談》中記載："徐熙以墨筆畫之，殊草草，略施丹青而已，神氣迥出，別開生動之意。"可惜的是徐熙沒有真跡傳世，目前只能從傳為牧溪所畫的《百花圖》卷（圖25）中看到一些"野逸"畫風的痕跡。《百花圖》卷純用水墨，不施色彩，卻準確而生動地表現出了六十餘種折枝花卉，其間點綴禽鳥、昆蟲，將色彩斑斕的自然界表達得十分到位。牧溪是南宋時方外之人，其畫風"野逸"是毫不奇怪的。

當然，在宋代畫壇上，"富貴"與"野逸"之間並非是涇渭分明，而往往是相互滲透的，即使在同一畫家身上，亦有二者並存的現象。如崔白雖為北宋畫院畫家，畫風工致，但格調卻並不華麗，他的《雙喜圖》軸（台北故宮博物院藏）繪一隻野兔正回望樹間的山喜鵲，《寒雀圖》卷（圖3）表現的是枯枝間的一羣麻雀，均沒有"富貴"的氣息。

說到代表宮廷以"富貴"為審美取向的花鳥畫作品，不能不提及北宋的徽宗皇帝趙佶。趙佶（1082—1135）在治國理政上，可以說是無所作為，以至亡國淪為金軍的俘虜，客死他鄉。但在繪畫方面，趙佶卻是頗有建樹，是畫史上一個舉足輕重的人物。元人湯垕在《畫鑑》中說："徽宗性嗜畫，作花鳥、山石、人物入妙品，作墨花、墨石亦入妙品。歷代帝王能畫者，至徽宗可謂盡意"。在趙佶當皇帝期間，宮廷中設立的"翰林圖畫院"達到鼎盛時期，制度完善，人才濟濟，作品尤為出色，其畫風左右畫壇，風靡一時。趙佶更是身體力行，帶動了宋朝花鳥畫的發展，使宋朝花鳥畫在狀物方面達到了新的高度和水平。收入本卷的《芙蓉錦雞圖》軸、《枇杷山鳥圖》頁、《梅花繡眼圖》頁（圖4、5、6）等，都是詩情畫意相融合體的佳作，體現了細緻入微的寫實功力。《芙蓉錦雞圖》繪一隻錦雞落在芙蓉上，本幅有宋徽宗題詩，詩中以錦雞比喻五德俱全的君子，寓意"衣錦富貴"。押瘦金體"天下一人"字款。當然，現在所見到的有宋徽宗署款的作品，未必都是他自己親筆所繪，但可以斷言，這些作品都體現了他所提倡的繪畫風尚。

有關現存的宋徽宗繪畫作品中親筆和代筆問題，現代學者作了深入的探討，謝稚柳、徐邦達等人均發表過很有價值的見解。他們的意見概括起來就是趙佶作為一個皇帝，他的繪畫技藝不可能達到職業畫工的水準。按照這樣的推理，那些畫面極其工緻的作品，雖然有皇帝"天下一人"的押款，也有可能是畫院畫家所完成的 (3)。

在宋代，梅蘭竹菊倍受文人稱道，因為它們不畏霜雪，不誇豔麗，頗似文人氣質。詩人畫家無不藉此表達自命清高、憤世嫉俗性格。其實梅蘭竹菊入畫，最初只是作為自然環境出現的。在敦煌西魏壁畫中便畫有竹林，陝西咸陽唐章懷太子墓的壁畫中，也可見到筆筆翠竹，唐人畫法是先勾畫出竹葉和竹竿的輪廓，然後塗色。至於梅、蘭，在南宋時進入了畫家的視野，並留下了不少的作品，這顯然與地域環境和社會環境有關。

丟失了半壁江山的南宋，在畫壇上仍然維繫着"富貴"與"野逸"的等級觀念。如同樣是梅花，就有"村梅"、"宮梅"之別。"村梅"的代表畫家揚無咎（1097—1169），是一位在野的文人，品行高潔，學問極好。時值南宋相國秦檜當政，推行降金政策，為正直的士人所不齒。揚無咎於"高宗朝以不直秦檜，徵不起。" (4) 秦檜得知揚無咎的名氣，請他出山入政，屢遭回絕。有人將揚無咎所畫的梅花攜往宮中，宋高宗見後很不喜歡，說畫的是"村梅"。揚無咎知道以後，索性在自己的畫幅上題寫"奉敕村梅"四字。從《四梅圖》卷和《雪梅圖》卷（圖7、8）上可以一睹揚無咎"村梅"的風采，尤其是《雪梅圖》卷，描繪被大雪覆蓋的梅花和竹葉，一種堅毅挺拔、傲雪凌霜的氣質，感人肺腑。這完全是畫家品格的寫照。

與此相反的是"宮梅"。在宮苑中不斷經過修剪的梅花，處處顯露出雕飾的痕跡。南宋畫院畫家馬麟所作的《層疊冰綃圖》軸（圖11）上描繪的"宮梅"，細巧豔麗，敷色厚重，畫幅上有南宋寧宗楊皇后的題詩："渾如冷碟宿花房，擁抱檀心憶舊香。開到寒梢尤可愛，此般必是漢宮妝。"把梅花比作漢宮中的美女，也頗有擬人化的意味。畫中自有一種皇家的富貴氣息迎面撲來。"宮梅"和"村梅"的差別，不就是五代時期形成的"富貴"和"野逸"兩種不同風格的延續嗎？

大概是由於時世變遷，"野逸"的畫風終歸波及到宋宗室。宋太祖的十一世孫趙孟堅（1191—1264）雖博學多才，三十五歲才得中進士，最終在南渡後的朝廷裏，僅任一知縣。他早年畫的《墨蘭圖》卷（圖24），純用水墨，用筆飄逸，提按轉折、乾濕枯潤皆隨心所欲，表現了文人畫的筆墨技巧。蘭是生長於淮河以南的植物，有春蘭和秋蘭之分，秋蘭花莛似劍，此圖所繪為春蘭。蘭沒有色彩絢麗的花冠，卻幽香遠送，因而受到文人雅士的垂愛。

竹，因其形狀挺拔、竹葉清瘦，在嚴寒的冬季還能保持翠綠的色澤，再加上一節一節的枝幹，這些自然屬性被文人所稱道和讚賞，將之比作君子應當具備的品格而備受畫家的青睞，被反覆加以描繪，以表達畫家的思想和感情。來自四川的知州文同是當時文人畫的代表人物之一，他以擅長畫墨竹而聞名，存世的《墨竹圖》卷（上海博物館藏），構圖簡潔，運筆蒼勁。自文同以後，墨竹畫大為流行，幾乎成了文人專有的繪畫題材。

大文學家、詩人蘇軾和文同一樣，也是宋代文人繪畫的代表人物。他曾經在兩首詩中提及對花鳥畫的藝術主張：“論畫以形似，見於兒童鄰。賦詩必此詩，定非知詩人。詩畫本一律，天工與清新。邊鸞雀寫生，趙昌花傳神。何如此兩幅，疏淡含精勻。誰言一點紅，解寄無邊春。”“瘦竹如幽人，幽花如處女。低昂紙上雀，搖蕩花間雨。雙翎決將起，眾葉紛自舉。可憐採花蜂，清蜜寄兩股。若人富天巧，春色入毫楮。懸知君能詩，寄聲求妙語。”[5] 很明顯，詩中強調繪畫應當在形似的基礎上進而達到形神具備的詩意境界。

文人的加入無疑為繪畫增加了更深的文化內涵。但在畫題中將梅、蘭、竹、菊合稱為“四君子”則是以後的事情。據記載，明人黃鳳池曾將此四種花草的圖譜編成《梅竹蘭菊四譜》刊印，同時代的畫家陳繼儒題名為“四君”，加以稱頌。

與花鳥畫相比，宋代草蟲畫同樣精彩，它的出現不僅標誌着畫題的擴展，也反映了畫家對自然界的觀察更加細微，從而進一步強調了寫實精神。傳為趙昌所畫的《寫生蛺蝶圖》卷（圖2）上，繪出自然界的一個小小角落，花草邊伏着蚱蜢，飛着蝴蝶，充滿了生氣和情趣。據記載，趙昌清晨即起，繞欄諦視，仔細觀察草蟲活動形態，手調色彩當場描繪，因此素有“寫生趙昌”之美名。另一幅《菊叢飛蝶圖》頁（圖23），在一叢菊花之間點綴着蜜蜂、蝴蝶，而《晴春蝶戲圖》頁（圖60）則畫的全是蝴蝶，這類畫題中常被遣入筆端的有“百蝶”、“秋豔”、“秋聲”等，又因“蝶”“耋”諧音，“耄（貓）耋（蝶）富貴（牡丹）”也就成了吉祥寓意畫題之一。《瓦雀棲枝圖》頁（圖31）中畫了一隻麻雀回望樹葉上的小蟻，小蟻竟開牙欲搏，可謂描繪細微到了極至。

在故宮博物院收藏的宋代花鳥畫中，有相當一部分屬於冊頁。雖是小品畫，但畫中的花鳥草蟲走獸，千姿百態，生動活潑，其內涵豐富，以小見大，以淺見深，堪稱為濃縮本的佳作集成。畫家涉及的畫題廣泛，繪製精心，作品十分精緻耐看。這些冊頁有的原先是宮廷中配置的屏風畫，有的是紈扇，被後人收集在一起裝裱成冊。冊頁畫上大部分沒有作者署款，個別畫幅上留有名款，都是畫院知名的畫家，這些名家高手特別引人注意。收入本卷的冊頁，有"南宋四家"之一馬遠所畫的《梅石溪鳧圖》頁（圖9）、《白薔薇圖》頁（圖10），前者畫一羣野鴨在山溪中游弋，岩石上梅花點點，用筆簡約有力；後者畫一枝薔薇，花朵碩大，用筆細微，設色明豔，其畫風前後判若兩人，亦可謂是集"富貴"與"野逸"於一身。馬遠素以山水聞名。他的畫幅講究邊角的構圖，運筆多用"斧劈皴"，很有特點。馬遠所繪梅花，造型奇特，枝幹均向下傾斜拖拉，故而得有"拖枝馬遠"的諢名，在《梅石溪鳧圖》頁上可以清楚地看到這一特點。

此外，馬遠之子馬麟所畫的《橘綠圖》頁（圖12），繪一枝由綠轉白大橘，枝葉茂盛，畫面仿佛是從閩江橘園中剪下的一角，反映了南宋的地域特點。林椿所畫的《葡萄草蟲圖》頁（圖13）、《果熟來禽圖》頁（圖14）、《枇杷山鳥圖》頁（圖15），把自然界中處處細微的地方表達得淋漓盡致。李迪所畫的《雞雛待飼圖》頁（圖17）畫面中只有兩隻雞雛，但畫得極其精細傳神，而梁楷所畫的《秋柳雙鴉圖》頁（圖18）、《疏柳寒鴉圖》頁（圖19），則以極其簡練的筆墨，勾畫出了山水之間充滿生機的朝朝暮暮。南宋畫院的名家之作，造型嚴謹，色彩鮮明，運筆灑脫，風格多樣，反映了南宋畫院在畫風上新的多元取向。其中，尤其引人注意的是梁楷，他的行為舉止放浪形骸之外，人稱"梁瘋子"。其畫風如其人，亦不拘一格，畫史稱梁楷的畫作"傳於世者皆草草，謂之減筆"[6]，他那種潑墨大寫意的畫法滲透了當時的文人繪畫風格，對後世產生了極大的影響。

像馬遠《白薔薇圖》頁那樣繪有大朵花卉的，還有《出水芙蓉圖》頁（圖26）、《牡丹圖》頁（圖51）、《水仙圖》頁（圖54）、《無花果圖》頁（圖57）等，雖未署款，但均為精細之作，光彩照人，反映出宋王朝繁盛的餘輝。與之相反，《鶺鴒荷葉圖》頁（圖40）、《疏荷沙鳥圖》頁（圖45）、《荷蟹圖》頁（圖58）則畫了荷塘中的枯枝敗葉，一派蕭索景象。其畫法之精細，更令人生出無限感慨。特別耐人尋味的是《秋樹鸜鵒圖》頁（圖34）和《榴枝黃鳥圖》頁（圖46），前者繪一隻能言善辯的八哥，鳥羽光潔，鸜傲立於佈滿蟲蝕的秋樹上，後者繪一隻黃鸝亦棲止於枯敗枝頭，卻口銜蛀蟲。兩幅小圖活生生畫出了國勢衰微的景象。

走獸畫

早期走獸圖像所表現的是與人類活動密切相關的動物。浙江河姆渡出土的黑陶缽是距今大約四千年前的遺物，上面刻畫着豬和稻穀，表明了農耕民族的生產特點。進入漢代，社會富足強盛，王室貴族喜好狩獵、遊樂，並崇信鬼神，因此往往在墓室的畫像石上，刻有車馬出行、騎馬射虎、熊牛相搏、犬兔相逐的畫面，甚至還真實地刻出中原地區不存在的象和獅子，足見當時文化交流的廣泛。北朝的走獸畫，依然延續漢畫中的灑脫強悍之風，敦煌壁畫繪有虎、狼、野豬等，野牛回望的瞬間，動人心弦。隋唐時期，社會安定富裕，人們崇信佛教。在敦煌壁畫中除了繪有其他動物外，還繪有水牛、黃牛、野牛羣，表現生產場景和佛經故事。唐人畫牛已經達到了很高的水平，但存世的紙絹畫卻如鳳毛麟角。

故宮博物院藏唐朝韓滉的《五牛圖》卷（圖67）是一件傑作。曾經任過官的韓滉，在職期間十分注重農民和農業生產，畫過許多與農業有關的畫幅。《五牛圖》卷畫在麻紙上，用粗放的中墨勾綫，結合皮毛和肌肉的轉折，略有頓挫，再加重墨勾點，恰當地表現出了牛皮的厚實和柔韌，以及角和蹄的堅硬。設色簡易。五頭牛止中的一頭是正面，準確地把握其前後透視關係，難度相當大，不過畫家仍然處理得很成功。關於《五牛圖》的寓意，元代的趙孟頫在題跋中認為是東晉陶弘景的一個典故。據《南史》記載，陶弘景是齊梁間著名的道士，隱居於句容（今屬江蘇）的茅台，自號“華陽陶隱居”。他雖修道於山中，但並未忘情世間，他多次替蕭衍出謀劃策。蕭衍立國為梁以後，凡軍國大事皆遣人致問，時人呼之為“山中宰相”。梁武帝多次召他出山，陶弘景都堅辭不就，並且畫了兩頭牛，“一牛散放水草之間，一牛着金籠頭，有人執繩，以杖驅之”。梁武帝遂放棄了請他出山的念頭。趙孟頫的看法得到清乾隆皇帝的認可，並在本幅上題詩一首。

任何一件古代書畫作品，歷經上百年甚至千年，都會有一段傳奇故事，《五牛圖》也不例外。這一古代繪畫藝術珍品，歷千餘年沉浮而仍存於世，不能不說是藝林幸事。此圖在唐朝末年已不知存於何處，到了宋徽宗時期曾一度收入內府，據明代《珊瑚網》一書記載，此圖在明朝時宋徽宗的題籤尚存，但現在已佚失，估計為後人割去移作它用。不過在北宋《宣和畫譜》中亦未見此圖的著錄文字。南宋末年歸宗室趙伯昂所有，元代時趙孟頫曾在書法家鮮于樞家中見到此圖，並索得此珍品，書題再三，稱此圖“神氣磊落，希世名筆也”。入元轉入元內府太子書房，太子復以此圖賜唐古台平章，後又輾轉歸海虞鄒君玉，有元末孔克所題為證。明朝時歸著名收藏家項元汴所有，清朝初年歸宋犖所有，乾隆時入藏內府，並著錄於《石渠寶笈》。畫卷後有董邦達、汪由敦、裘曰修、錢維城等詞臣題詩多段。八國聯軍侵佔北京時（1900），掠奪古物無數，而此圖亦遭劫難，被英國人掠至香港拍賣，為匯豐銀行買辦吳衡孫購得。吳氏後來瀕臨破產，遂欲將此圖拍賣。時值1949年中華人民共和國剛成立不久，在財政十分困難的情況下，周恩來總理親自指示不惜重金將這件稀世珍品購回國內，珍藏於北京故宮博物院，終於使這件千年文化瑰寶重新煥發出燦爛的光彩。

北宋祁序所畫的《江山放牧圖》卷（圖69）、傳為南宋毛益所畫的《牧牛圖》卷（圖70）也是兩幅描繪牛的精彩作品，與《五牛圖》卷不同的是，韓滉畫的是黃牛，而祁序、毛益畫的是水牛。中原王朝政治中心的南移和地域的差異，導致南宋畫家筆下出現的只能是江南水鄉地帶才能見到的水牛。這些畫作大多表現的是田園美景，四野空靈，氣氛寧靜，水牛肥碩，小童頑皮，充滿詩情畫意。不盡令人想起宋人詩句："平岡細草鳴黃犢，斜陽寒林點暮鴉。"畫家在讚美景色的背後，多少也隱藏着幾分對痛失江山的無奈，正所謂："江南游子，把吳鈎看了，欄杆拍遍，無人會，登臨意。"

古代畫家描繪的動物中大概以駿馬的數量為最多。馴養馬的技術從外域傳入中原後，使一個以農耕為主的民族，迅速壯大起來，並發展為軍事強國。自商周以來，國家征伐，貴族出行都離不開馬匹，馬也就成了強盛、尊貴的象徵。秦漢時期，隨着騎兵發展壯大，馬更成為國家的軍事裝備。到了唐朝，以善騎射而有天下的唐王室，把從西域傳來的馬球作為貴族流行的娛樂活動。就像法國作家布封所說的那樣："人類所做到的最高貴的征服，就是征服了豪邁剽悍的動物——馬"。

另外，中國人喜愛馬匹，除取其快捷迅速之意，如"馬到成功"、"馬上封侯"外，還將其比喻為人才，"金台市駿"、"伯樂相馬"等成語故事都是這個意思，使得這一題材帶有濃厚的人文寓意。於是，歷代都有許多擅長畫馬的畫家應運而生，如唐朝的陳閎、曹霸、韓幹、韋偃等，大詩人杜甫還寫有詩句，評論他們畫馬作品的優劣得失。當然，唐代畫馬真跡除敦煌、西安等地壁畫外，紙絹本現已幾乎無從看到了，我們只能從後世摹本、傳為唐人所畫的《遊騎圖》卷（圖65）上，體會唐人對於馬匹的鍾愛。初盛唐時期的貴族用馬高大雄健，具有西域駿馬的特點。《百馬圖》卷（圖66）因馬的畫法尚保留有晚唐五代的風格，所以一直被傳為唐人遺墨，據現代學者考證，斷為唐代未必準確。

北宋畫家李公麟奉敕臨摹的傳世名作《臨韋偃牧放圖》卷（圖68）也是一件臨摹唐人畫馬的作品。韋偃是唐朝著名的畫家，擅長畫馬，但是韋偃的原作現已無法見到了。據《宣和畫譜》記載，李公麟作畫，如係自己的新創作，均用紙本，凡臨摹古畫，則用絹本，"凡古今名畫，得之則必臨摹，蓄其副本"。他"尤好畫馬"(7)，既注重從傳統畫法中吸取營養，又能夠對現實生活中的羣馬細緻觀察而有所得，所以在北宋時成為畫馬名手。《臨韋偃牧放圖》卷上共畫了人物一百四十餘口、駿馬一千二百多匹，可謂場面壯闊、氣勢恢弘、洋洋大觀。如此龐大的構圖，若沒有長時間的經營和縝密的運思，即便是臨摹，也難以達到如此的效果。這幅作品既保留有唐代韋偃畫風的痕跡，從上又能看到李公麟高超的臨摹技藝，名畫家臨摹名家畫，真可謂一絕。

陳居中是一位熟悉北方遊牧民族生活的畫家，他雖供職畫院，但他的畫題不是精美細膩的花花草草，而是番馬走獸，所畫的《四羊圖》頁（圖73）畫面不大，但生動而富有情趣。《柳塘浴馬圖》頁（圖74）在咫尺間表現了牧者首領觀看浴馬的場景，可汗盤腿坐在柳蔭下，侍從高舉傘蓋，一羣駿馬在牧人的驅趕聲中跳入水塘，平和的畫面中表現出強悍的民族個性。

10世紀時，北方契丹族建立的遼國與北宋對峙，契丹是遊牧兼農耕的民族，十分重視騎射，也是從馬背上立國的。在它早期發展的階段自然遼代就出現了若干擅長畫馬的畫家。胡瓌是遼代有名的畫家之一，尤以畫馬最為擅長。據宋代《五代名畫補遺》記載："胡瓌，山後契丹人，善畫馬，骨骼體狀，富於精神，其穹廬部族，帳幕旗飾，弧矢鞍韉，或隨水草放牧，或在馳逐弋獵，而又胡天慘冽，沙磧平遠，能曲盡塞外不毛之景趣。"可見胡瓌是一位專門表現本民族生活習俗的畫家，從其《卓歇圖》卷、《蕃騎圖》卷（此二圖卷收入《晉唐兩宋繪畫·人物風俗》中）上，可以領略當時這個馬背民族的剽悍風采。

遼國之後，取代其在中國北方統治的是女真族建立的金國。金先是與宋對峙，進而以其金戈鐵馬攻掠北宋都城汴梁，滅亡北宋後，繼而與南宋戰事不斷。女真族是一個以漁獵為主的民族。金國趙霖所畫的《昭陵六駿圖》卷（圖82）是一件頗為別致的畫幅，所畫既不是現實生活中的駿馬，也非臨摹古畫中的駿馬，而是依照唐太宗陵墓前石雕上的戰馬形象畫的。現在能夠確認的金國畫作並不多見，故此圖十分珍貴。畫中的"六駿"是隨唐太宗李世民征戰的坐騎，身經百戰。唐太宗死後，葬昭陵（在今陝西禮泉），並將六匹戰馬的形象雕刻在陵墓的建築上以示紀念，這組紀念性浮雕被稱為"昭陵六駿"。目前"昭陵六駿"原石刻已然有所殘損而不復完整了，有的甚至流散到了國外。但此幅《昭陵六駿圖》繪製時，上去唐朝不過三百餘年，石刻尚稱完整，所以這幅作品除去藝術價值外，其歷史資料價值也是不可忽視的。

遼國的胡瓌和金國的趙霖雖然有着地域和民族的不同，但是僅從繪畫的角度而言，他們與南宋畫家的技藝並無多少差異，説明當時南北雙方雖然處在敵對的狀態下，但是文化藝術的交流卻是沒有界限的。

註釋：

(1) 宋・郭若虛《圖畫見聞志》（畫史叢書本），上海人民美術出版社，1963年，上海。

(2) 宋・佚名《宣和畫譜》（中國畫論叢書本），人民美術出版社，1964年，北京。

(3) 見徐邦達《宋徽宗趙佶親筆畫與代筆畫的考辨》，載《故宮博物院院刊》1979年第1期，北京；謝稚柳《宋徽宗〈聽琴圖〉和他的真筆問題》，載《鑑餘雜稿》，上海人民美術出版社，1989年，上海。

(4) 元・吳太素《松齋梅譜》。

(5) 見李福順編著《蘇軾論書畫史料》，上海人民美術出版社，1988年，上海。

(6) 元・夏文彥《圖繪寶鑑》（畫史叢書本），上海人民美術出版社，1963年，上海。

(7) 宋・鄧椿《畫繼》（中國美術論著叢刊本），人民美術出版社，1963年，北京。

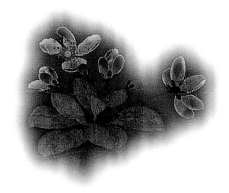

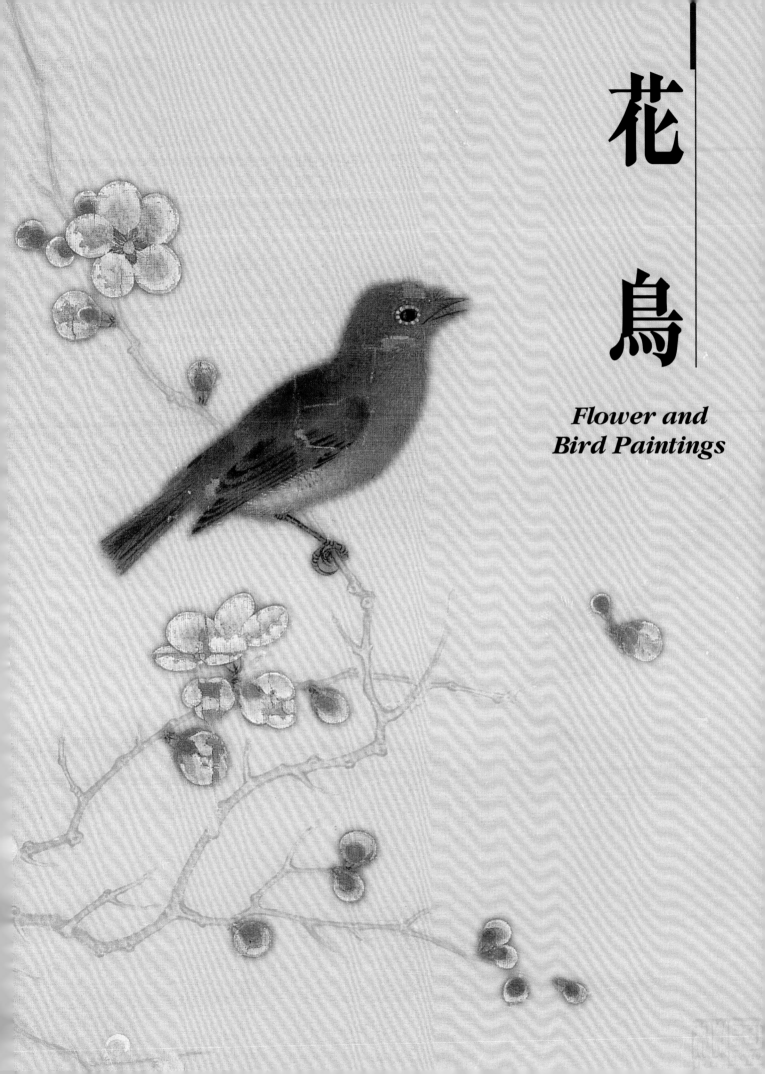

花 鳥

*Flower and
Bird Paintings*

黃筌　寫生珍禽圖卷
五代
絹本　設色　縱41.5厘米　橫70厘米
清宮舊藏

Birds, Insects, and Turtles
By Huang Quan
Five Dynasties
Handscroll, colour on silk
H.41.5cm　L.70cm
Qing Court collection

黃筌（903—965年），字要叔，四川成都人。西蜀畫院畫家，供職於前後兩蜀。入宋後，任太子左贊善大夫。師法刁光胤，尤工花鳥，畫法工整精麗，多為淡墨細勾，然後再以金彩渲染，被稱為"勾勒填彩，旨趣濃豔"，有"黃家富貴"之稱，這種畫風代表了宋代畫院的風貌，影響了北宋花鳥畫壇百餘年。宋沈括謂其"畫花妙在敷色，用筆極精細，殆不見墨跡，但以五彩佈成，謂之寫生"。

《寫生珍禽圖》是目今存世的唯一可信的黃筌作品，繪有禽鳥龜蟲（名稱見附錄），大小間雜，姿態生動，注重寫實。在綾的變化中表達出質感，如鳥的羽毛蓬鬆，龜甲堅硬，蟬翼透明等。此圖用筆精細，重在設色，以細筆淡墨先勾輪廓，再行渲染，基本蓋住墨跡，從中可以領會到以色彩豐富、用筆細膩見稱的黃氏風格。正如明代文徵明所說："自古寫生家無逾黃筌為能畫其神悉其情也"。

本幅題有"付子居寶習"，可知是黃筌給其次子居寶用的臨摹範本。鈐鑑藏印"睿思東閣"（朱文）、"秋壑"（朱文）、"悅生"（朱文葫蘆）、"隴西記"（朱文葫蘆），押縫印"隴西記"（朱文葫蘆）、"素軒清玩珍寶"（白文）、"錢氏合縫"（朱白文鼎）、"寄傲"（朱文），及清乾隆、嘉慶、宣統內府藏印八方。

裱邊題籤："黃筌寫生珍禽圖　康熙丁巳（1677）重裝於蕉林書屋"。前、後隔水鈐鑑藏印（釋文見附錄）。

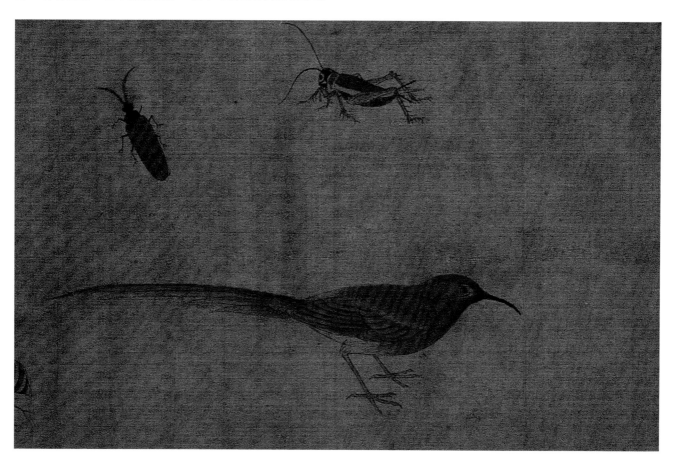

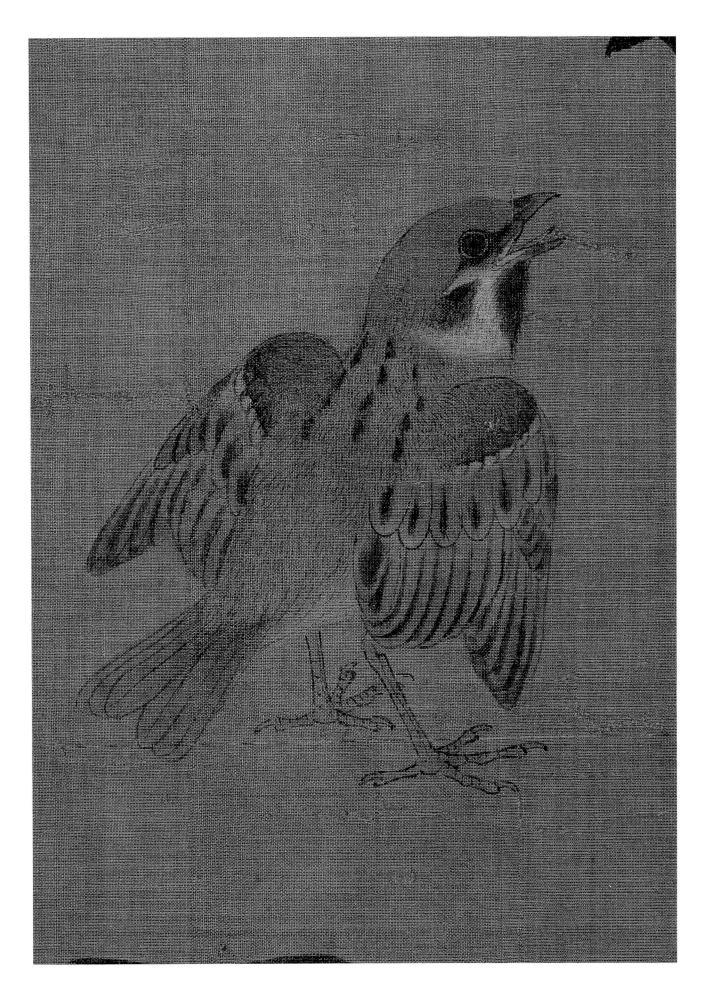

3

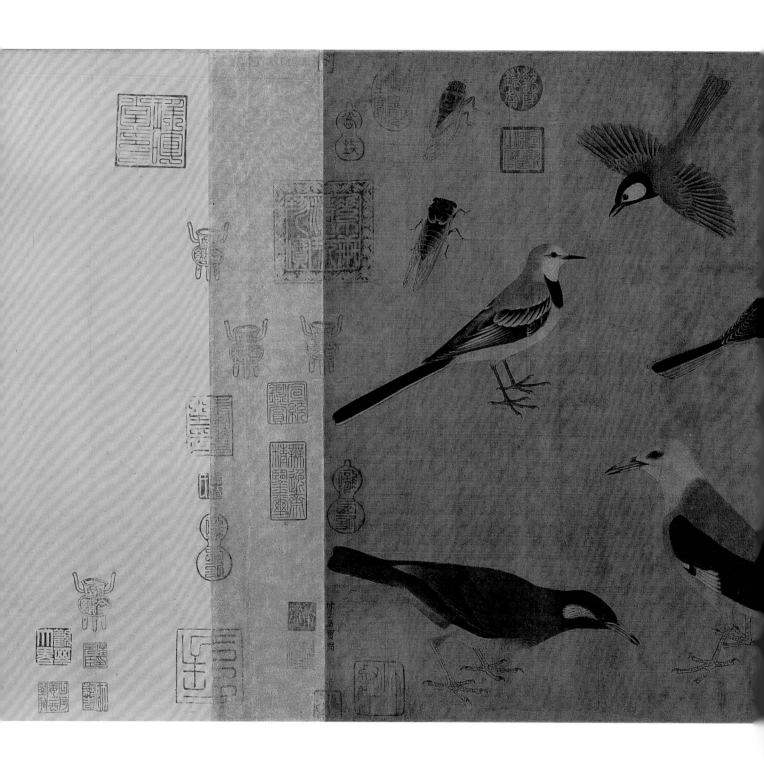

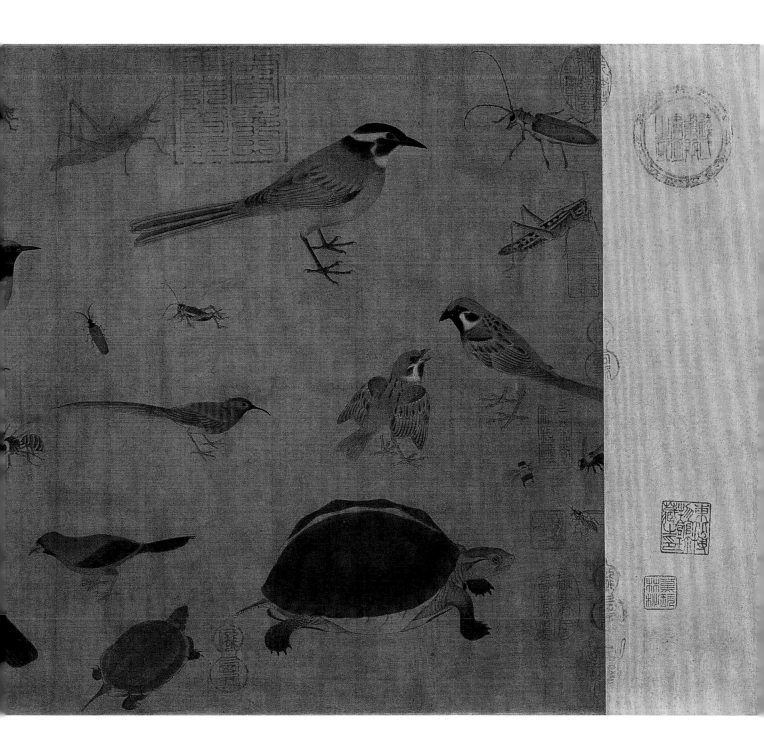

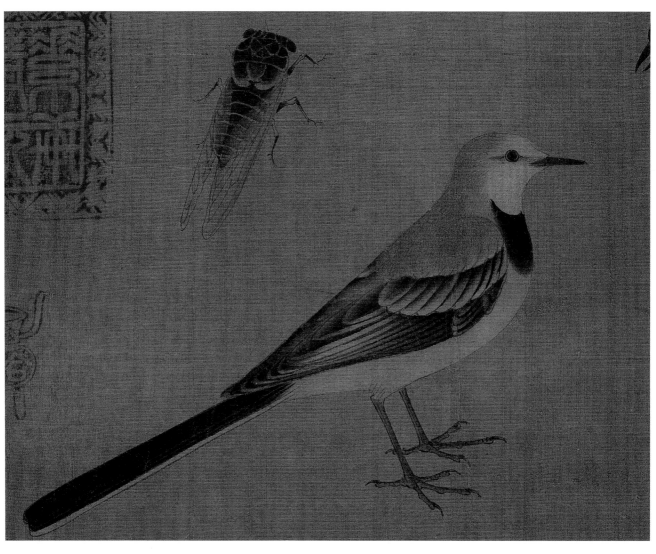

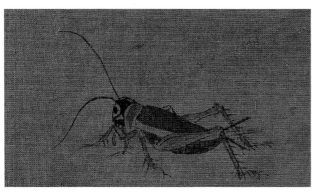

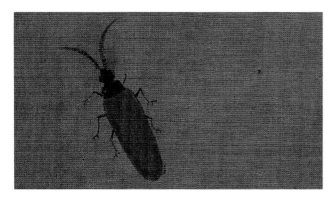

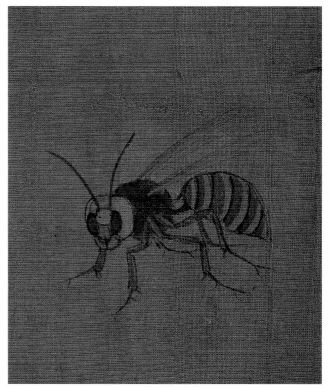

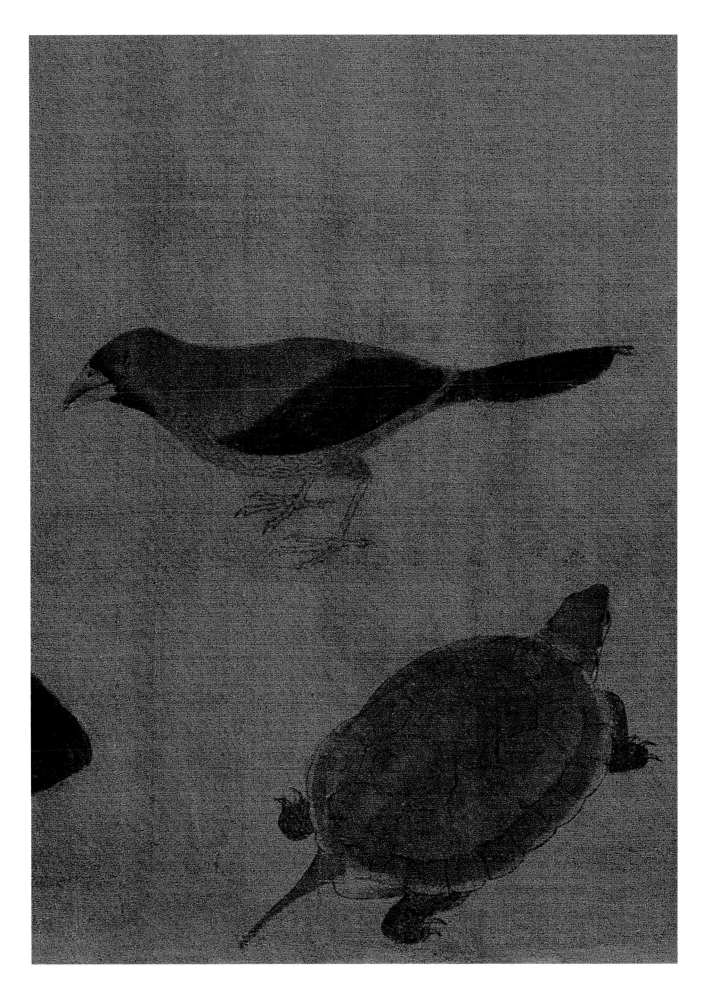

2

趙昌（傳） 寫生蛺蝶圖卷
北宋
紙本　設色　縱27.7厘米　橫91厘米
清宮舊藏

Live Butterflies
By Zhao Chang
Song Dynasty
Handscroll, colour on paper
H.27.7cm　L.91cm
Qing Court collection

趙昌（生卒年不詳），字昌之，劍南（今四川成都）人。北宋畫家，專工花卉草蟲，早年師法滕昌祐。為了深入觀察，他經常在清晨繞欄諦視，手調彩色當場描繪，自號"寫生趙昌"。所作的形態逼真、敷色鮮豔為時所重。但趙昌不輕易以畫與人，故作品傳世極稀。

《寫生蛺蝶圖》畫蛺蝶翩翩飛舞，下方紅葉、菊花、秋草叢生，花蔭下伏着蚱蜢，饒有野趣。大紅蛺蝶畫法細緻工整，花草用墨綫勾勒，用筆頓挫有致，色不隱墨，在宋代花卉畫中頗為少見。有專家指出，這種風格與文獻上關於趙昌敷彩濃麗、不見筆骨勾綫的記載相背，此卷當非趙氏所作。但它在宋代花鳥畫中仍佔有重要地位。

本幅有清乾隆御題詩，鈐"乾隆宸翰"（朱文）、"幾暇臨池"（白文）。鈐鑑藏印"魏國公印"（朱文）、"秋壑"（朱文）、"皇妹圖書"（朱文）、"台州市房務抵當庫記"（朱文半印）、"典禮紀察司印"（朱文半印）、"吳新宇珍藏印"（朱文）、"新宇"（朱文）、"女明父"（朱文）等，及清乾隆、嘉慶、宣統藏印、"三希堂精鑑璽"（朱文）、"石渠寶笈"（朱文）、"御書房鑑藏寶"（朱文）。尾紙有馮子振奉大長主命題、趙巖、董其昌題跋（釋文見附錄）。

曾經《石渠寶笈初編》著錄。

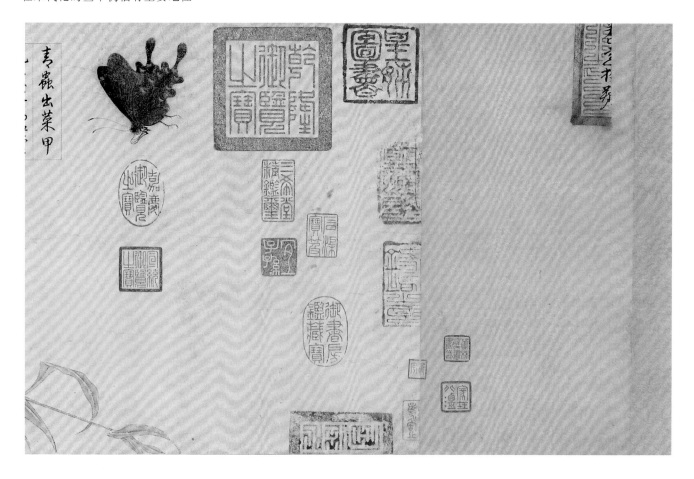

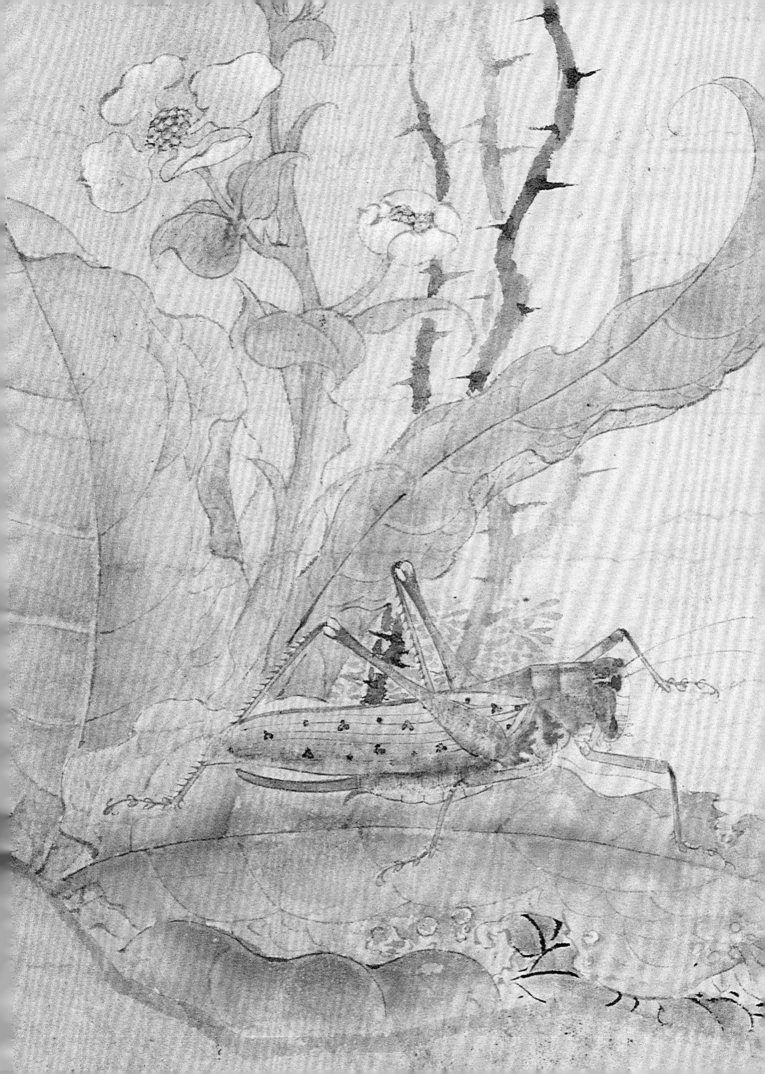

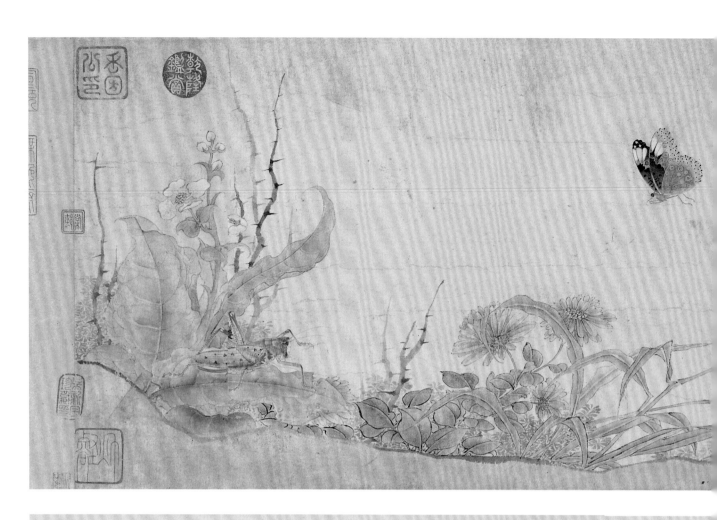

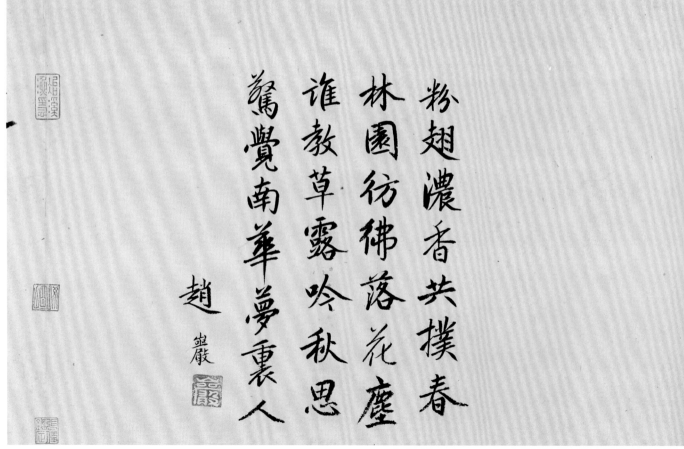

粉翅濃香共撲春
林園彷彿落花塵
誰教草露吟秋思
驚覺南華夢裏人

趙巖

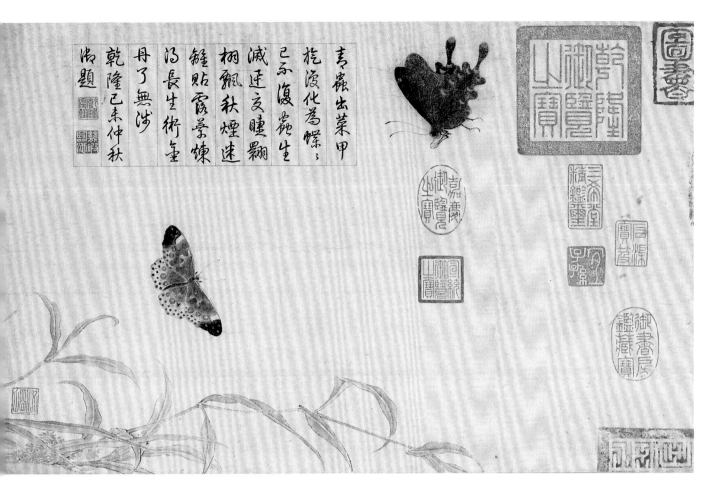

青蟲出菜甲
抱復化為蝶
已示復蟲生
減運定眠翻
栩飄秋煙迷
雛貼露景煉
冯長生術筆
丹了無涉
乾隆己未仲秋
御題

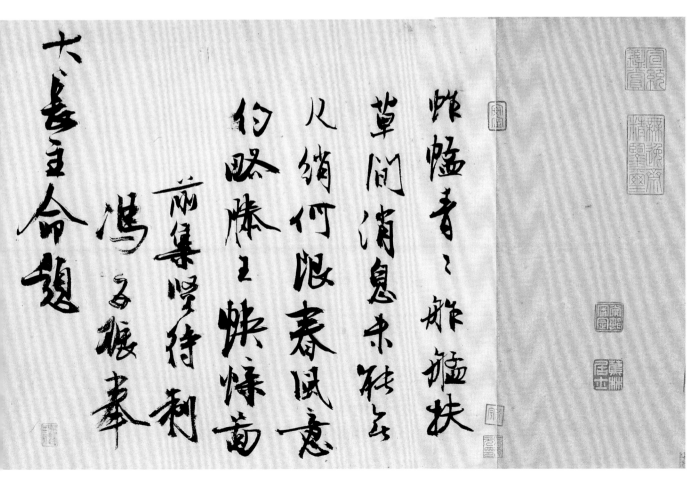

蛺幗者々蛺幗扶
草間消息未詳云
凡綃何限春風意
約略勝之快燦菌
前集學待利
馮子振奉
六長主命題

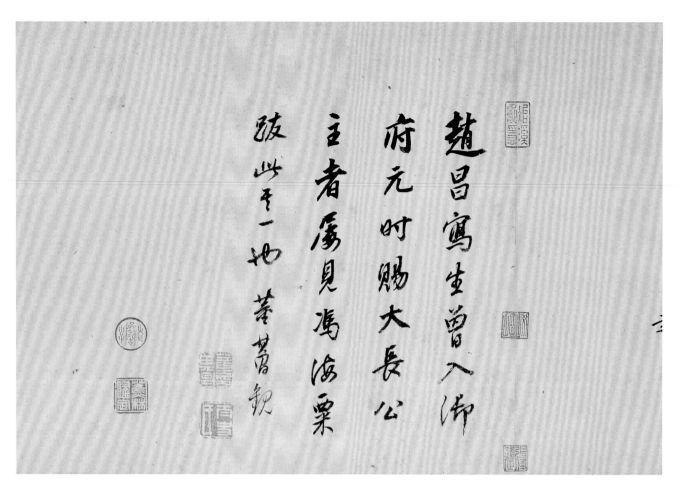

趙昌寫生曾入御
府元時賜大長公
主者屬見馮海粟
跋此于一枝董昌觀

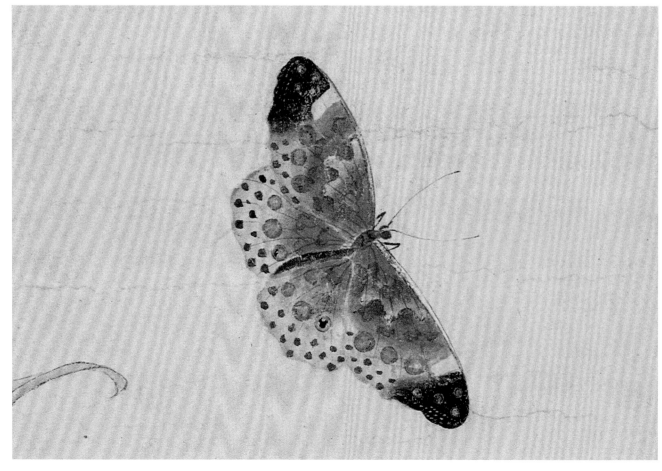

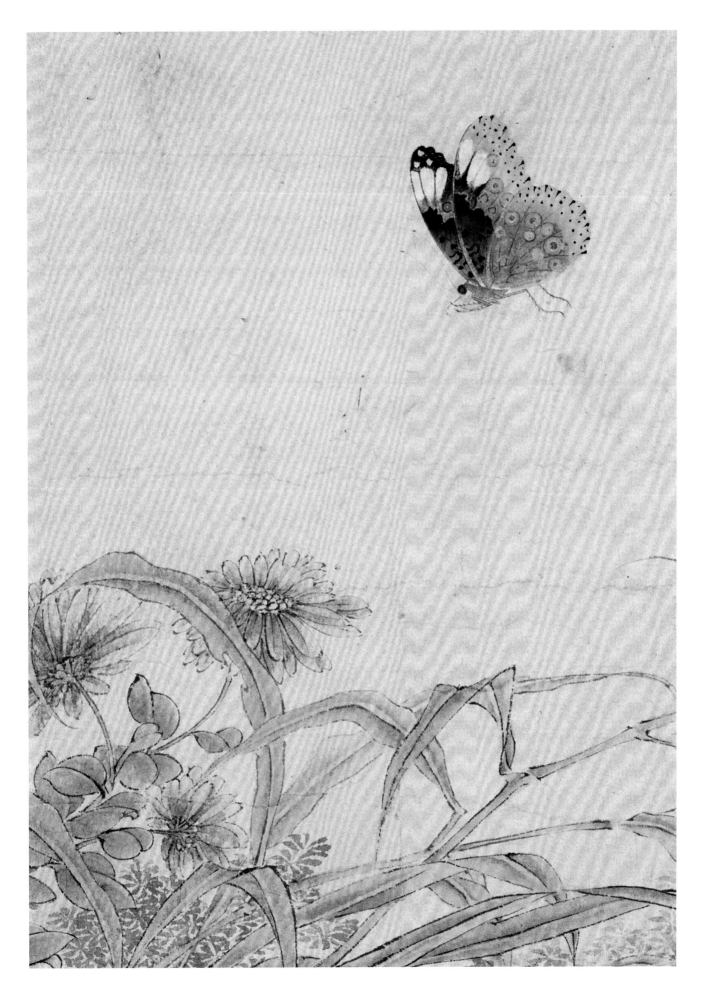

3

崔白　寒雀圖卷
北宋
絹本　設色　縱30厘米　橫69.5厘米
清宮舊藏

Wintry Sparrows
By Cui Bai
Song Dynasty
Handscroll, colour on silk
H.30cm　L.69.5cm
Qing Court collection

崔白（生卒年不詳），字子西，濠梁（今屬安徽）人。北宋熙寧（1068—1077）初年進入畫院，人物、道釋鬼神、花鳥走獸無一不精。據記載，他在開封相國寺繪有大量壁畫。他"畫花竹翎毛，體制清贍，作用疏通"，重在寫實。

《寒雀圖》繪一枯樹枝幹橫斜，九隻麻雀鬧枝頭，或飛或棲，顧盼鳴叫，神態各異，一隻倒掛於枝頭，另一隻展翅俯衝，兩雀遙相呼應，極富動感。枯寂寒冷的環境與生機勃勃的麻雀形成鮮明的對比，生動地記錄了自然界中一個平實的場面。此卷是北宋時期花鳥畫代表作之一。

本幅款識"崔白"。有清乾隆御題詩一首。鈐藏印"長生"（朱文）、"琴書堂"（白文）、"皇妹圖書"（朱文）、"紹勳"（朱文）、"封"（朱文）、"北燕張氏收藏"（朱文）、"耿會侯鑑定書畫之章"（朱文）、"真賞"（朱文）、"三希堂精鑑璽"（朱文）、"宜子孫"（白文）、"樂壽堂鑑藏寶"（白文）、"石渠寶笈"（朱文）、"石渠定鑑"（朱文）、"寶笈重編"（白文）、"寧壽宮續入石渠寶笈"（朱文）、"耿嘉祚會侯又號漱六主人書畫之賞章"（白文）、"天恩八旬"（朱文）以及清乾隆、嘉慶、宣統藏印四十六方。

引首有清乾隆御書"意關飛動"。尾紙有文彭題記，鈐"文彭之印"（朱文）、"文壽承氏"（朱文）、"長生"（朱文）等印。鈐"真賞"（朱文）、"宜爾子孫"（白文）、"漢水耿會侯書畫之章"（白文）等印八方。

曾經《石渠寶笈》著錄。

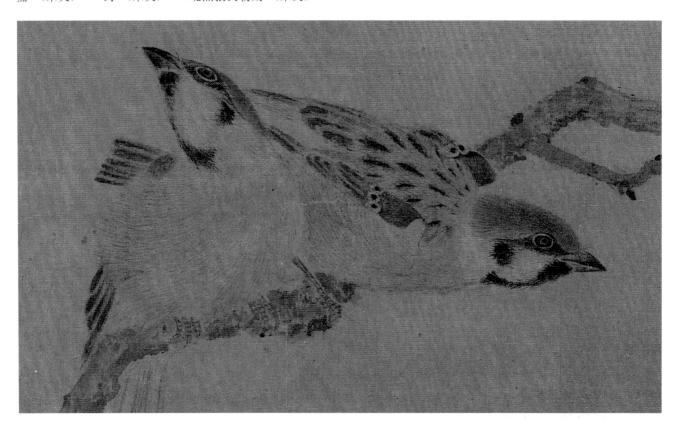

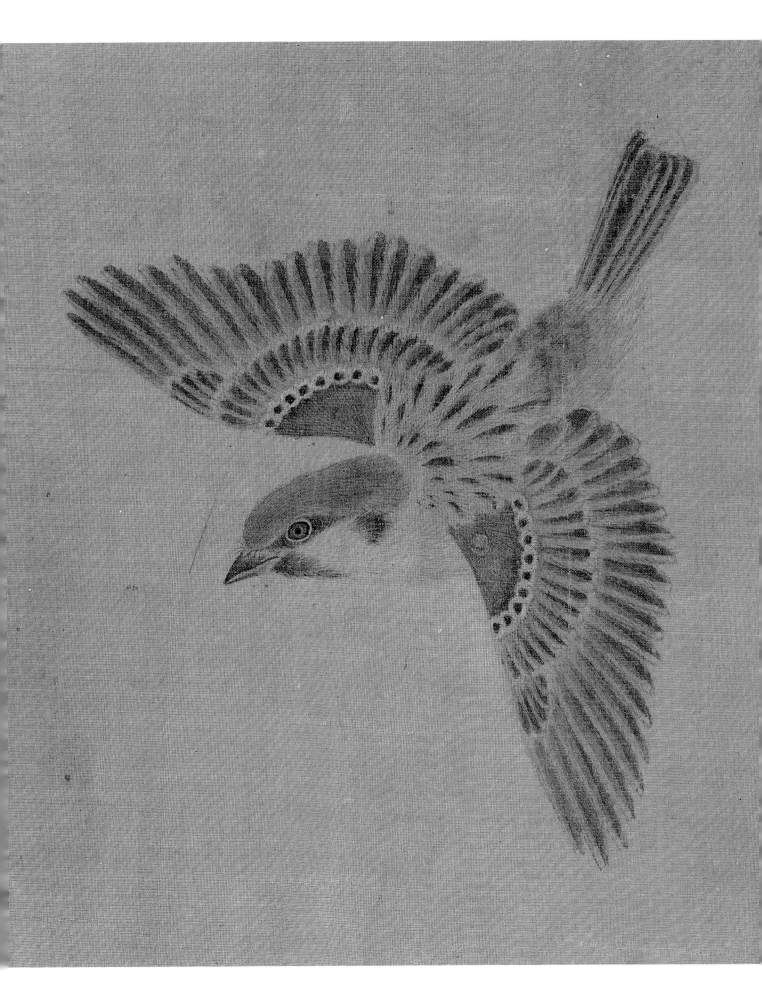

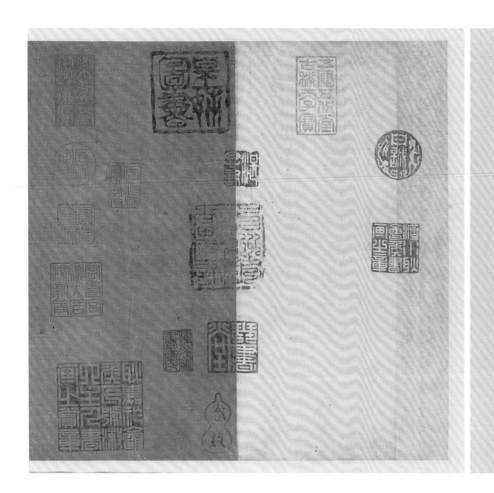

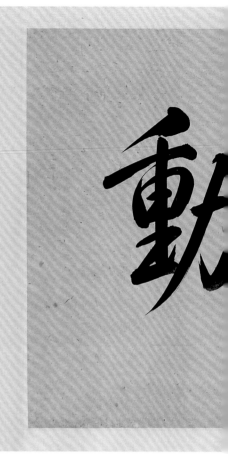

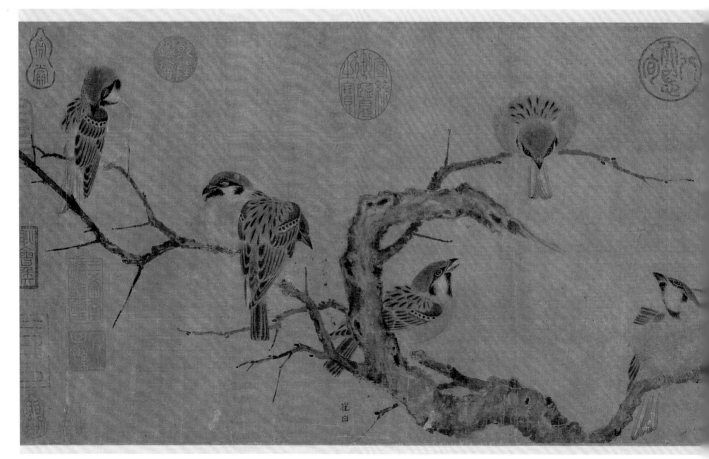

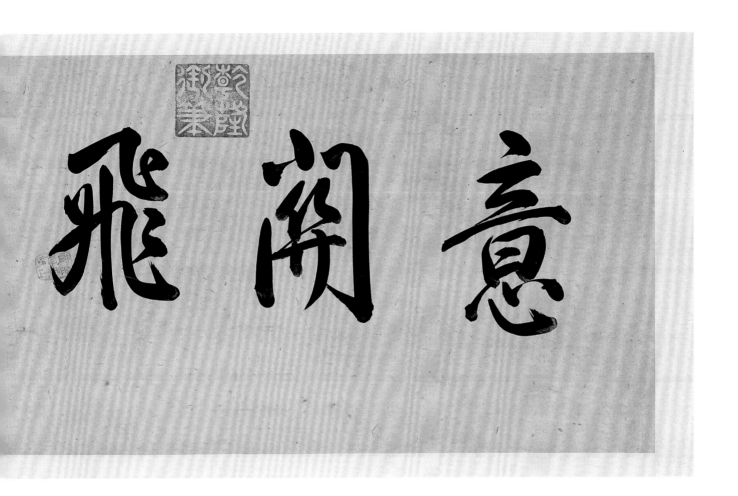

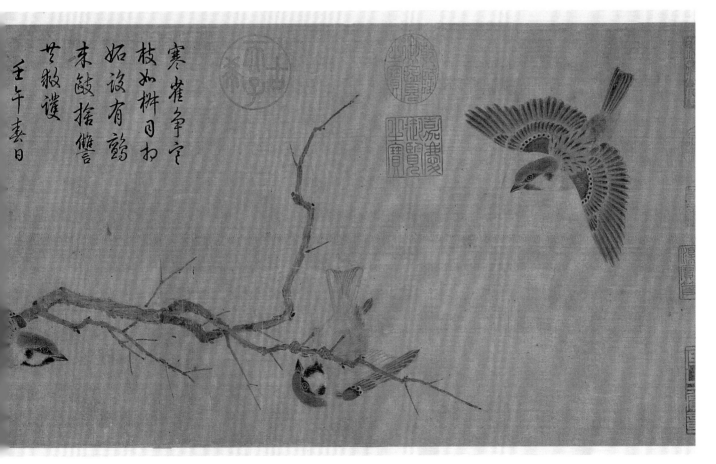

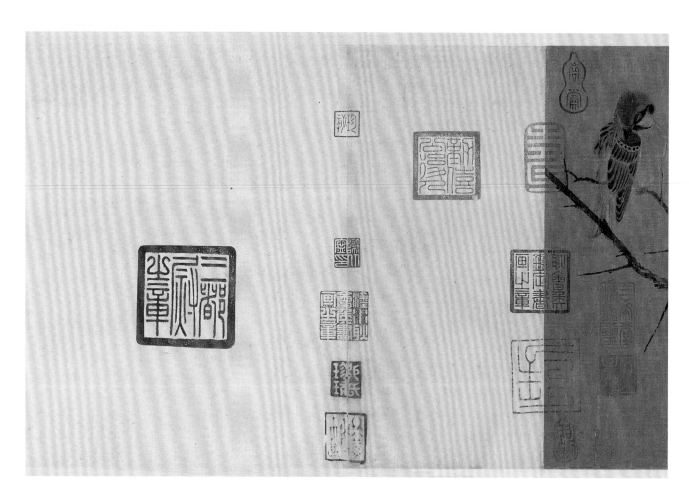

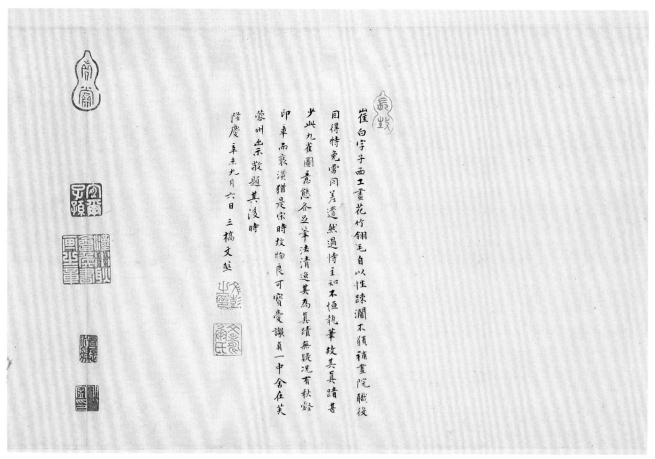

崔白字子西工畫花竹翎毛自以性疎闊不顔補畫院職後
目得特免當同差遣然過恃主知不恒執筆故其真蹟甚
少此九雀圖意態各異筆法清逸其為真蹟無疑況有秋鶯
印章而襄陽猫是宋時故物良可寶愛識員一中舍在笑
蓉州出示欣題其後時

隆慶辛未九月六日三橋文壁

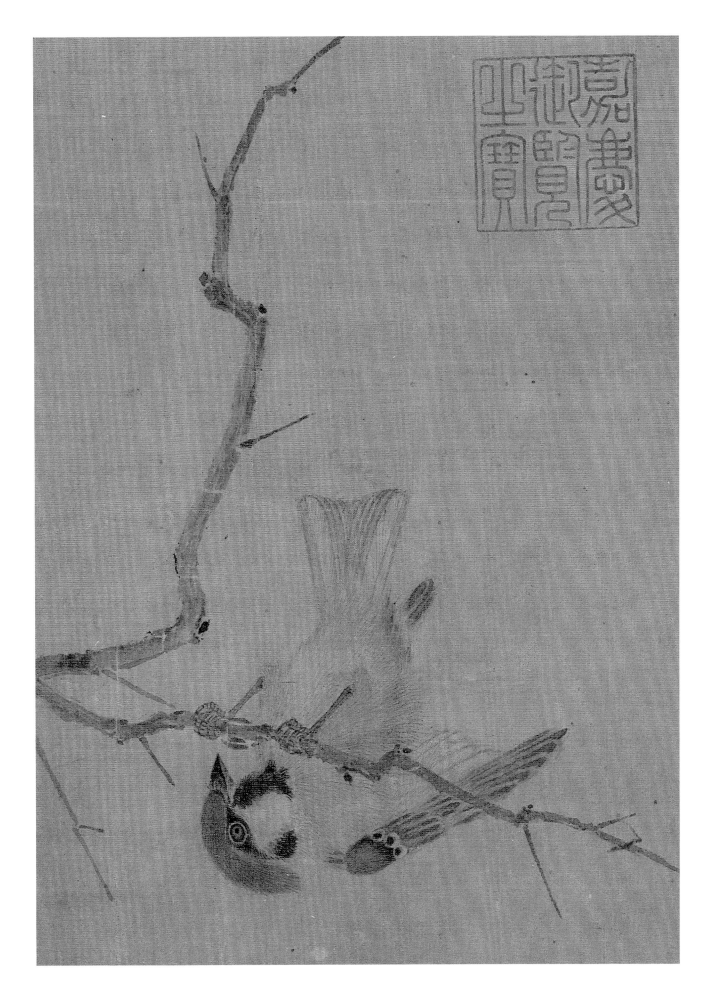

19

4

趙佶　芙蓉錦雞圖軸
北宋
絹本　設色　縱81.5厘米　橫53.6厘米
清宮舊藏

Pheasant on Hibiscus
By Zhao Ji
Song Dynasty
Hanging scroll, colour on silk
H.81.5cm　L.53.6cm
Qing Court collection

趙佶（1082—1135），即宋徽宗，他是亡國之君，同時又是一位畫家和書法家。其畫有粗細兩種，細者工整精麗，粗者樸拙素雅，皆注重寫實。書法則受唐代薛稷等人書風的影響而最終獨創"瘦金體"。在位期間召集編撰了《宣和書譜》、《宣和畫譜》等圖書。

《芙蓉錦雞圖》繪一隻錦雞落在芙蓉花上，回首凝視兩隻迎面飛來的彩蝶，寓有"衣錦富貴"之意。全圖筆墨、着色雖不繁複，但錦雞的神態、彩蝶的情狀、芙蓉的絢麗都表現得很充分。用綫以中鋒勾勒，花葉用碎筆點綴，枝葉俯仰翻側，各具其態，是宋徽宗時期倡導的工整寫實畫風的典型之

作。此卷有趙佶的題詩簽押，故歷代認定為趙佶所繪，但近年有專家認為是畫院高手代筆之作。

本幅題詩："秋勁拒霜盛，峨冠錦羽雞。已知全五德，安逸勝鳧鷖。"款識"宣和殿御製並書"，押"天下一人"，鈐"御書"（朱文葫蘆）。鈐"天曆之寶"（朱文）、"奎章閣寶"（朱文）、"張偉"（朱文）及清乾隆、嘉慶、宣統內府藏印記共五方。

裱邊鈐印"教育部點驗之章"（朱文）。

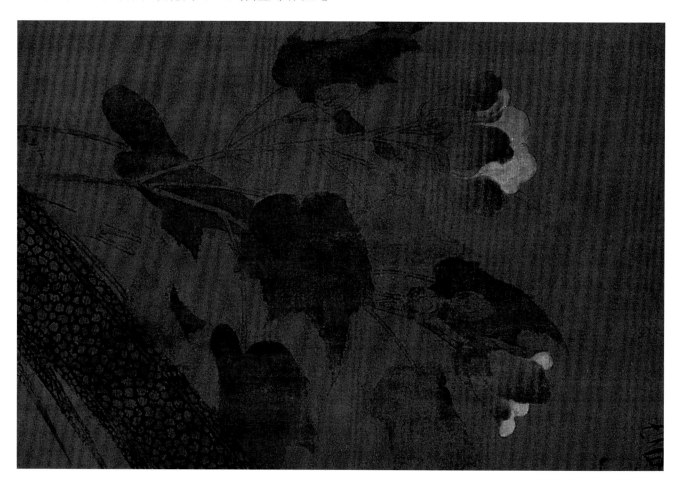

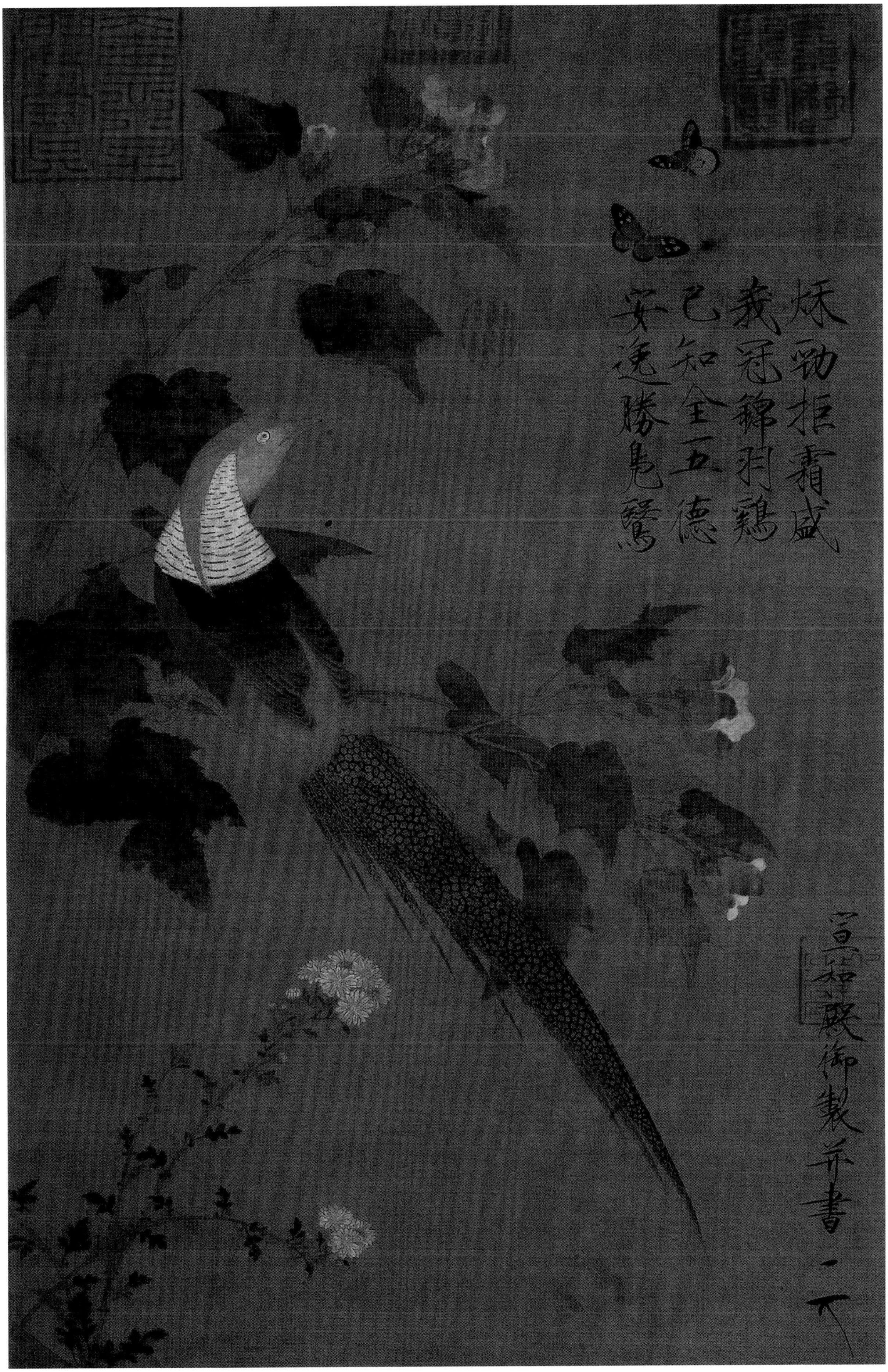

秌勁拒霜盛
峩冠錦羽鷄
已知全五德
安逸勝鳧鷖
宣和殿御製并書

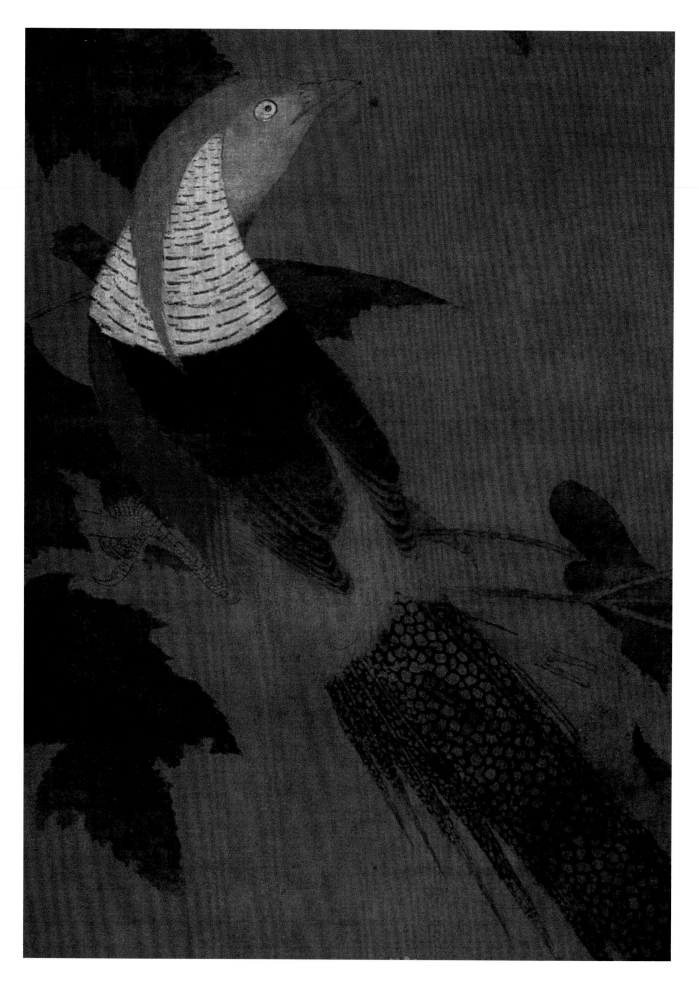

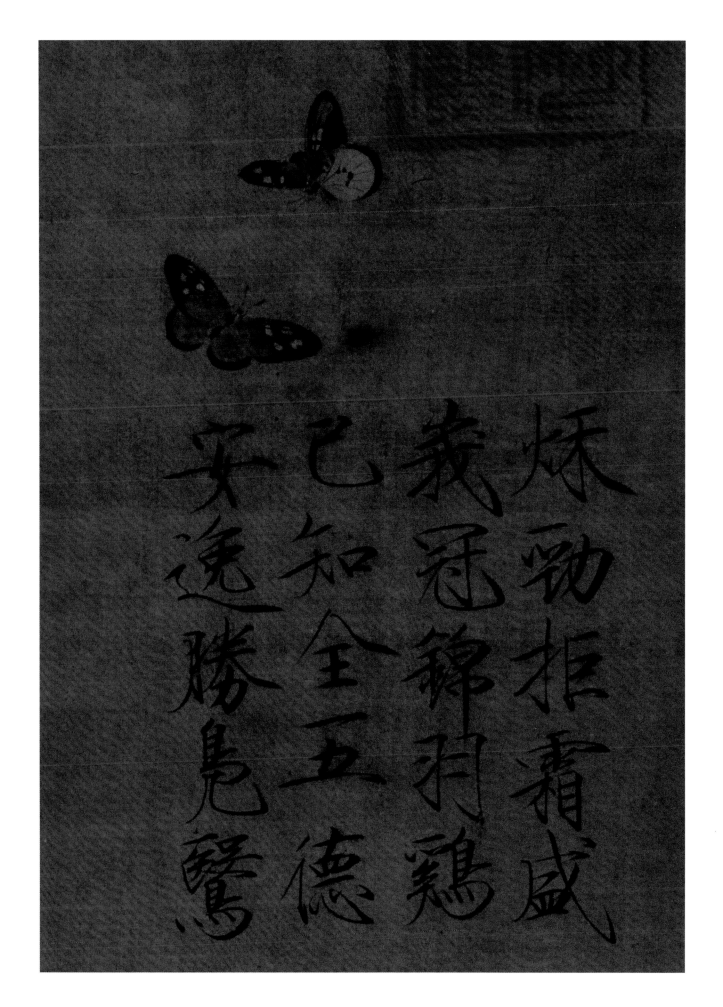

妖動拒霜盛
我冠錦羽雞
己知全五德
安逸勝鳧鷖

5

趙佶　枇杷山鳥圖頁
北宋
絹本　墨筆　縱22.6厘米　橫24.5厘米
清宮舊藏

A Bird on the Loquat
By Zhao Ji
Song Dynasty
Leaf, ink on silk
H.22.6cm　L.24.5cm
Qing Court collection

圖中繪枇杷枝葉繁盛，圓果纍纍。枝上山雀翹首回望一鳳蝶，情趣生動，有崔白清澹之體。趙佶的花鳥畫多用設色法，此圖則純以水墨勾染而成，格調高雅，略似沒骨畫效果，別具蒼勁細膩之韻致，體現趙佶多方面的繪畫才能。

本幅押"天下一人"，鈐印"御書"（朱文葫蘆）。鈐鑑藏印"宣統御覽之寶"（朱文）。

裱邊題籤："宋宣和枇杷山鳥"。中縫鈐"八徵耄念之寶"（朱文）、"太上皇帝之寶"（朱文）。

對幅有清乾隆御題詩一首。

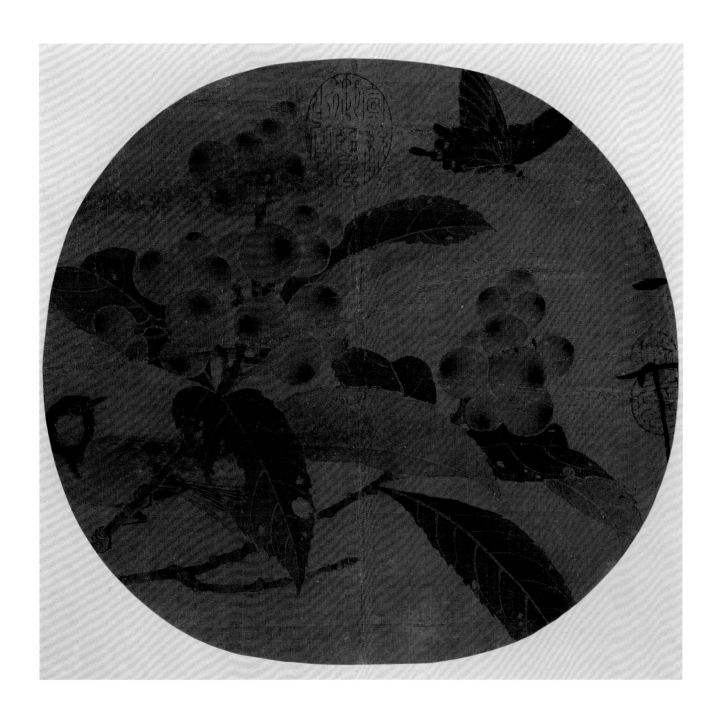

6

趙佶　梅花繡眼圖頁
北宋
絹本　設色　縱24.5厘米　橫24.8厘米

**A Beautiful Bird on a Branch of Plum
Blossom**
By Zhao Ji
Song Dynasty
Leaf, colour on silk
H.24.5cm　L.24.8cm

圖中繪折枝梅花，梅枝瘦勁，枝上疏花秀蕊，枝頭佇立一隻繡眼，正啼叫顧盼，與清麗的梅花相映成趣，使畫面更加活潑。梅花畫法為"宮梅"，高貴典雅。此圖雖景物不多，但極為優美動人。

本幅款識"御筆"、"天下一人"，鈐印"御書"（朱文葫蘆）。鈐鑑藏印"阿蒙秘笈"（朱文）。

裱邊題籤，鈐鑑藏印"曾藏名山張毅巋處"（朱文）。

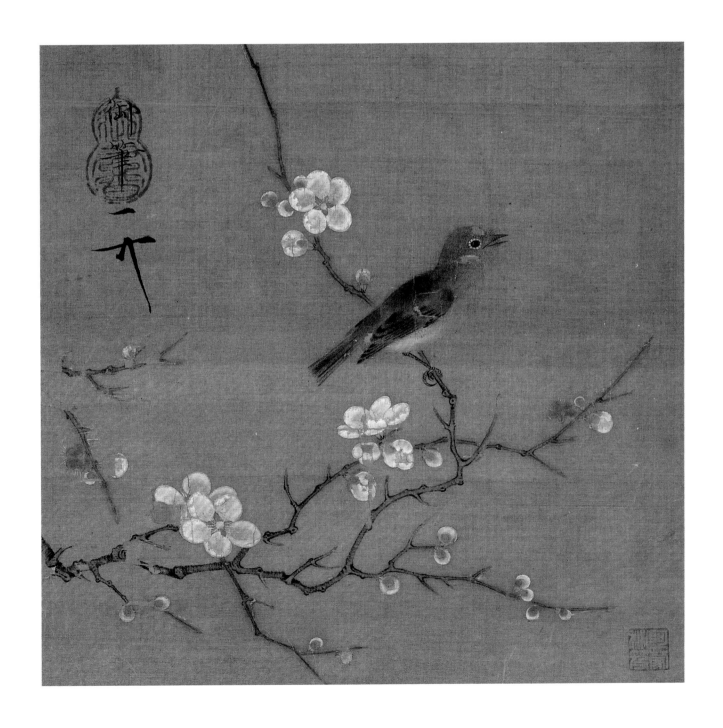

7

揚無咎　四梅圖卷
南宋
紙本　墨筆　縱37厘米　橫358.8厘米

Plum Blossom in Four Florescences
By Yang Wujiu
Song Dynasty
Handscroll, ink on paper
H.37cm　L.358.8cm

揚無咎（1097—1169），字補之，號逃禪老人、肖夷長者。清江（今江西清江）人。南宋高宗時因不滿秦檜專權，累徵不起，負高士之譽。工詩詞，善書畫。其書學歐陽詢，畫師華光仲仁。仲仁偶於月夜見窗間梅影，創為墨梅。揚無咎繼承其法，所作梅花多取材於山間水濱，疏枝冷蕊，清寒野逸，一反院畫之"宮梅"格調，故被戲稱為"村梅"，開創了墨梅新派，對當時和後世均有較大影響。

《四梅圖》通過枝幹、花朵的變化，將"未開"之矜持、"欲開"之動人、"盛開"之明媚、"將殘"之惆悵，一一表現無遺。其寄情於梅，可見一斑。畫中蓋深有人生感悟存焉。

墨梅枝幹很少使用勾勒，而以墨筆直接畫成，用飛白表現老幹的質感，以濃淡乾濕不同的墨色表現枝條的層次。用筆勁挺，充滿生機與彈性。花瓣以細筆圈出，而以各種墨點表現花萼、花蕊及小的蓓蕾，妙得神似。此圖為揚氏晚年精心之作，表現出作者對梅花的各個生長階段觀察入微，筆墨意境俱已臻於爐火純青。

本幅自題："漸近青春，試尋紅瑞，經年疏隔。小立風前，恍然初見，情如相識。為伊只欲顛狂，猶自把芳心愛惜。傳語東君，乞憐愁寂，不須要勒。

嫩蕊商量，無窮幽思，如對新妝。粉面微紅，檀唇羞啓，忍笑含香。休將春色包藏，抵死地教人斷腸。莫待開殘，卻隨明月，走上迴廊。

粉牆斜搭，被伊勾引，不忘時霎。一夜幽香，惱人無寐，可堪開匣？曉來起看芳叢，只怕裏危梢欲壓。折向膽瓶，移歸芳閣，休熏金鴨。

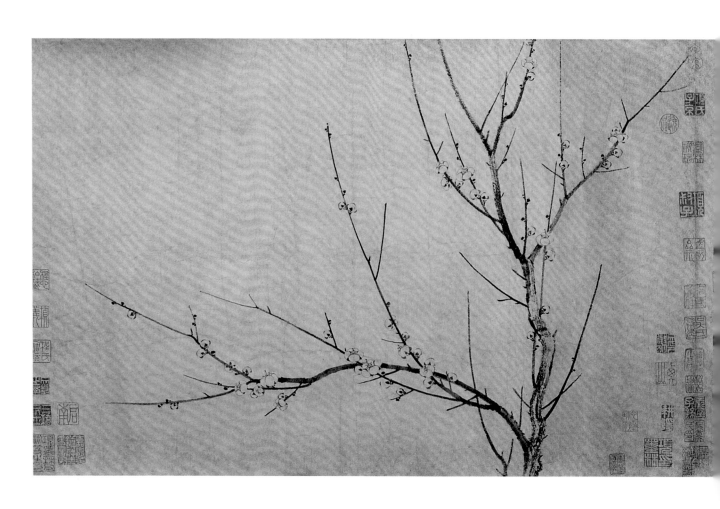

目斷南枝，幾回吟繞，長怨開遲。雨浥風欺，雪侵霜妒，卻恨離披。欲調商鼎如期，可奈向騷人自悲。賴有豪端，幻成冰彩，長似芳時。

范端伯要予畫梅四枝，一未開，一欲開，一盛開，一將殘，仍各賦詞一首。畫可信筆，詞難命意。卻之不從，勉徇其請。予舊有柳梢青十首，亦因梅所作。今再用此聲調，蓋近時喜唱此曲故也。端伯奕世勳臣之家，了無膏粱氣味，而胸次灑落，筆端敏捷。觀其好尚如許，不問可知其人也。要須亦作四篇，共誇此畫。庶幾衰朽之人，託以俱不泯爾。乾道元年（1165）七夕前一日癸丑　丁丑人揚無咎補之書於預章武寧僧舍"。鈐"草玄之裔"（朱文）、"逃禪"（朱文）、"揚無咎印"（朱文）。

本幅接紙處鈐"草玄之裔"（朱文）五次。鑑藏印有柯九思、吳鎮、宋犖、沈周、文徵明、文彭、項元汴、笪重光、程楨義、吳漢臣、吳漢傑、江藻、費念慈、吳雲、張彥榮等家共二百零八方（包括半印）。

本幅前有梁同書題籤及項元汴、程楨義、顧霖、汪藻、吳雲等家鑑藏印二十二方。

後隔水鈐和楨義等家鑑藏印五方。

尾紙有柯九思書和詞及笪重光、費念慈、韓崇、黃壽鳳跋。鈐有沈周、文徵明、文彭、宋犖、項元汴、程楨義、吳漢臣、吳漢傑、江藻、費念慈、韓崇、莊同生、吳雲、張之萬、潘順之等家鑑藏印九十方（包括半印）。

曾經《鐵網珊瑚》、《清河書畫舫》、《珊瑚網》、《式古堂書畫彙考》、《大觀錄》、《過雲樓書畫記》著錄。

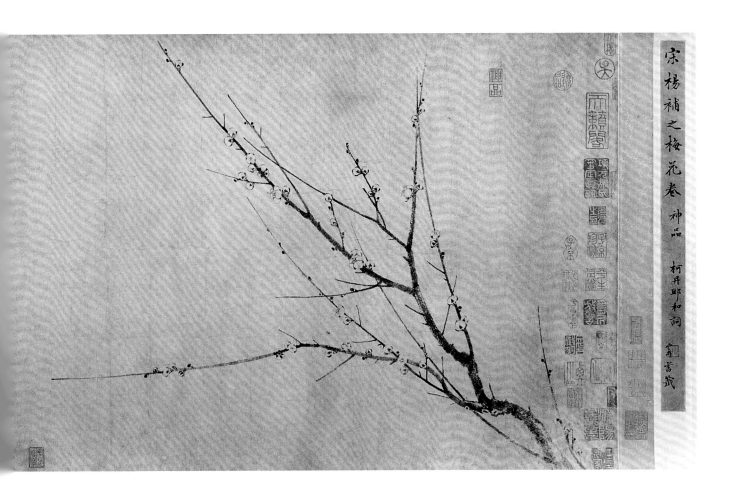

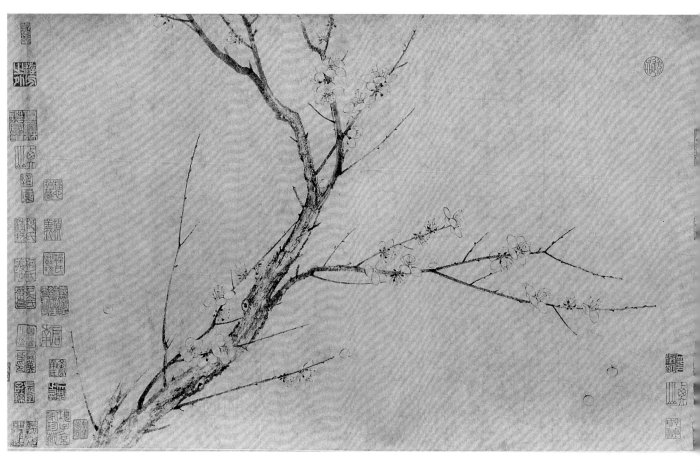

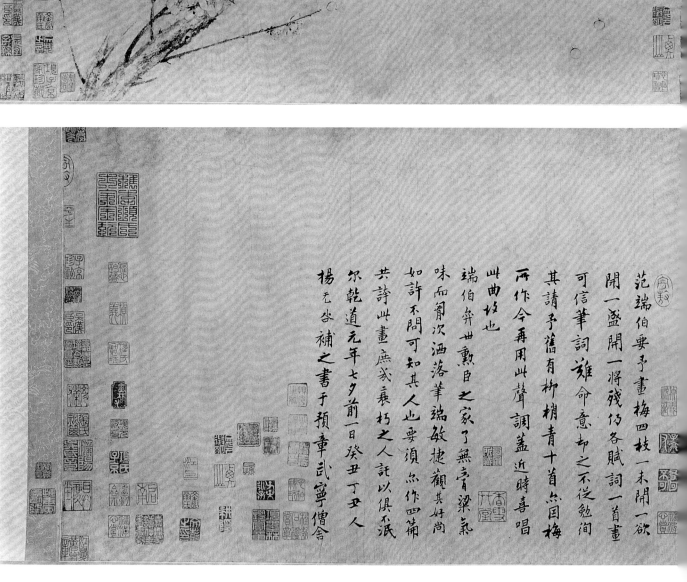

范端伯要予畫梅四枝一未開一欲
開一盛開一將殘仍各賦詞一首畫
可信筆詞難命意却之不從勉尚
其請予舊有柳梢青十首六国梅
兩作今再用此聲調蓋近時喜唱
此曲坟也
瑞伯弃世勳臣之家了無青梁氣
味而胃次洒落筆端敏捷觀其好尚
如許不問可知其人必要須点作四萹
共詩此畫庶我襄朽之人託以俱不泯
尒乾道元年七夕前一日癸丑丁丑人
楊无咎補之書于豫章武寧僧舍

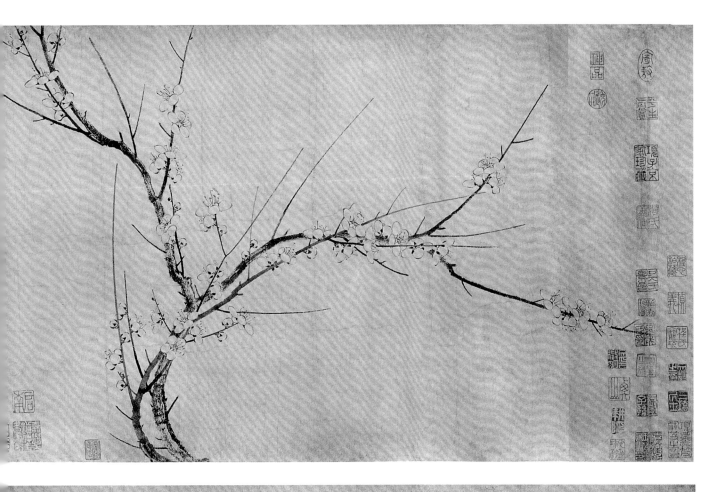

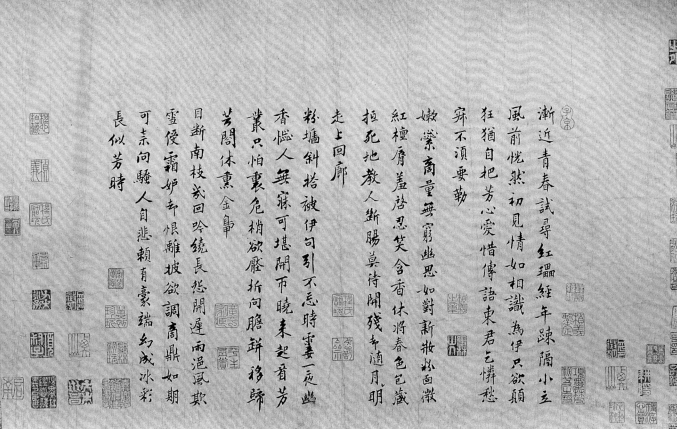

漸近青春試尋紅瑚經年踈隔小立
風前恍然初見情如相識為伊只欲顰
狂猶自把芳心愛惜傳語東君乞憐愁
弽不須要勒
嫩縈商量無窮幽思如對新妝粉面微
紅檀屑羞啟忍笑含香休將春色邑藏
拒死地教人斷腸莫待開殘齊隨月明
走上回廊
粉墻斜搭被伊句引不忘時雲妻一庭幽
香惱人無寐可堪開乎曉來起看芳
叢只怕裏危梢欲歷折向膽瓶移歸
芳閣休熏金鴨
目斷南枝几回吟繞長愁開遲雨澀風欺
雪侵霜妒卻恨離披欲調商鼎如期
可柰向騷人自悲賴有豪端幻成冰彩
長似芳時

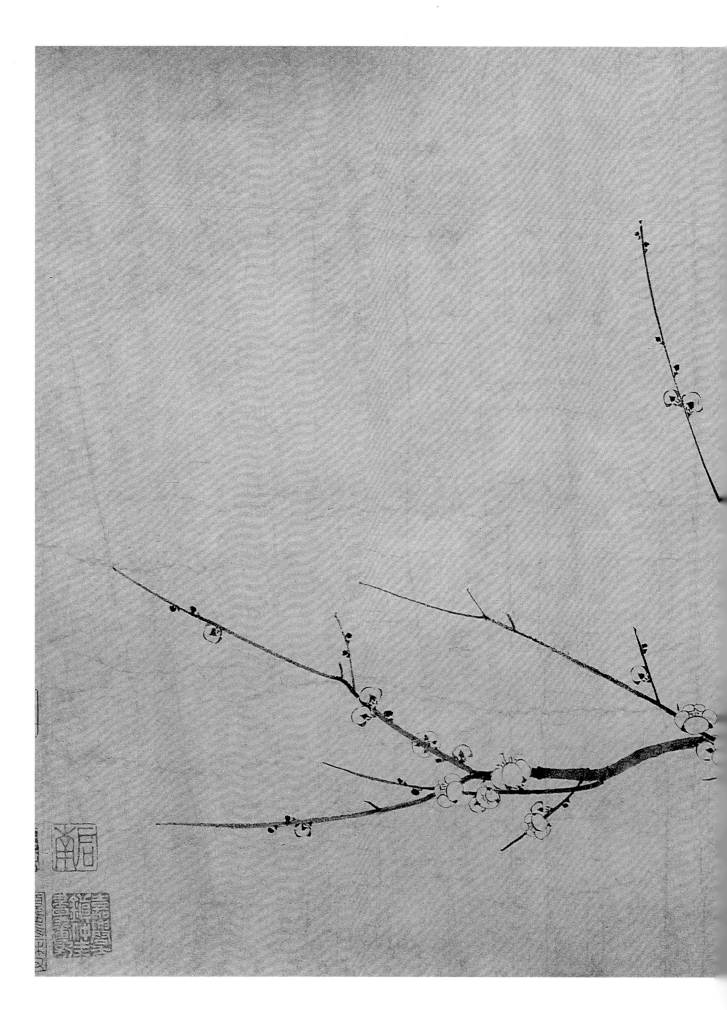

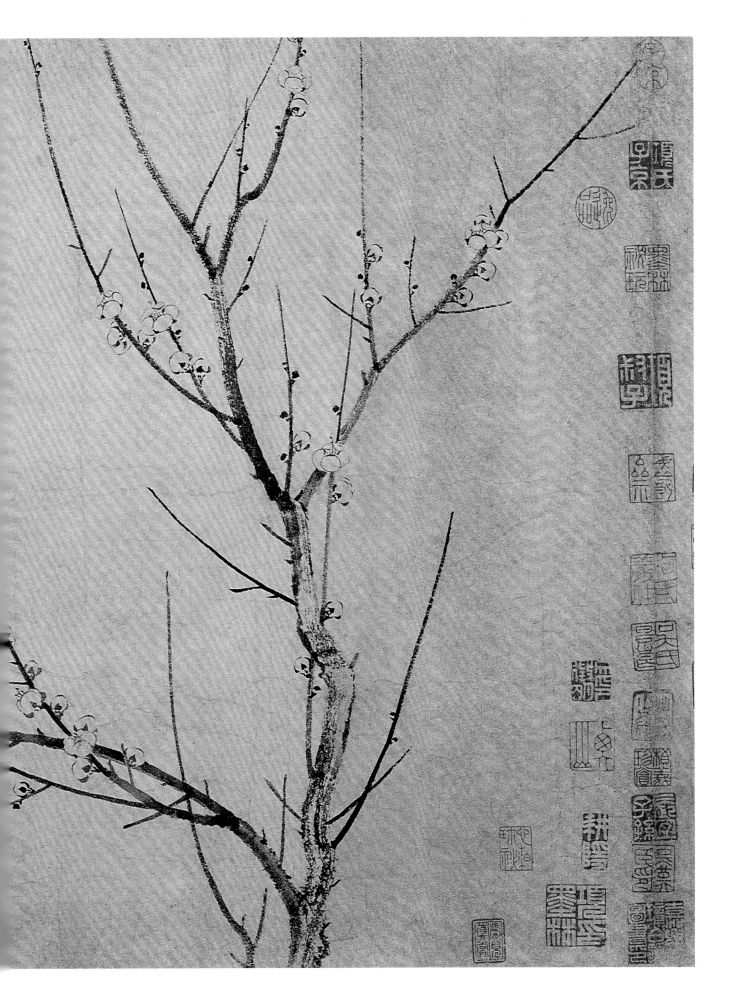

31

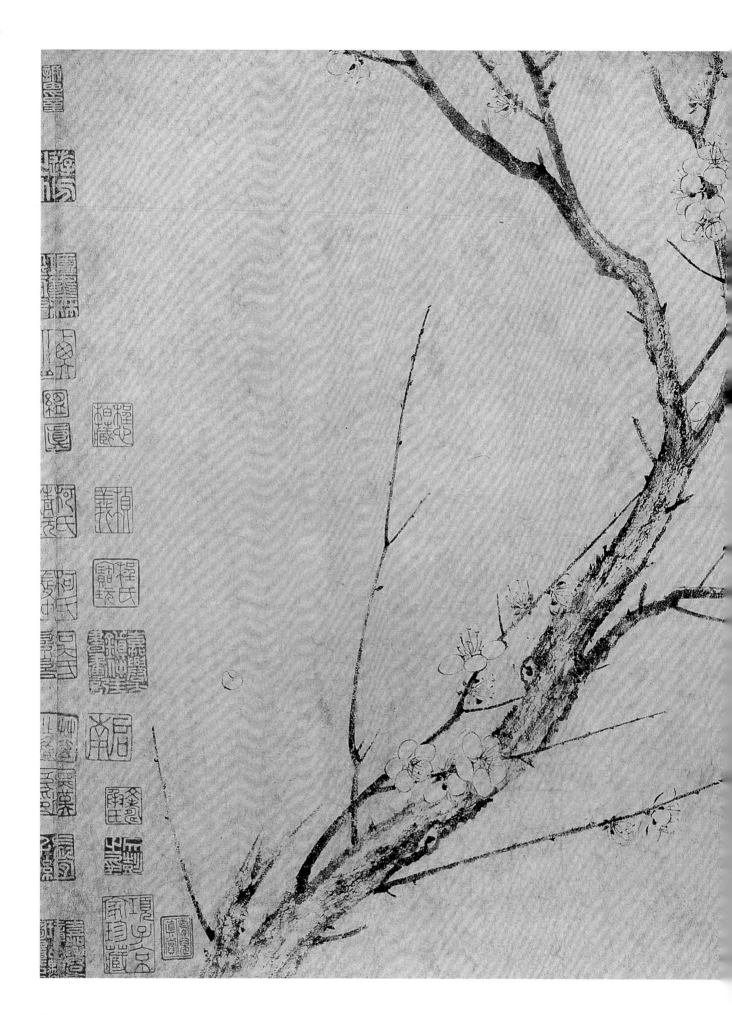

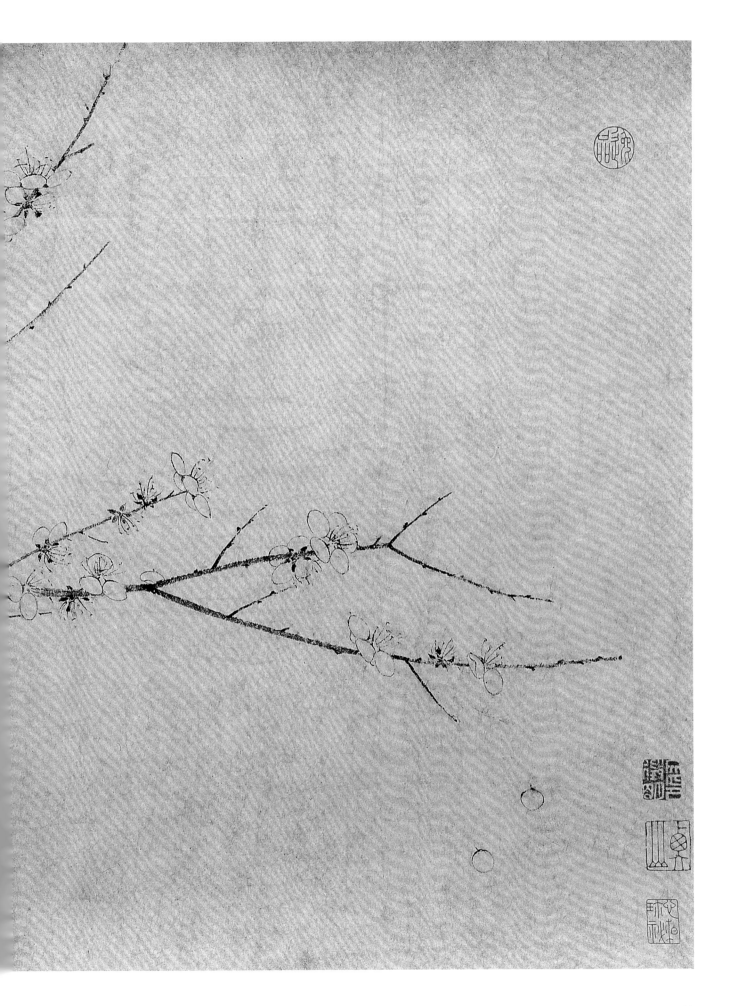

33

8

揚無咎　雪梅圖卷
南宋
絹本　墨筆　縱27.1厘米　橫144.8厘米
清宮舊藏

Blossoming Plum in Snowy Weather
By Yang Wujiu
Song Dynasty
Handscroll, ink on silk
H.27.1cm　L.144.8cm
Qing Court collection

《雪梅圖》畫雪中怒放的野梅，間以疏竹，比喻正人君子堅貞清高、共歷歲寒的不屈精神。梅竹覆雪，猶如銀裝玉琢，雪光天色相互映襯，格外鮮明。梅竹枝葉上的積雪是以水墨烘染陰暗的天空，於當有積雪之處留白而成。構圖取自上而下之勢，別具一格。

本幅鈐"草玄之裔"、"補之"、"逃禪"（朱文）印三方。

曾覿題詩："筆端造化出天巧，寫出江南雪壓枝。誰道春歸無覓處，橫斜全似越溪時。"題記："揚補之得墨梅三昧，山谷道人歎曰：'如嫩寒清曉行孤山籬落間，但欠香耳。'則筆端春色之妙，此言盡矣。海野老農"。鈐"子子孫孫其永寶用"（朱文）。鈐鑑藏印"崇信軍節度使之印"（朱文）

一方，吳廷二方，高士奇五方，清乾隆、嘉慶、宣統內府藏印十方。

引首有清乾隆御題"孤山香雪"，鈐"乾隆御賞之寶"（朱文）印。裱邊鈐高士奇二藏印。前隔水有清乾隆御題詩題一首，鈐二印。後隔水有高士奇跋，鈐一印。

尾紙有止止道人、顧德璋、唐幼明、李升、吳勤、李澄之、吳寬各一跋，高士奇十跋。諸家印鑑及吳廷鑑藏印共三十九方。

曾經《石渠寶笈初編》、《式古堂書畫彙考》、《江村銷夏錄》、《江村書畫目》著錄。

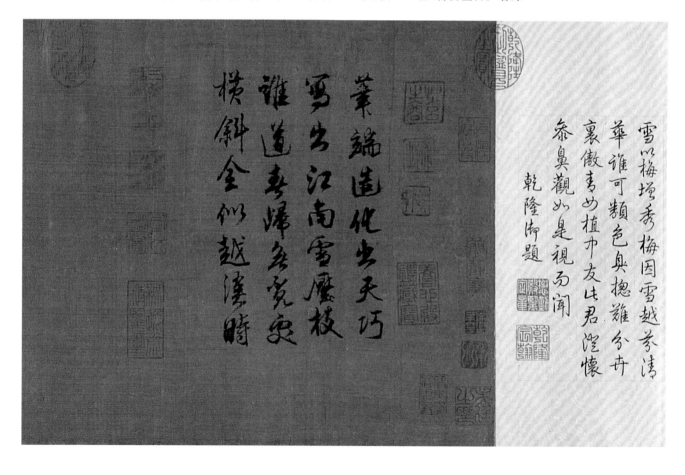

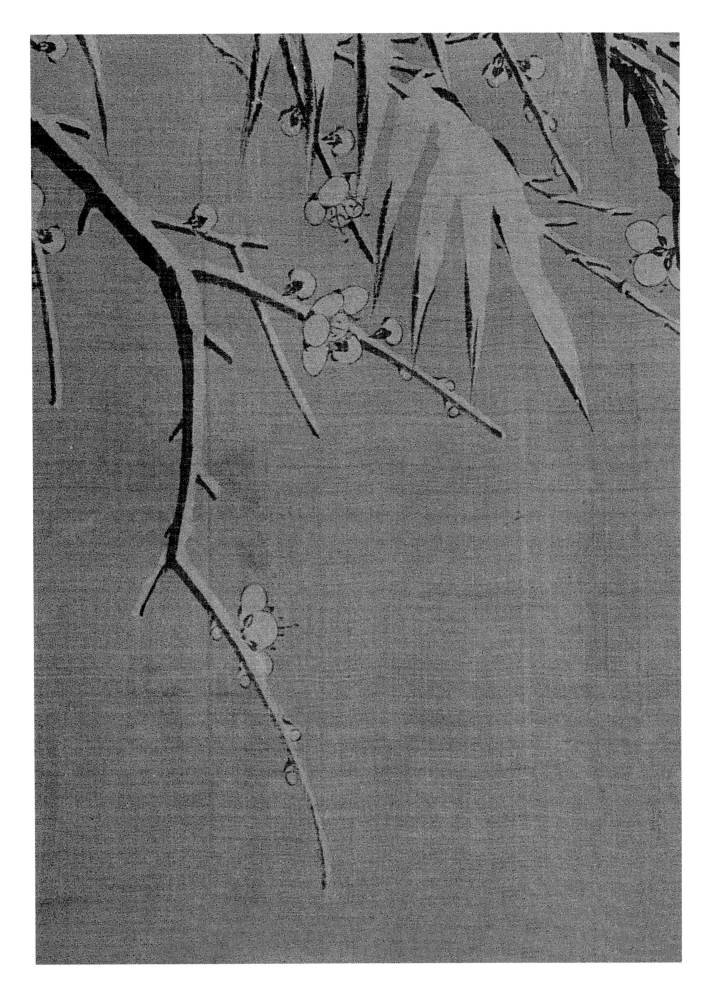

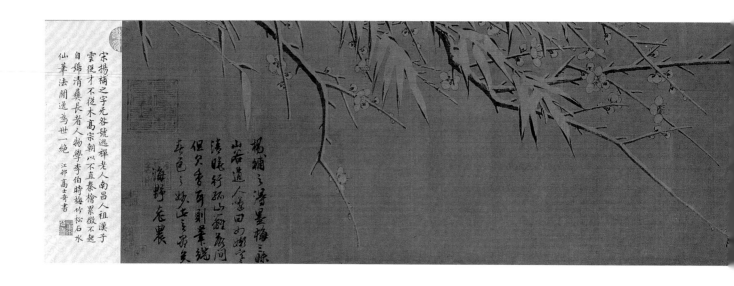

宋揚補之字充谷號逃禪老人南昌人祖漢子
雲從才不從木高宗朝以不直秦檜累徵不起
自娛清臞長者人物學李伯時梅竹松石水
仙筆法開逸為世一絕

江都高士奇書

揚補之潛墨梅三硯
山谷道人題田如蟣字
清曉行孤山雪滿間
但欠香看可剔業端
春色〜妙正言孤矢

海野老農

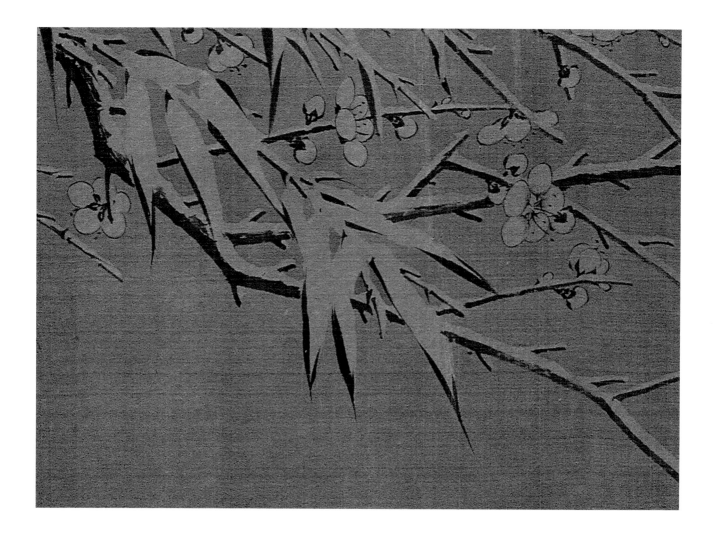

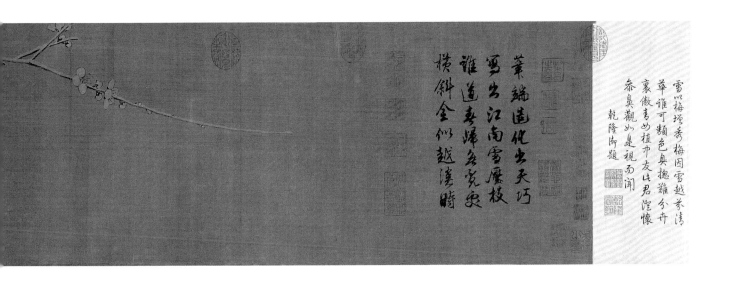

業端造化出天巧
寫出江南雪壓枝
誰道春風多嫵媚
橫斜全似越溪時

雪以梅增秀梅因雪越矞清
華誰可頡色與�20分卉
裏傲寒如植巾友此君淫懷
參奧觀如是視為閒
乾隆御題

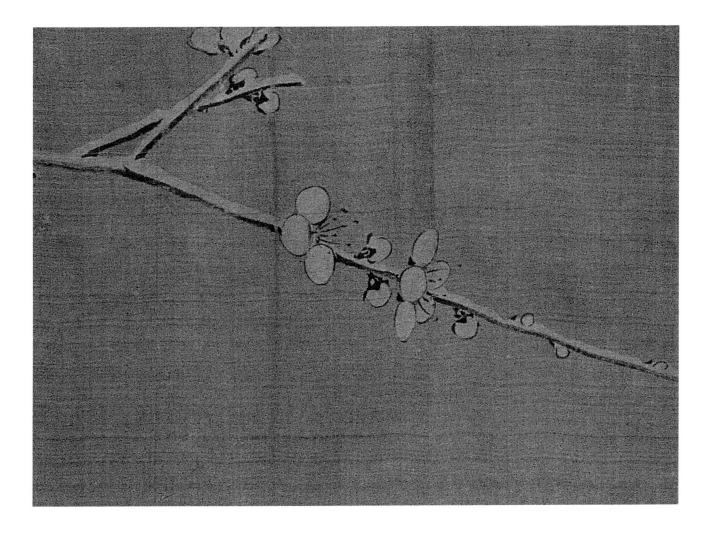

9

馬遠　梅石溪鳧圖頁
南宋
絹本　設色　縱26.7厘米　橫28.6厘米

Winter-sweets Hanging over Rocks, Wild-
ducks Swimming in Stream
By Ma Yuan
Song Dynasty
Leaf, colour on silk
H.26.7cm　L.28.6cm

馬遠（生卒年不詳），字遙父，號欽山，祖籍河中（今山西永濟），錢塘（今浙江杭州）人。曾任南宋光宗、寧宗朝畫院待詔。其山水、花鳥、人物畫俱佳，尤以山水畫最為突出，與李唐、劉松年、夏圭並稱為"南宋四大家"。

圖中畫山崖側立，梅枝倒垂，薄霧濛濛的澗水中一羣野鴨正在徜游其間，生趣無限。山石以斧劈皴法畫之，方硬峭拔，與用筆輕快、毛羽蓬鬆的野鴨形成鮮明的對比。構圖呈對角綫式，岩石、梅樹都偏居一角，梅枝的走勢更強調了此種佈局的形式感，下方的流水和野鴨既起到了平衡構圖的作用，又是畫中的點睛之處，"春江水暖鴨先知"的景象躍然絹素。

本幅款識"馬遠"。鈐藏印"潞王之寶"（朱白文）、"茆林心賞"（白文）、"阿蒙"（朱文）、"于騰私印"（朱文）。

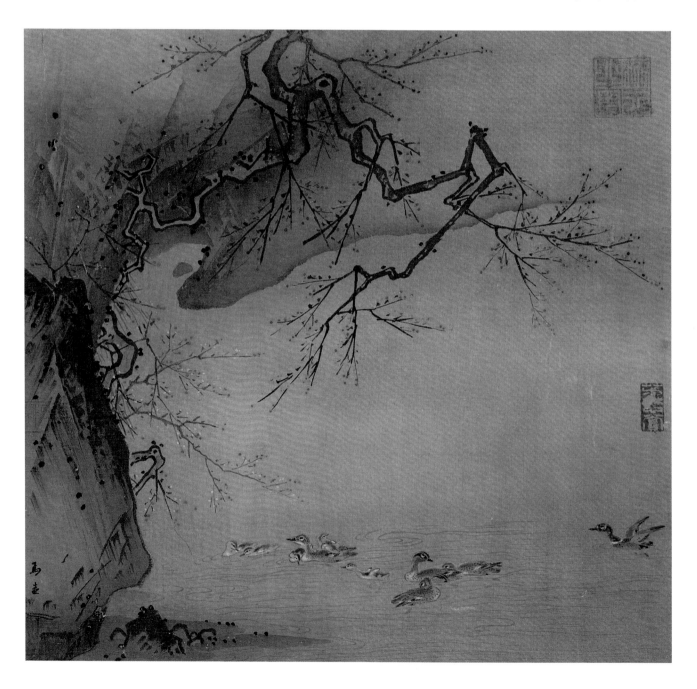

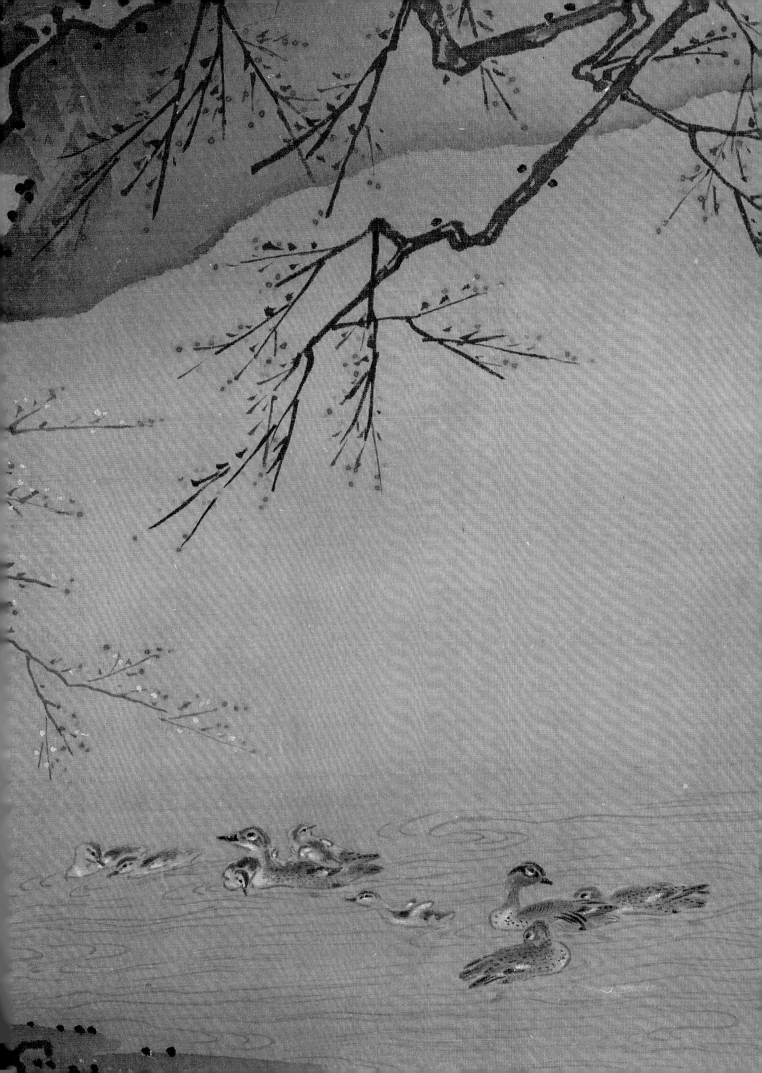

10

馬遠　白薔薇圖頁
南宋
絹本　設色　縱26.2厘米　橫25.8厘米

White Rose
By Ma Yuan
Song Dynasty
Leaf, colour on silk
H.26.2cm　L.25.8cm

圖中繪幾朵碩大的白薔薇，以深色枝葉相襯，光彩奪目。以細筆勾出花形，白粉暈染，枝葉塗綠，粗細相間，畫風頗具生氣，是宋代畫院中傳統風格的典型作品。

本幅款識"馬遠"。鈐鑑藏印"勤孝堂"（朱文）、"芳林鑑賞"（朱文）、"毅崛珍藏"（朱文）、"于騰私印"（朱文）、"丁伯川鑑賞章"（朱文）、"懋和真賞"（朱文）、"項子京家珍藏"（朱文）、"退密"（朱文葫蘆）、"神品"（朱文）。

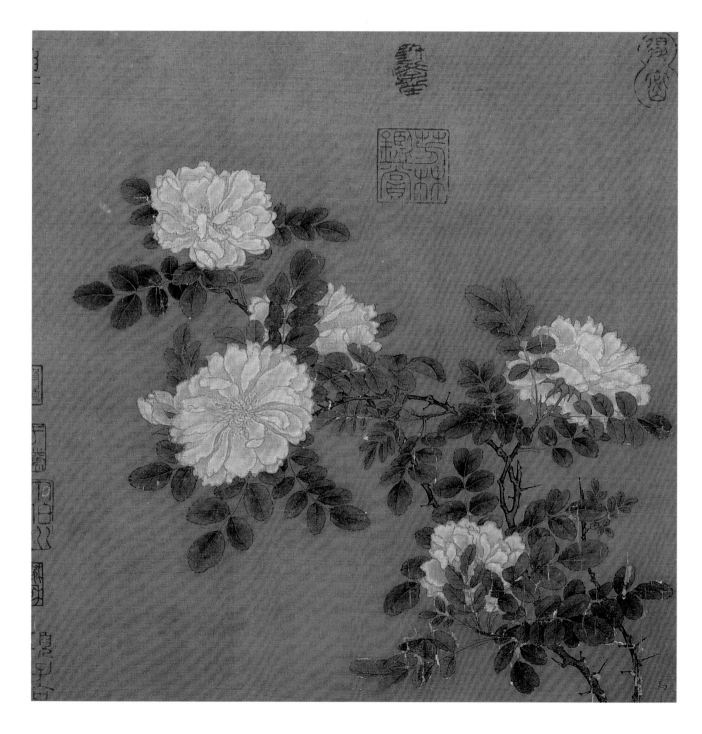

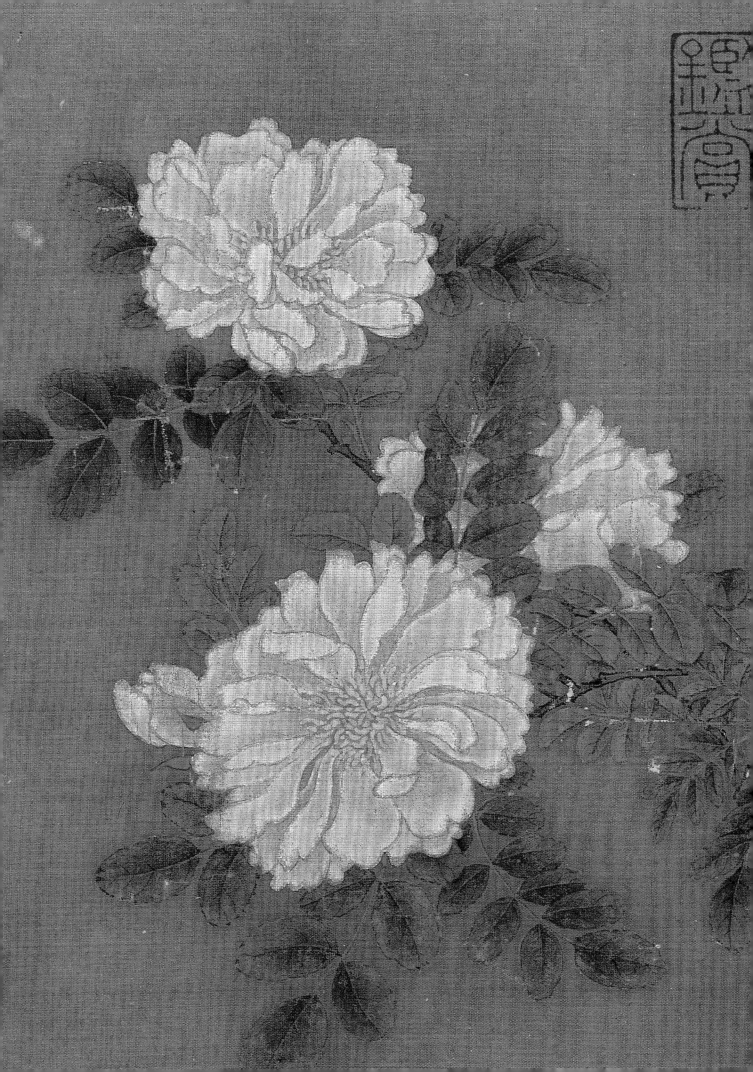

11

馬麟　層疊冰綃圖軸
南宋
絹本　設色　縱101.7厘米　橫49.6厘米

White Plum Blossoms
By Ma Lin
Hanging scroll, colour on silk
H.101.7cm　L.49.6cm

馬麟（生卒年不詳），錢塘（今浙江杭州）人。南宋寧宗、理宗時期畫院祗候。畫家馬遠之子。自幼承襲家學，工山水、人物、花卉。其花鳥畫清秀瀟灑，畫上多有寧宗、楊后題句，或以其畫作為賞賜大臣宗室的禮品。

《層疊冰綃圖》僅繪三枝仰俯有致的宮梅，枝條清癯如鐵綫，簇簇白梅綻放，構圖極精簡。梅枝以細筆重墨雙鈎，淡墨暈染。梅花以淡墨圈瓣，復以白粉罩染，有透明感，令人感受到梅花清香冷豔的風韻。

本幅款識"臣馬麟"。另有宋寧宗皇后楊氏題："層疊冰綃"，並題詩："渾如冷蝶宿花房，擁抱檀心憶舊香。開到寒梢尤可愛，此般必是漢宮妝。賜王提舉"。鈐印"楊姓之章"、"丙子刊寧翰墨"（朱文）。鈐鑑藏印十二方（釋文見附錄）。

地軸裱有題記："嘉靖丙寅秋，用四十五金得於妻弟陸氏，共二幅，共直百金。顧從德記"。"宋馬麟《層疊冰綃圖》　明項元汴清秘　用前價得藏於天籟閣。"鈐印"墨林山人"（白文）、"子京父印"（朱文）。

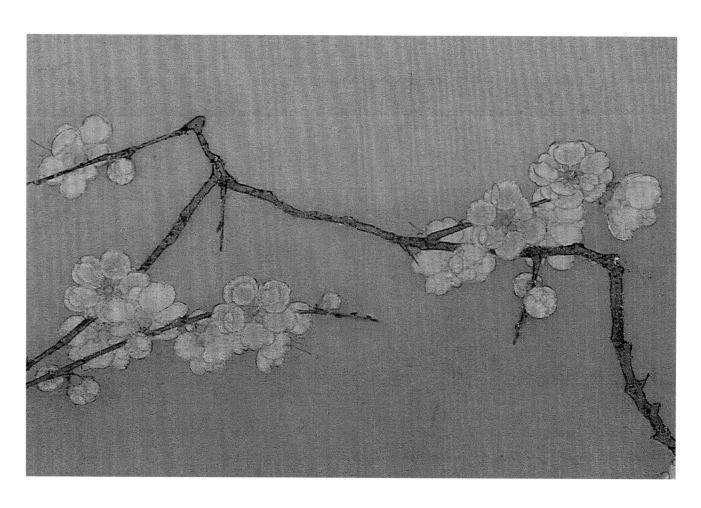

渾如冷蝶宿花房
擁抱檀心憶舊香
開到寒梢尤可愛
此般必是漢宮粧

層疊冰綃

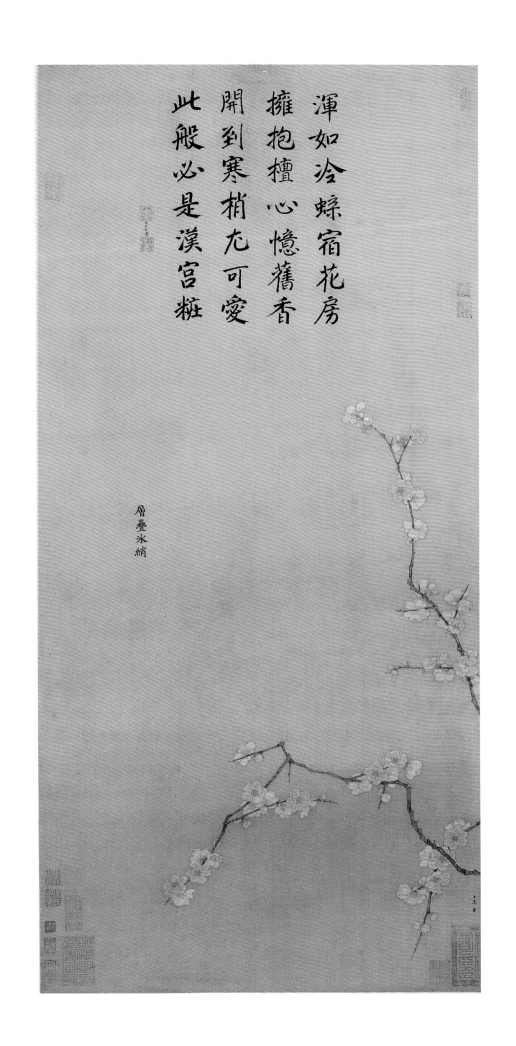

12

馬麟　橘綠圖頁
南宋
絹本　設色　縱23厘米　橫23.5厘米

Green Oranges
By Ma Lin
Song Dynasty
Leaf, colour on silk
H.23cm　L.23.5cm

圖中繪橘子由綠轉黃，壓滿枝頭。橘子用粉漬染而成，逼真地刻畫出橘皮凹凸不平的表面，以流暢的勾綫畫出橘葉，並以黃綠色填染，葉片顯得光滑厚實。橘子又稱香圓，寓團圓之意，此類題材及畫法在南宋時期較為普遍。

本幅款識"馬麟"。鈐鑑藏印"項子京家珍藏"、"墨林秘玩"、"神""品"（朱文聯珠）。

裱邊題籤："南宋馬麟橘綠圖"。

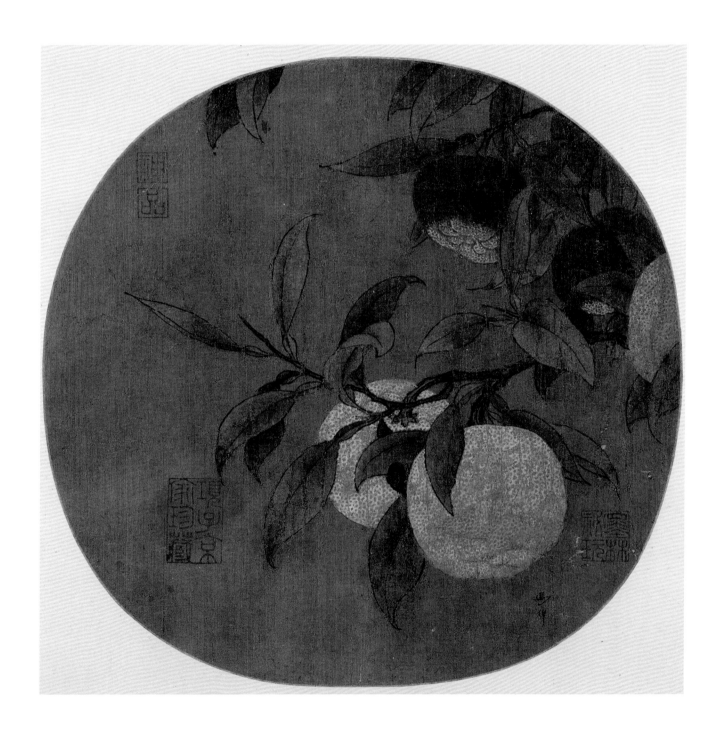

13

林椿 葡萄草蟲圖頁
南宋
絹本 設色 縱26.2厘米 橫27厘米

Grape and Insects
By Lin Chun
Song Dynasty
Leaf, colour on silk
H.26.2cm L.27cm

林椿（生卒年不詳），錢塘（今浙江杭州）人。南宋淳熙年間（1174—1189）畫院待詔。擅繪花鳥草蟲，構圖多為一草一木、一禽一蝶式的小景致。元《圖繪寶鑑》言他"敷色輕淡，深得造化之妙。"

圖中繪葡萄纍纍垂掛，蜻蜓、螳螂、蟈蟈、蜷象伏於藤蔓綠葉間，富有生活氣息。昆蟲以雙鈎填彩繪製，用綫剛柔相濟，表現出不同的質感，如蜻蜓輕薄的翅膀，蜷象堅硬的外殼。藤尖葉邊略作點染，表現季節特徵。此圖承襲了北宋的寫實畫風。

本幅款識"林椿"。

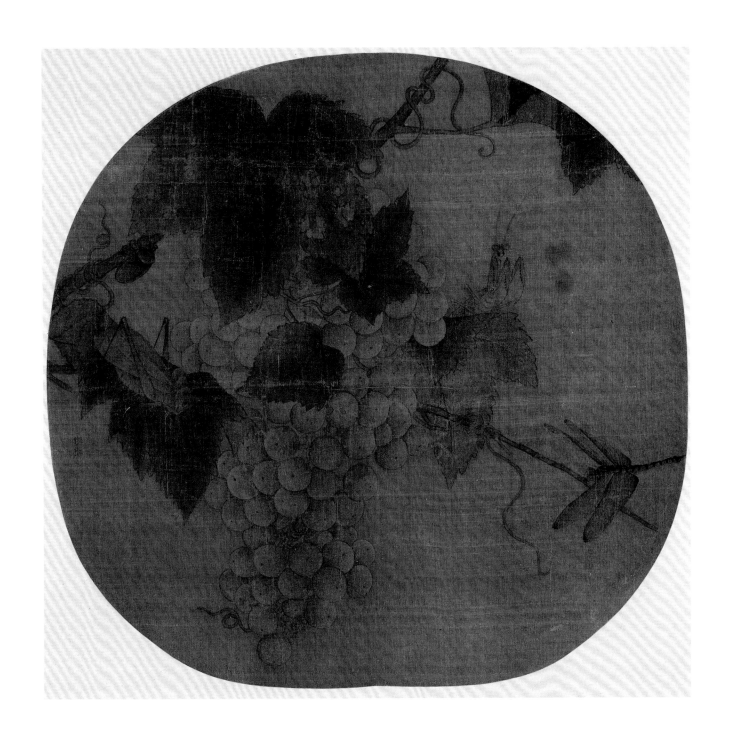

14

林椿　果熟來禽圖頁
南宋
絹本　設色　縱26.5厘米　橫27厘米

Ripe Fruits Attracting Bird
By Lin Chun
Song Dynasty
Leaf, colour on silk
H.26.5cm　L.27cm

圖中畫沙果枝頭鴉雀翹首而立。鴉雀的羽毛經層層暈染，反覆佈色，不見筆痕，展現出羽毛的鬆軟與尾翅的柔韌。樹枝染以赭石，葉染綠色，又用黃、褐等色點染葉片上的蟲蛀痕跡，果實用粉、紅、紫等色暈染，在黃綠色葉片的映襯下顯得格外明豔。此圖可見宋代畫院畫家細微的觀察力和精於細節表現的技能。

本幅款識"林椿"。鈐鑑藏印"宋犖審定"（朱文）。

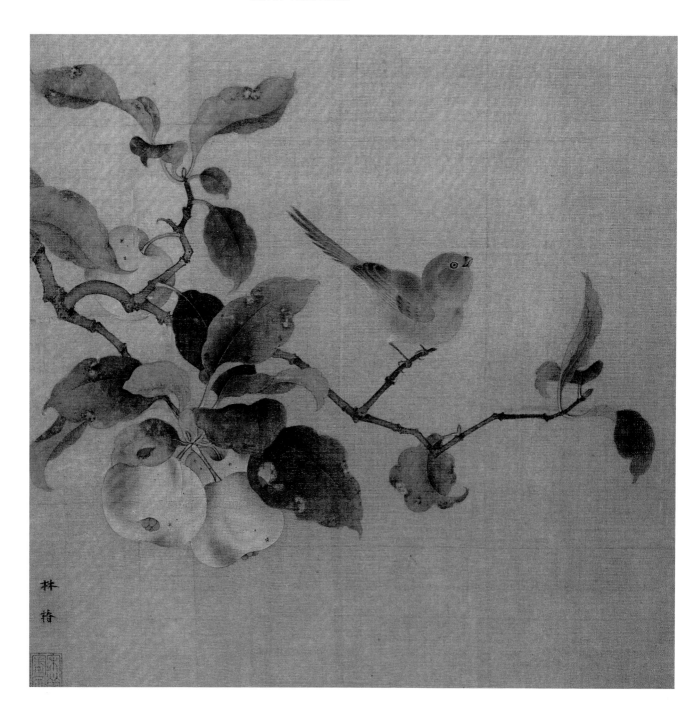

林椿　枇杷山鳥圖頁
南宋
絹本　設色　縱26.9厘米　橫27.2厘米
清宮舊藏

A Bird Perching on the Branch of Loquat
By Lin Chun
Song Dynasty
Leaf, colour on silk
H.26.9cm L.27.2cm
Qing Court collection

圖中繪一隻繡眼棲在枇杷枝上，正翹尾引頸凝視着枇杷果上的一隻螞蟻，其專注的神情生動有趣。繡眼的羽毛先以色、墨暈染，再以工筆撕毛，一絲不苟，準確地表現出背羽堅密光滑、腹毛蓬鬆柔軟的質感。枇杷果以土黃色綫勾輪廓，繼而填入金黃色，最後以熟赭色繪臍，三種不同的暖色表現出枇杷果的甜美清潤。此圖與前圖是對幅，加之筆法相同，因此推斷亦出自林椿手筆。

本幅鈐鑑藏印“宋犖審定”（朱文）、藏印“宣統御覽之寶”（朱文）。

裱邊題籤：“宋人畫枇杷山鳥”。

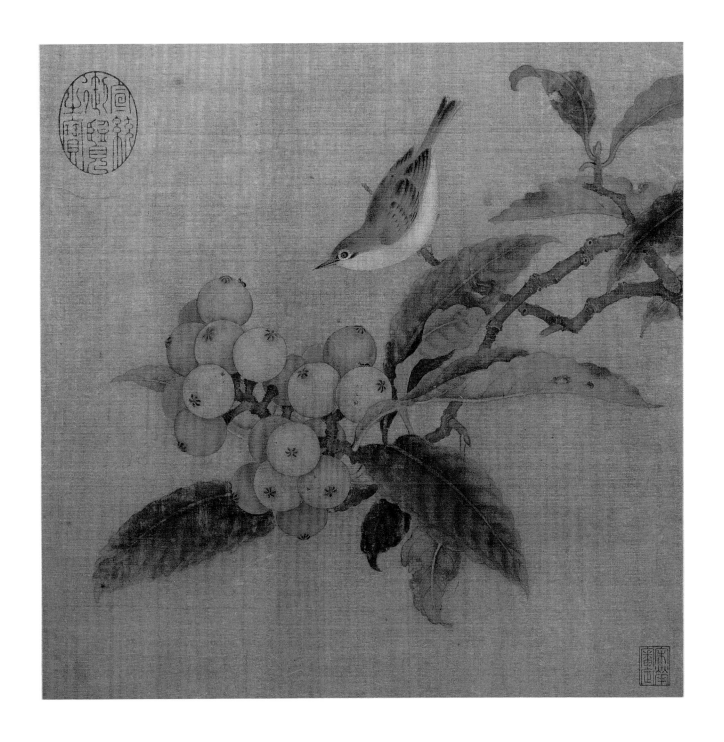

李迪　楓鷹雉雞圖軸

南宋

絹本　設色　縱189.4厘米　橫210厘米

Maple, Eagle, and Pheasant
By Li Di
Song Dynasty
Hanging scroll, colour on silk
H.189.4cm　L.210cm

李迪（生卒年不詳），河陽（今河南孟縣）人。供職於南宋
孝宗、光宗、寧宗三朝（1162—1224）畫院。工繪花竹鳥
獸，繼承了北宋畫院注重寫實的傳統，畫風嚴謹工致。

《楓鷹雉雞圖》畫蒼鷹雄踞於楓樹之上，回首注視着逃竄於
草叢中的雉雞。鷹和雉雞間的生死捕捉發生在靜謐的草木
間，構圖上的動感效果，更烘托出殘酷的氣氛。蒼鷹犀利敏
銳的目光、雉雞恐慌絕望的眼神，表現出前者的霸氣和後者
的孱弱，反映大千世界中的生命相殘。這是南宋畫院花鳥畫
中十分罕見的鴻構巨製。全圖勾勒敷色都很工致，代表南宋
院畫的工筆畫風。

本幅款識"慶元丙辰（1196）李迪畫"。鈐鑑藏印"怡親王
寶"（朱文）。

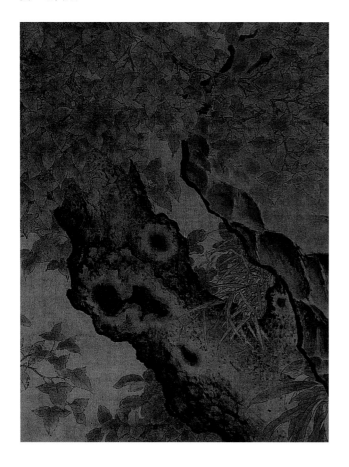

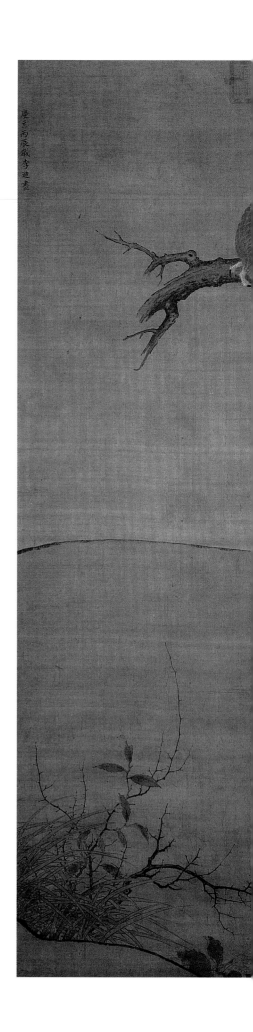

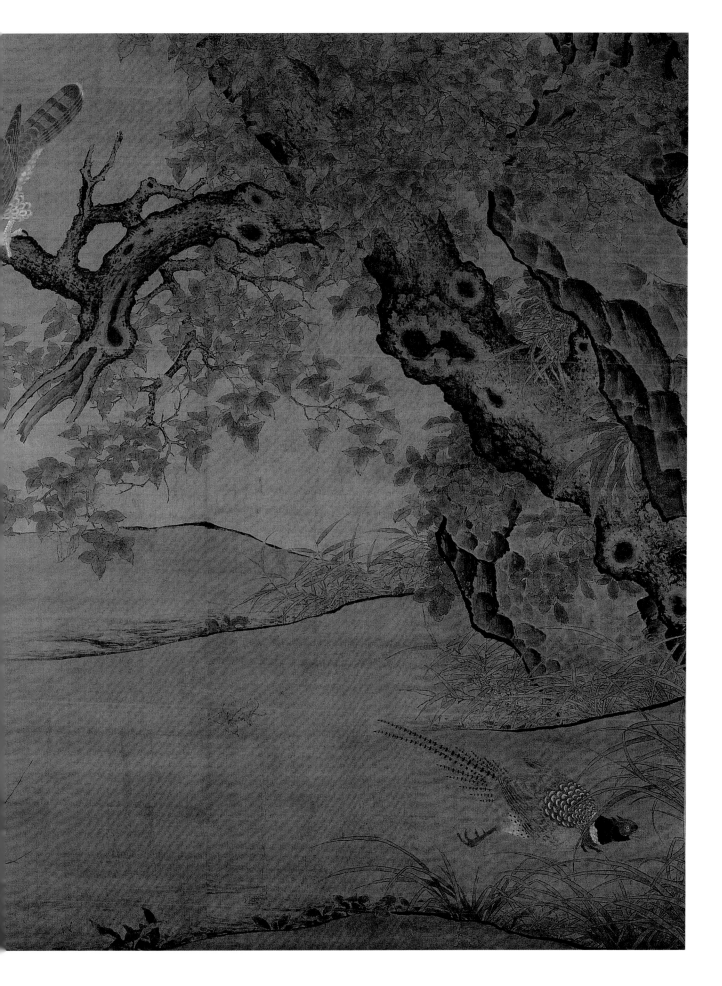

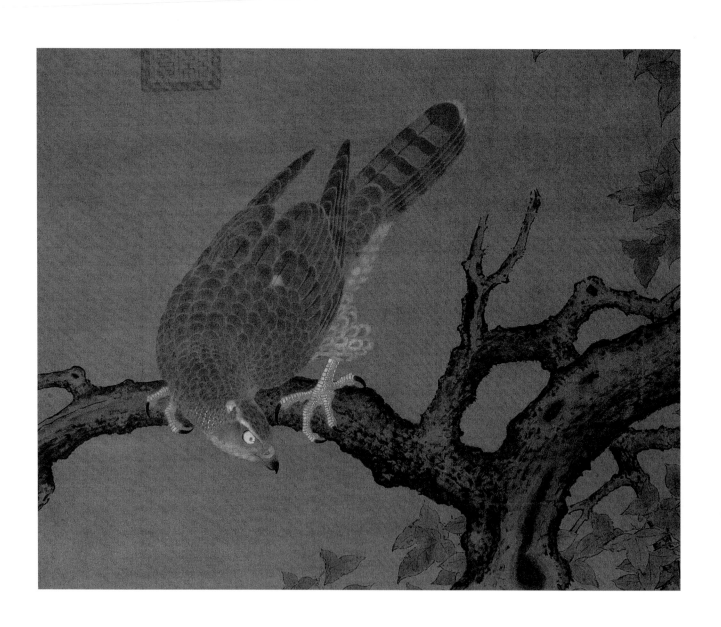

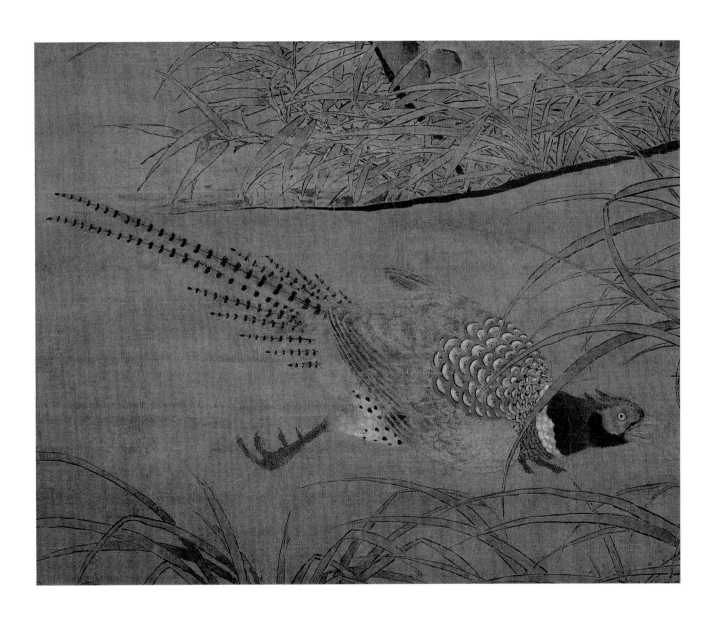

17

李迪　雞雛待飼圖頁

南宋
絹本　設色　縱23.7厘米　橫24.6厘米
清宮舊藏

Chickens Waiting for Feeding
By Li Di
Song Dynasty
Leaf, colour on silk
H.23.7cm　L.24.6cm
Qing Court collection

圖中繪兩隻雞雛，一臥一立，描繪傳神，將雞雛嗷嗷待哺的情態表現得淋漓盡致，展示了溫馨的農家情調。用筆纖細，以黑、白、黃等細綫密實地描繪出雛雞的絨毛。此圖是李迪晚年所畫一幀冊頁，構圖極其簡潔，無任何背景相襯。

本幅款識"慶元丁巳歲（1197）李迪畫"。鈐鑑藏印"張則印"（朱文），

"項元汴印"（朱文）、"墨林秘玩"（朱文）、"項墨林鑑賞章"（白文）、"神""品"（朱文聯珠），又一朱文印模糊不識。

對幅有清乾隆御題詩一首，鈐"含英咀華"（朱文）、"即事多所欣"（白文）。裱邊鈐藏印"太上皇帝之寶"（朱文）、"八徵耄念之寶"（朱文）。

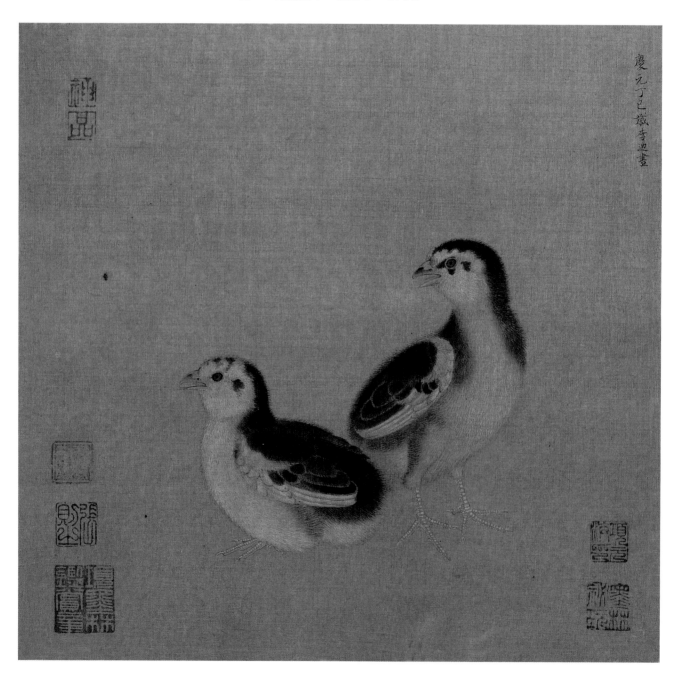

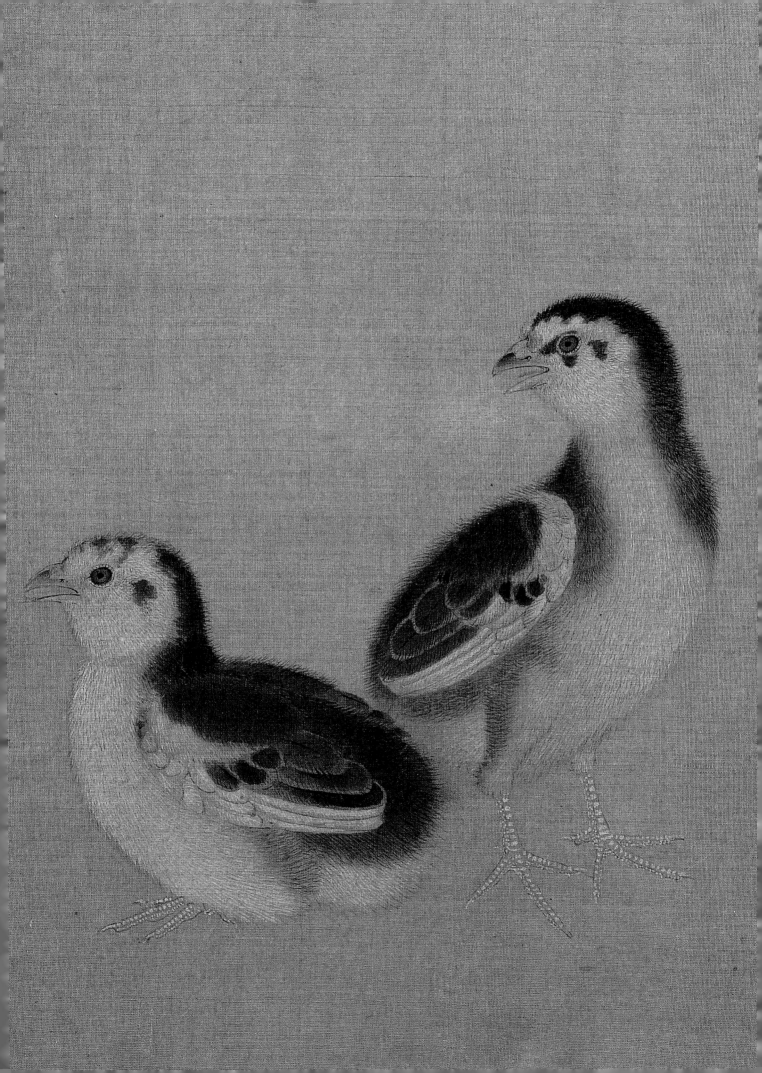

18

梁楷　秋柳雙鴉圖頁

南宋
絹本　設色　縱24.7厘米　橫25.7厘米
清宮舊藏

Willow Tree and Two Crows in Autumn
By Liang Kai
Song Dynasty
Leaf, colour on silk
H.24.7cm　L.25.7cm
Qing Court collection

梁楷（生卒年不詳），南宋畫家，東平（今屬山東省）人，久居錢塘（今浙江杭州）。其生性狂放，不拘禮法，故時人稱他"梁瘋子"。工畫人物、山水、花鳥。師法北宋李公麟及南宋賈師古，又遠取五代西蜀石恪的粗筆人物畫。存世品有"細筆"、"減筆"兩種風格，而後者簡括飄逸，對後世影響極大。

紈扇裝裱。圖中柳幹枝條自下突兀斜上，將畫面一分為二，構圖新奇別致。兩側各有一飛鴉相對呼鳴，打破了秋夜的寂靜，耐人尋味。全圖多用渴筆焦墨，空白處以淡墨暈染出薄雲輕霧。此圖僅寥寥幾筆就把柳、鴉的姿態生動地勾畫出來，像梁楷這樣的"減筆"表現方法與構圖形式在兩宋花鳥畫中難得一見。

本幅款識"梁楷"。鈐印三方，印文模糊不辨。

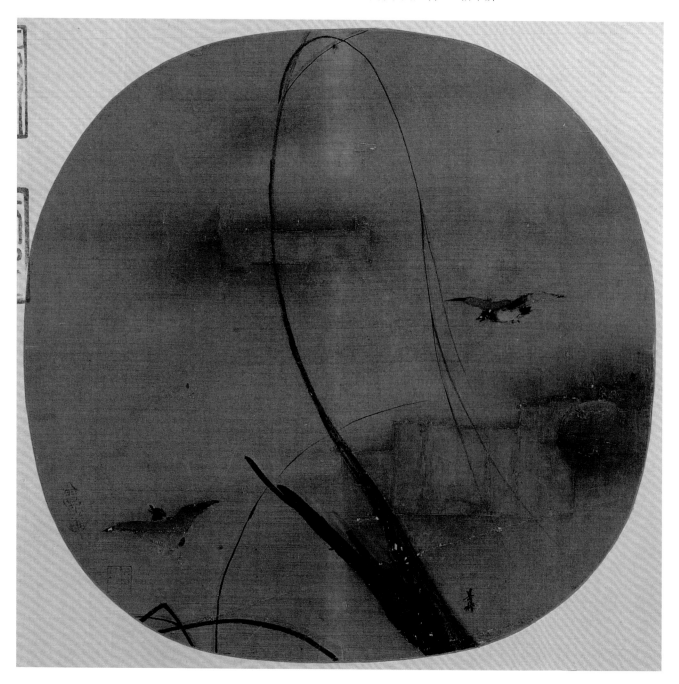

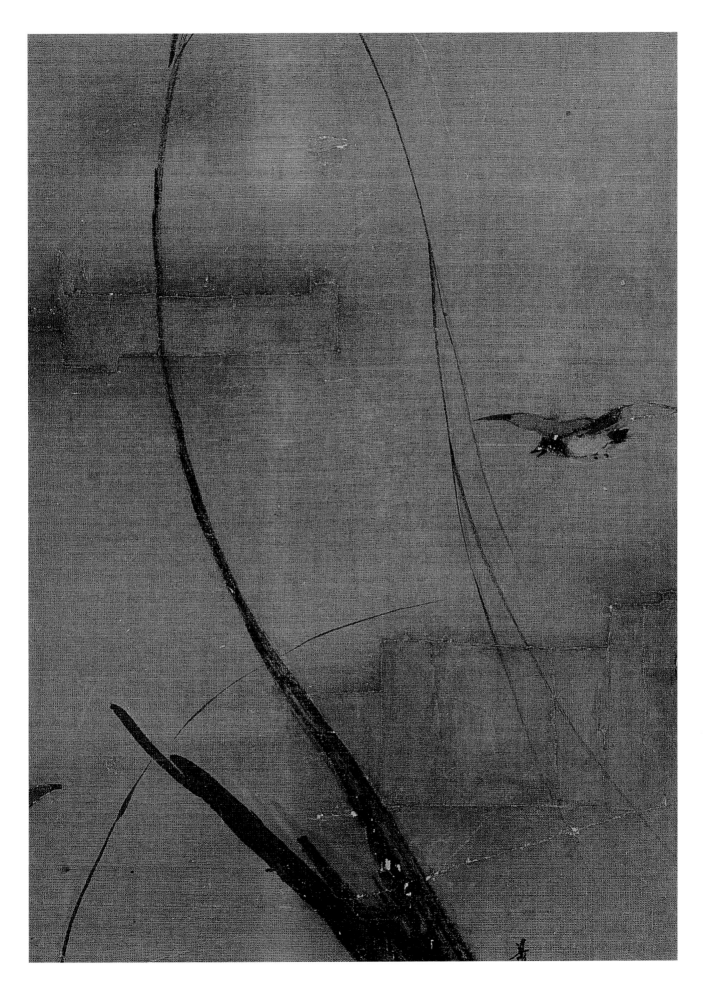

19

梁楷　疏柳寒鴉圖頁
南宋
絹本　設色　縱22.4厘米　橫24.2厘米

A Sparse Willow and Wintry Crows
By Liang Kai
Song Dynasty
Leaf, colour on silk
H.22.4cm　L.24.2cm

圖中畫枯柳老幹生出新枝，老幹上的寒鴉，一隻低頭啄食，一隻仰望，與兩隻飛鴉呼應成趣。寒鴉頭尾以濃墨點染，羽翼用焦墨勾寫，腹部微敷白粉，更突出鴉頭之黑，筆墨精練。這種着墨不多、不求形似的"減筆"畫對後世影響極大。

本幅款識"梁楷"。

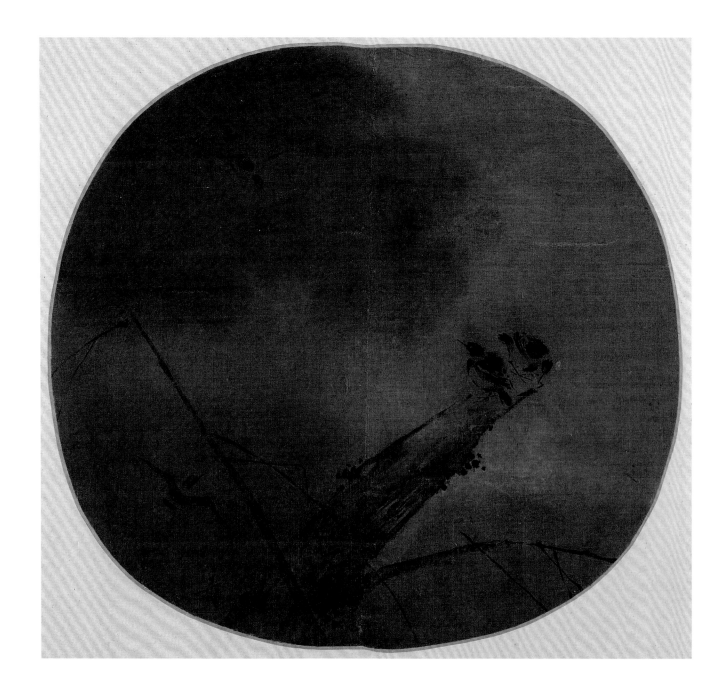

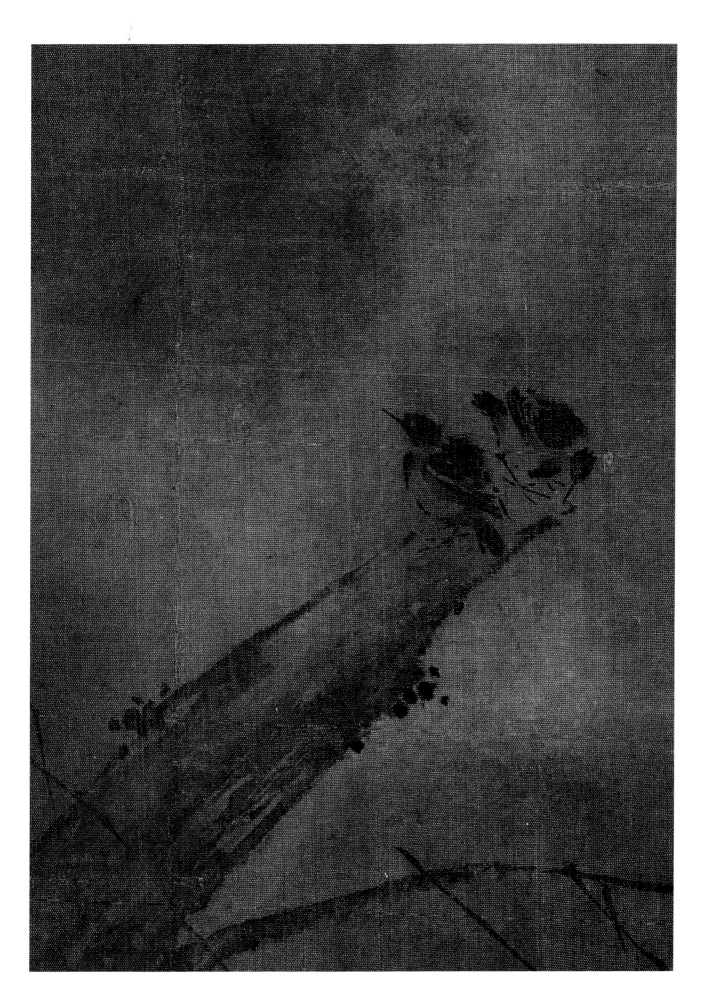

20

李嵩　花籃圖頁
南宋
絹本　設色　縱19.1厘米　橫26.5厘米

A Basket of Flowers
By Li Song
Song Dynasty
Leaf, colour on silk
H.19.1cm　L.26.5cm

李嵩（生卒年不詳），錢塘（今浙江杭州）人，南宋宮廷畫家。李嵩曾是一位木工手藝人，後為宮廷畫家李從訓收為養子，遂開始習畫。工人物、道釋及界畫，尤以擅長表現農村風物為時所重。其花卉畫風格屬於宮廷花鳥豔麗精工一派。

圖中以工筆重彩繪花籃，籃內滿插秋葵、梔子、百合、廣玉蘭、石榴等鮮花（花名見附錄）。用筆工細，設色絢麗，敷染細膩。花之蕊瓣開合，葉之陰陽向背、筋脈紋理，都表現得極為生動。花籃勾描精細，編條交代得十分清楚，是了解當時編織工藝的重要資料。畫面充實飽滿，層次分明，是一幅精彩的靜物寫生。

本幅款識"李嵩畫"。鈐鑑藏印"項子京家珍藏"（朱文半印）。

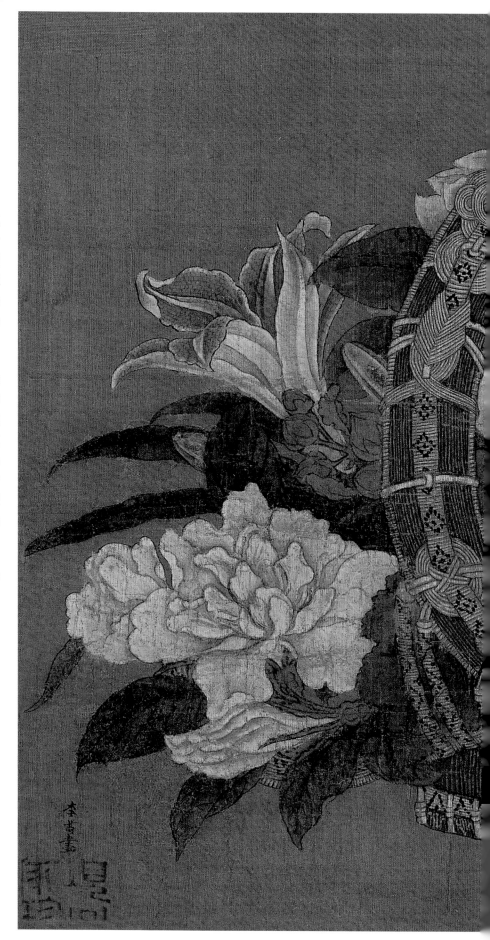

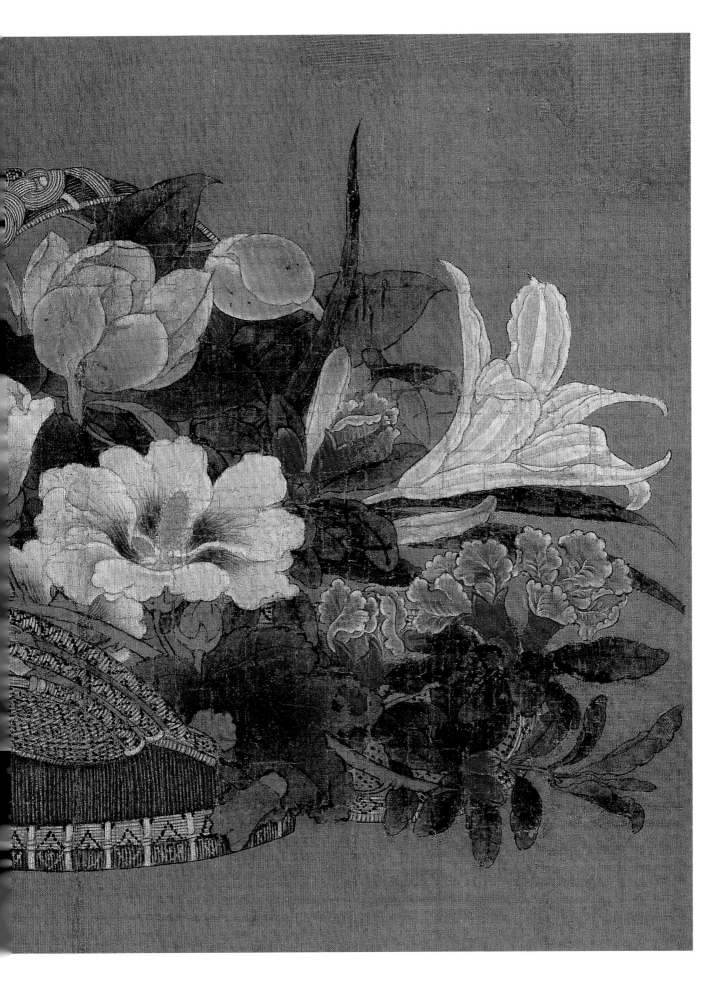

21

法常　水墨寫生圖卷
南宋
紙本　墨筆　縱47.3厘米　橫814.1厘米

A Miscellany of Birds, Aquatic Products, Vegetables, Flowers, Fruits, etc.
By Fa Chang
Song Dynasty
Handscroll, ink on paper
H.47.3cm　L.814.1cm

法常（生卒年不詳），號牧溪，南宋末期僧人。善畫山水、人物、龍、虎、猿、鶴、蘆雁等，風格近於梁楷而又有發展變化。元人記載他嘗以蔗渣、草結作畫，隨筆點墨，意思簡當，不費妝綴。作品有的流傳到日本，畫風頗為灑脱。

《水墨寫生圖》雜繪果蔬、花卉、禽鳥、魚蝦二十餘種，有石榴、桃、梨、枇杷、燕、喜鵲、鶺鴒、赤麻鴨、蓮花、蟹、蝦、魚、菱角、蘿蔔、茄子、茭白、筍等，純用水墨勾染，不假顏色，這在南宋畫壇上極具創造性，為後世寫意花卉的發展大開法門。此卷屬於信筆寫生之作，但所繪物象都是相當準確、規矩，不同於後世以"遺貌取神"為高的文人寫意。

本幅鈐鑑藏印"玩物而不喪志"（朱文）、"葉恭綽譽虎印"（白文）、"進德修業"（朱文）、"吳子孝印"（朱文）、"純叔"（朱文）、"玉父"（朱文）（騎縫）、"吳氏純叔"（朱文）、"延陵仲子"（朱文）、"番禺葉氏遐庵珍藏書畫典籍之印記"（朱文）、"第一希有"（朱文）、"湖帆讀畫"（白文）、"樂閒珍玩"（朱文）、"子孫保藏"（朱文）、"茝林曾觀"（朱文），另有半印二、九疊文印一，均不辨。

尾紙有沈周題跋（釋文見附錄）。鈐"啓南"（朱文）、"白石翁"（白文）二印。

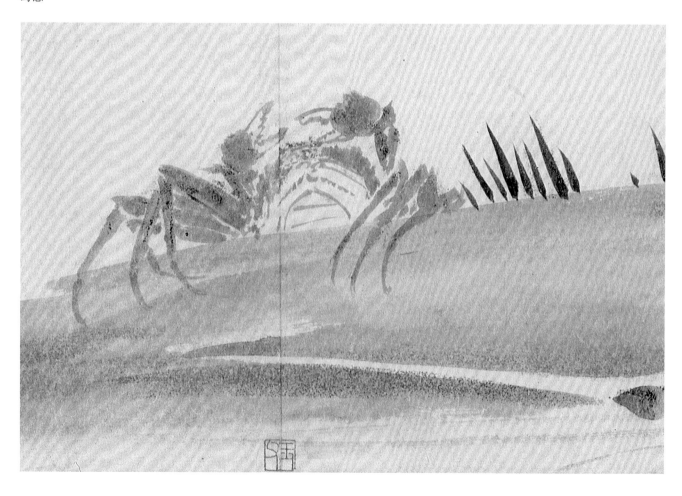

60

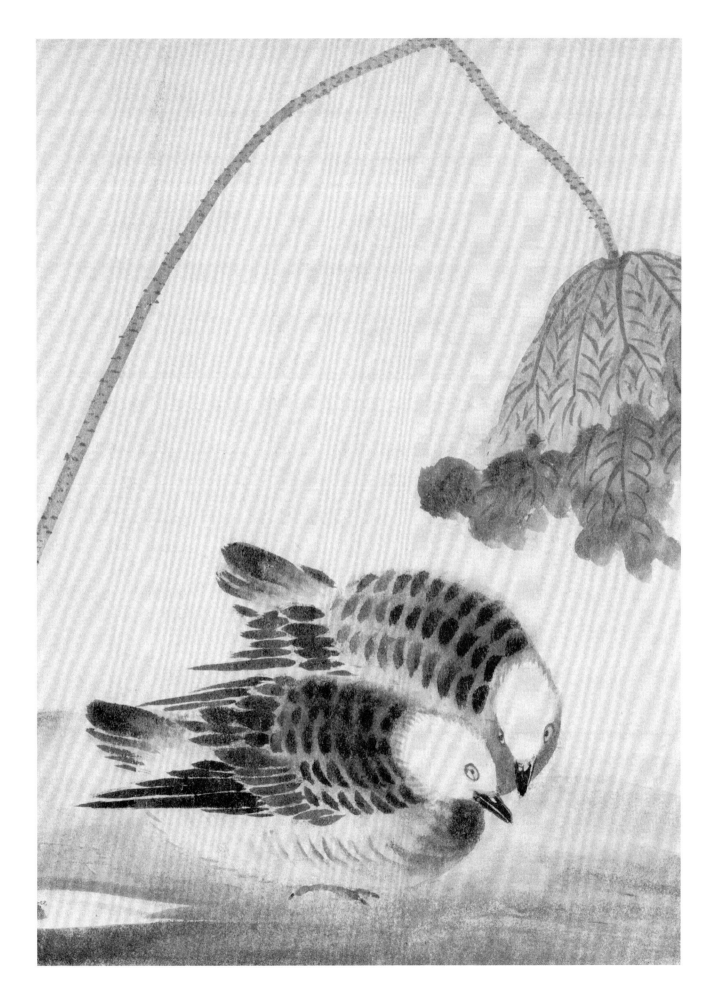

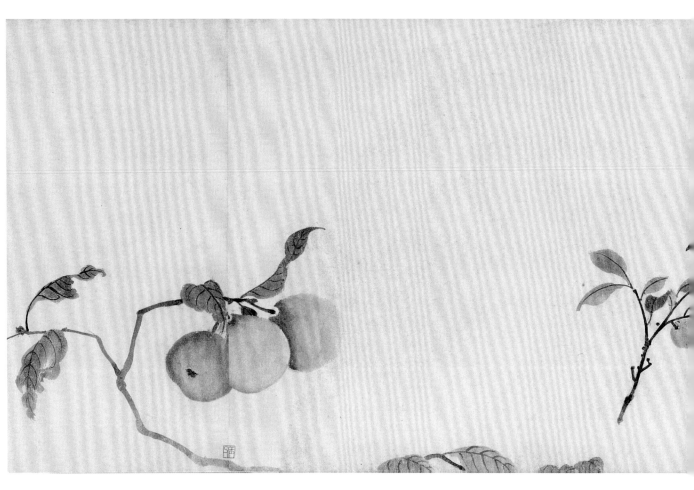

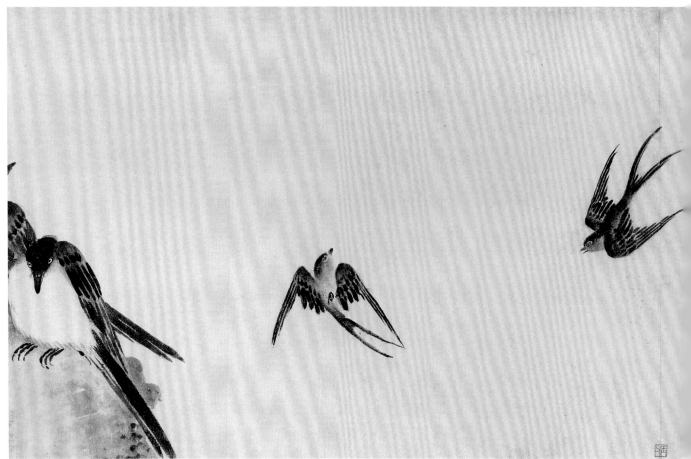

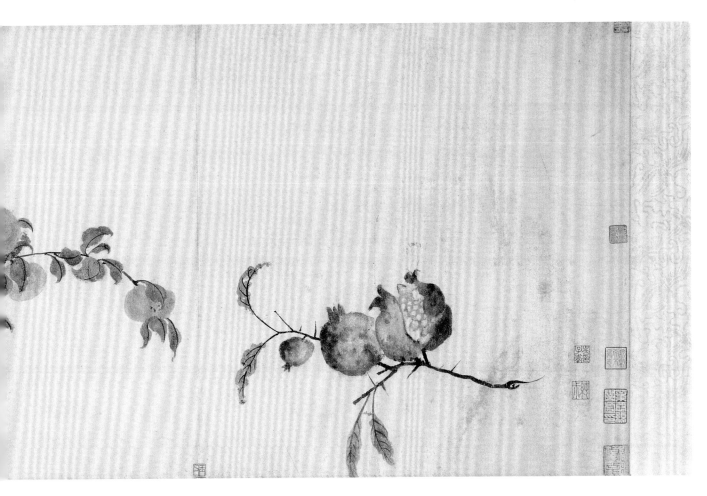

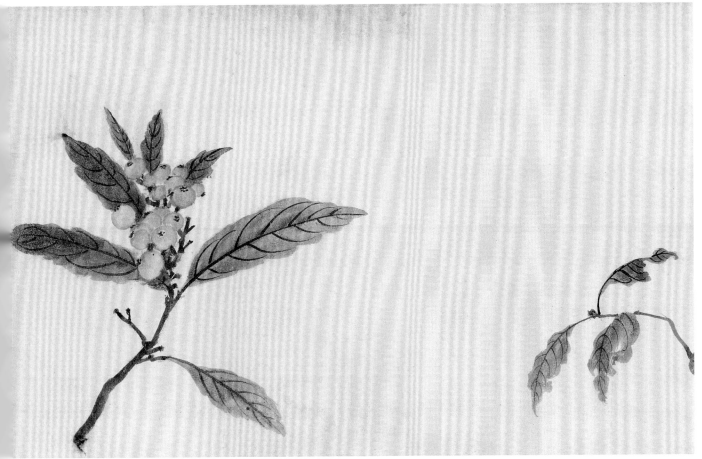

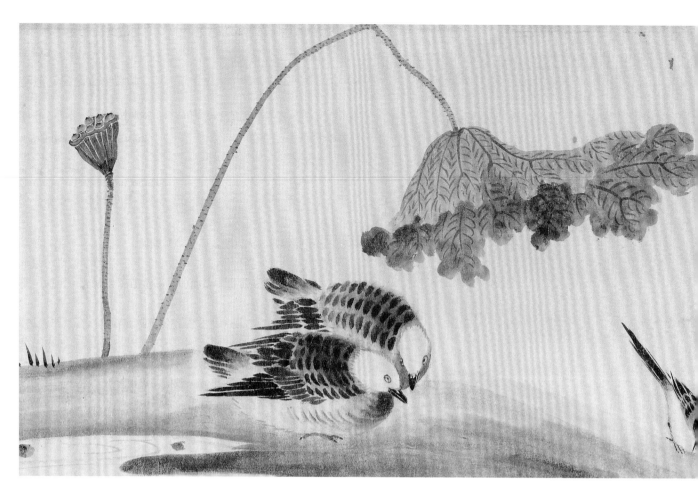

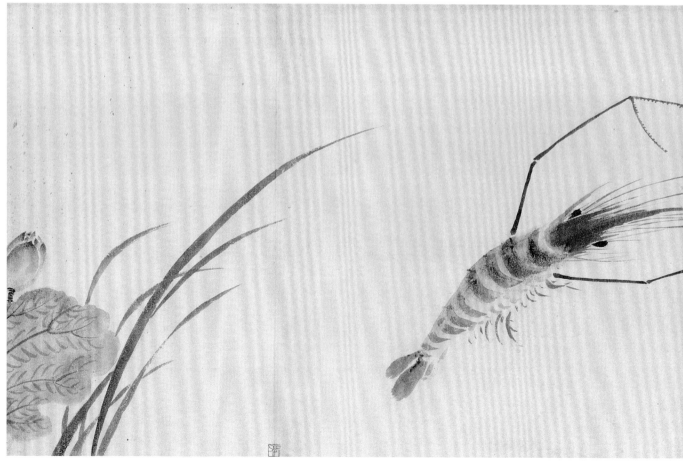

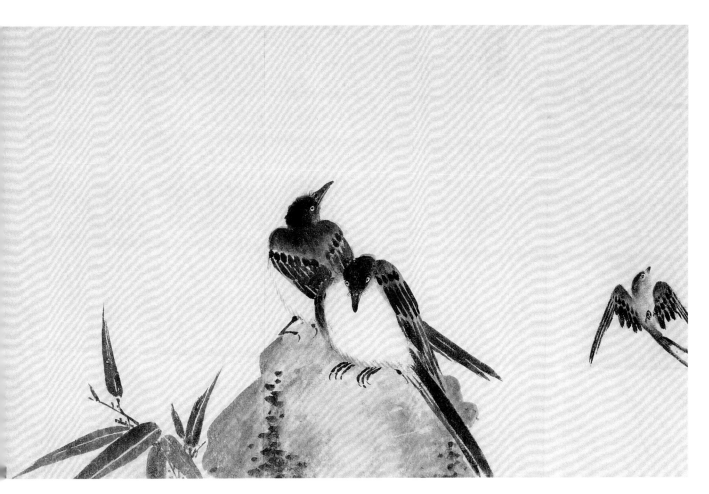

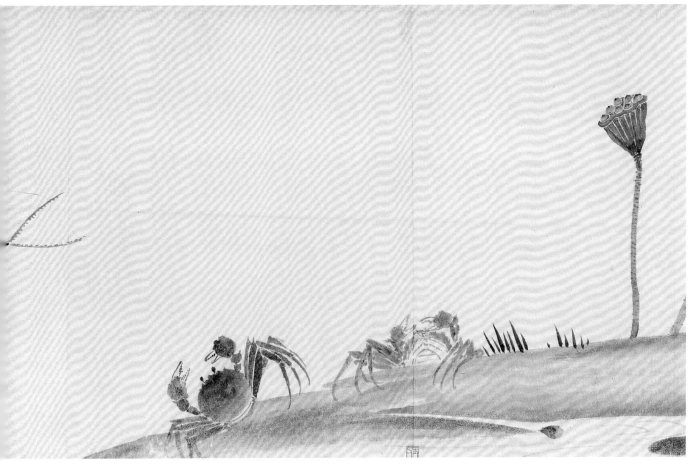

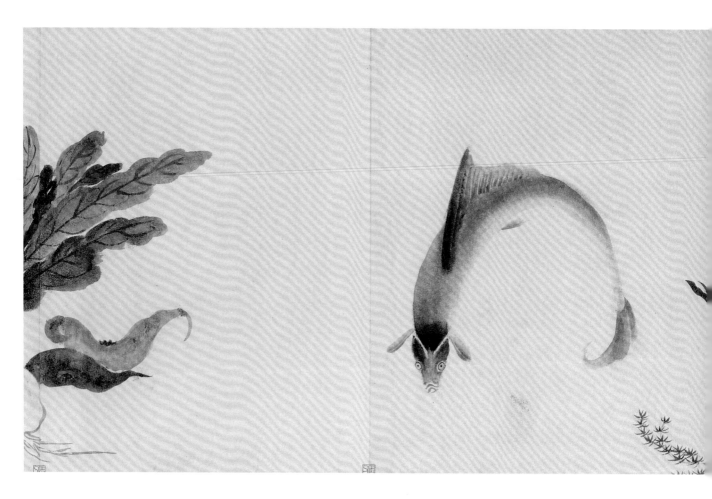

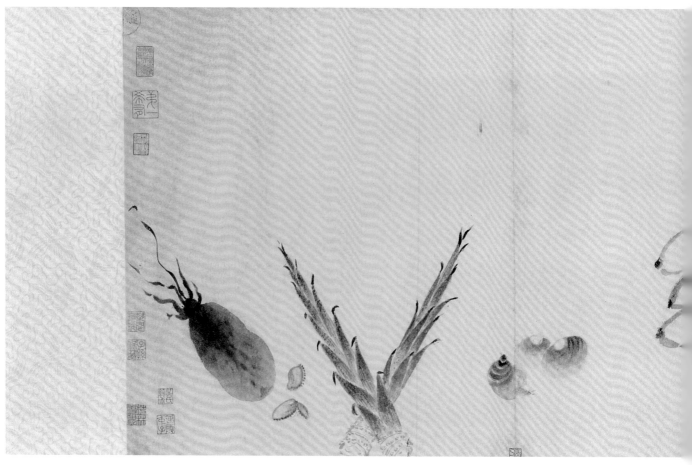

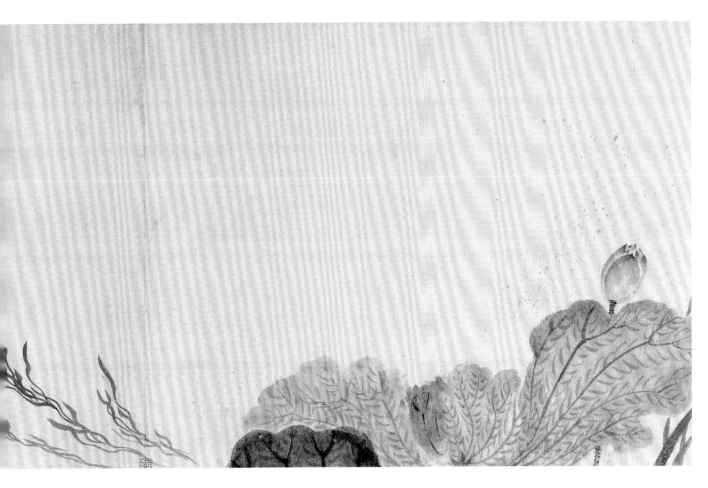

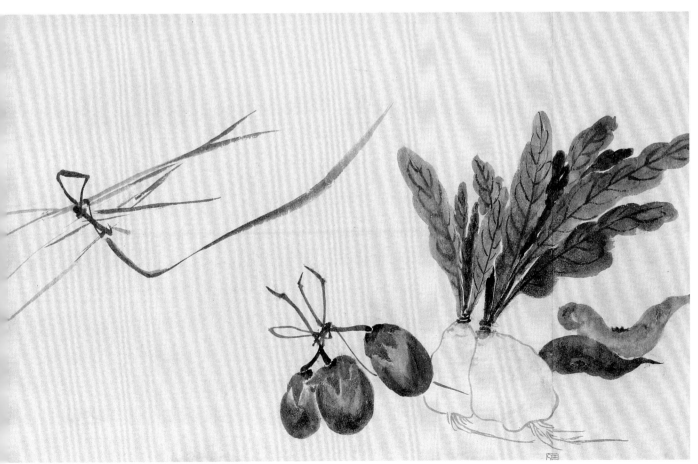

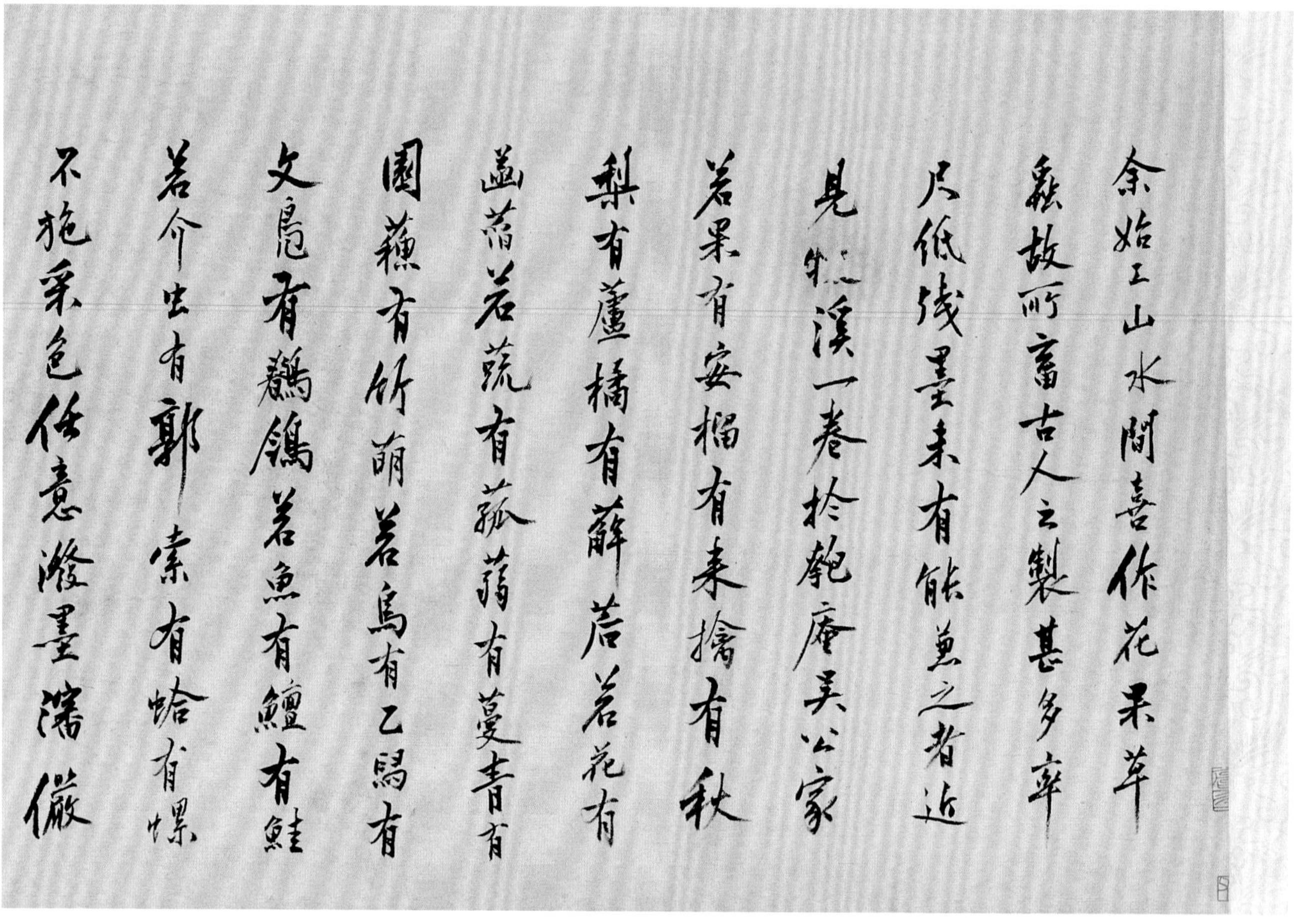

余始工山水間喜作花果草
蟲故所畜古人之製甚多卒
尺低殘墨未有能盡之者近
見於溪一卷於匏庵吳公家
若果有安榴有來擒有秋
梨有蘆橘有薛荔若花有
蔬蓏若蔬有蕨蕳有蔓青有
園藕有竹萌若鳥有乙舃有
文龜有鸊鶘若魚有鱧有鮭
若介出有郭索有蛤有蜾
不施采色任意潑墨瀟儼

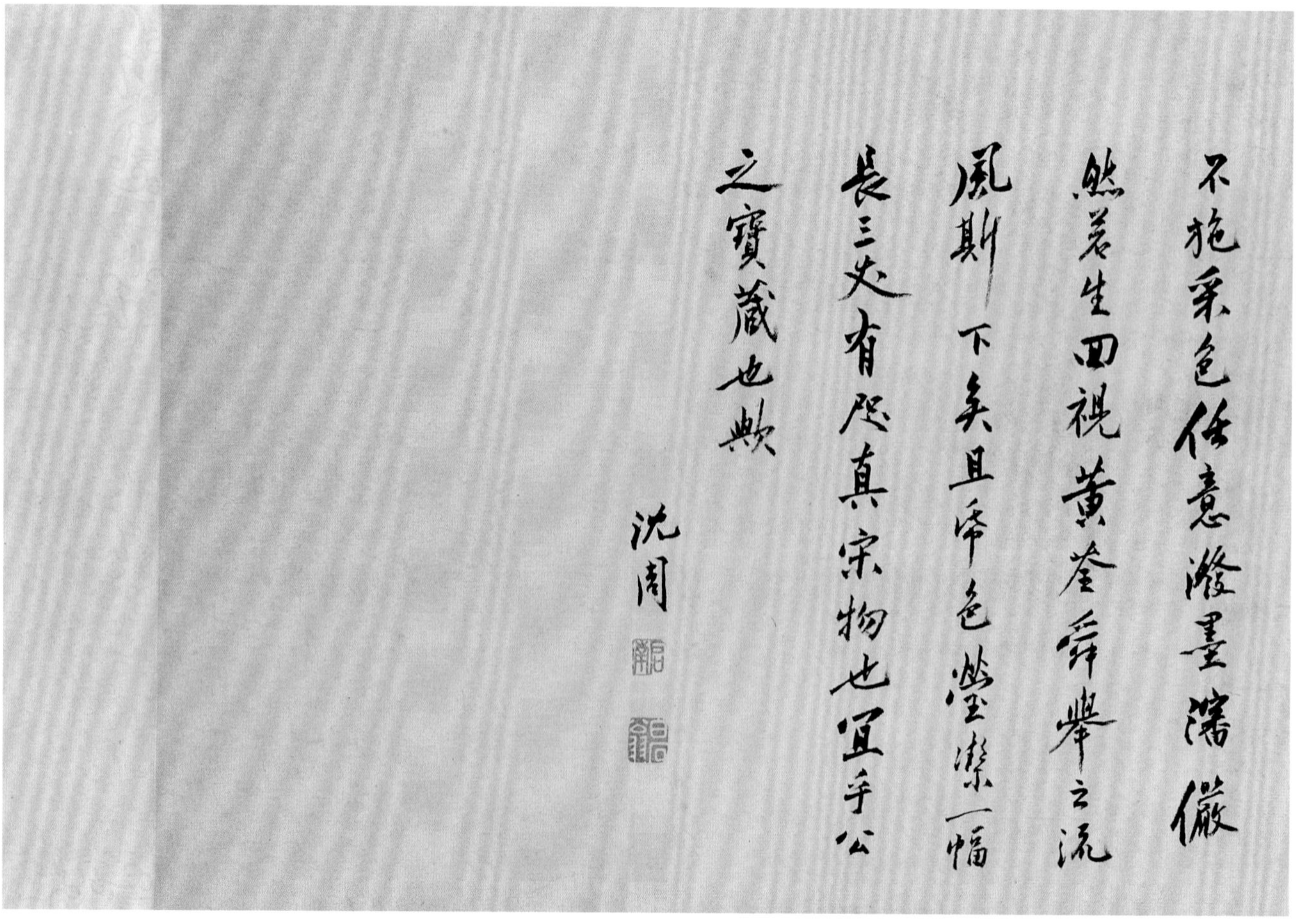

不施采色任意潑墨瀟儼
然若生四視黃荃舜舉之流
風斯下矣且采色瑩潔一幅
長三尺有咫真宋物也置乎公
之寶藏也歟

沈周

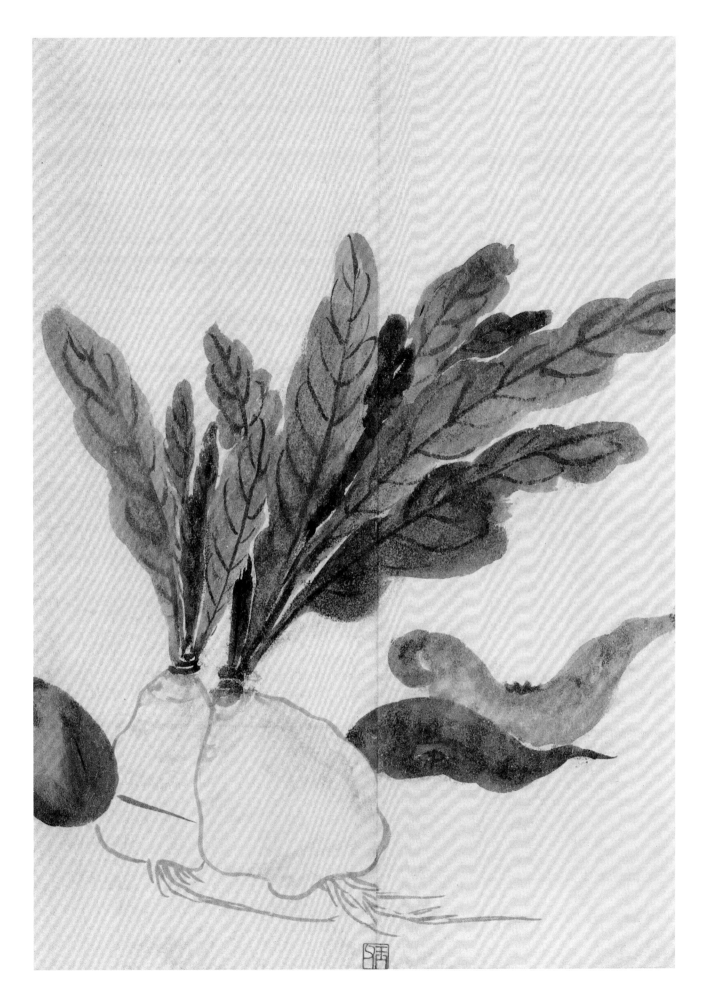

22

張茂　雙鴛鴦圖頁

南宋
絹本　設色　縱24.4厘米　橫18.3厘米
清宮舊藏

A Couple of Mandarin Ducks
By Zhang Mao
Song Dynasty
Leaf, colour on silk
H.24.4cm　L.18.3cm
Qing Court collection

張茂（生卒年不詳），字如松，杭州人。南宋紹熙年間（1191—1194）隸籍畫院。畫史稱其作山水、花鳥俱精緻，小景更佳。

紈扇裝裱。圖中畫蘆葦蓼草葉留殘雪，一對鴛鴦在水中追隨游弋。水面只畫出幾筆波紋，大片空白的畫面任人想像為浩淼煙波，上方又添繪兩隻鵜鴒相呼應，氣氛祥和寧靜。寓意寒不異心。存《紈扇畫冊》中。

本幅款識"張茂"。

曾經《石渠寶笈初編》著錄。

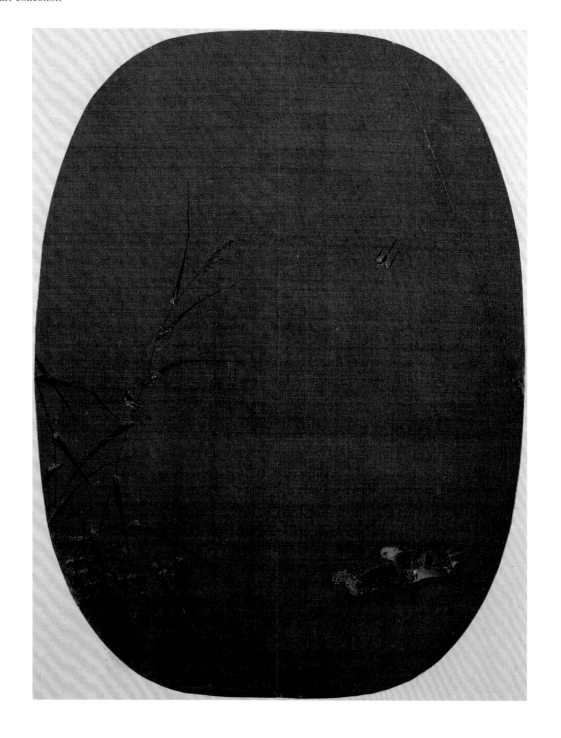

23

朱紹宗　菊叢飛蝶圖頁
南宋
絹本　設色　紈扇形
縱23.7厘米　橫24.4厘米
清宮舊藏

Butterflies among the Blossoming Chrysanthemum
By Zhu Shaozong
Song Dynasty
Leaf, colour on silk
H.23.7cm　L.24.4cm
Qing Court collection

朱紹宗（生卒年不詳），隸籍南宋畫院，善繪人物、貓犬、花禽。畫史稱其所作"描染精邃，遠過流輩"。

圖中畫叢菊盛開，爛若文錦。花間點綴蜜蜂、蛺蝶上下翻飛，更增情趣。雖是籬邊野景，卻顯出富貴典雅氣象。勾染皆極為精工，畫史所讚不虛。存《四朝選藻》冊中。

本幅款識"朱"。鈐鑑藏印二方模糊，唯可辨一"璘"字。

裱邊題簽："朱紹宗叢菊飛蝶"。鈐清乾隆藏印二方。對幅有清乾隆御題詩一首。鈐"八徵耄念之寶"（朱文）、"自強不息"（白文）。

曾經《石渠寶笈續編》著錄。

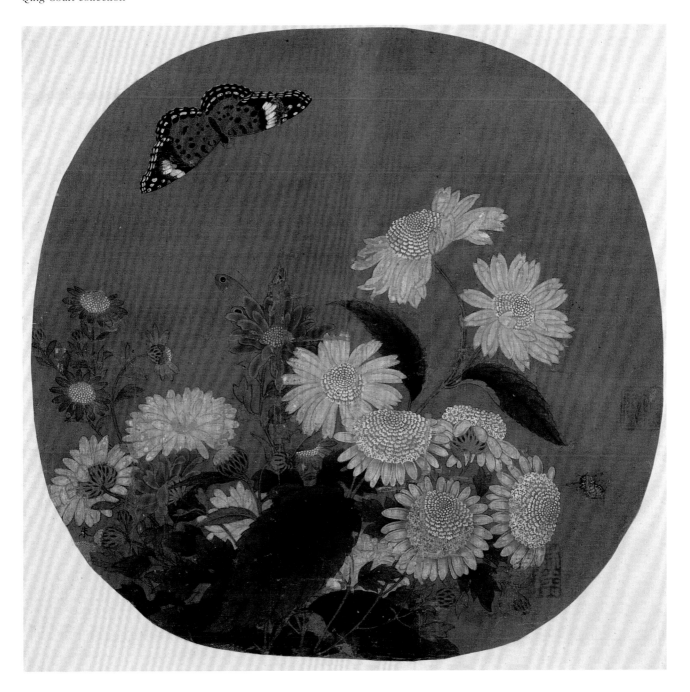

24

趙孟堅　墨蘭圖卷
南宋
紙本　水墨　縱34.5厘米　橫90.2厘米

Ink Orchard (two pieces)
By Zhao Mengjian
Song Dynasty
Handscroll, ink on paper
H.34.5cm　L.90.2cm

趙孟堅（1191—1264），字子固，號彝齋。宋宗室，南渡後居嘉興海鹽（今浙江海鹽）廣陳鎮。南宋寶慶二年（1226）中進士，官至提轄左帑（一説為嚴州守）。他博雅多才，工詩文，善書畫，富收藏，時人比之米芾。喜用水墨或白描畫梅、蘭、水仙、竹石，表現了他清高自許、不同流俗的文人襟懷。有《彝齋文編》四卷傳世。

《墨蘭圖》繪幽蘭二本，細葉紛披，皆用淡墨撇出，將蘭在春風中輕輕搖曳的動感表現無遺。用筆流暢飄逸，通過提按、枯潤，微妙地表現出蘭葉的陰陽向背，全卷落墨不多，但筆筆從容不迫，開後世墨蘭之法門。陸師道從中悟得"書畫無二源"之理，甚有見地。此卷的款字纖弱，為作者早年之筆。

本幅自題："六月衡湘暑氣蒸，幽香一噴冰人清。曾將移入浙西種，一歲才華一兩莖。彝齋趙子固仍賦"。鈐印"子固寫生"（白文）。

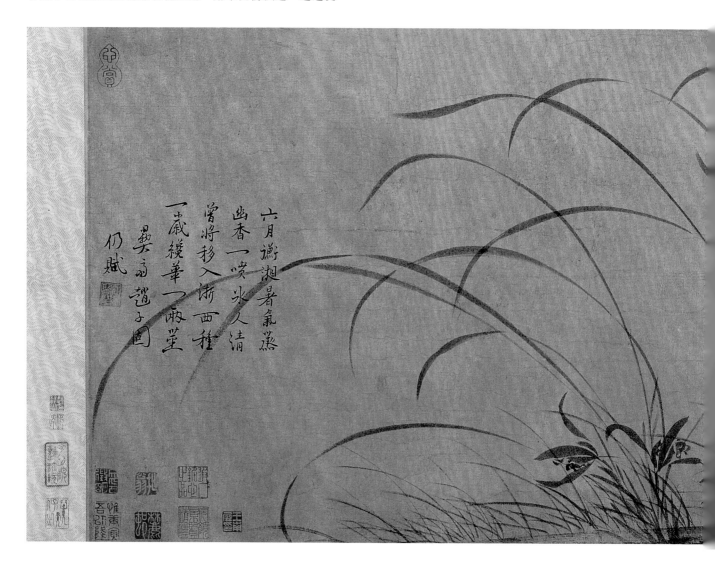

另有題詩"國香誰信非凡草，自是茗溪一種春。此日王孫在何處？烏號尚憶鼎湖臣。灌園翁顧敬"。鈐有文徵明、文彭、安岐等人鑑藏印共十五方。

前隔水題籤："宋趙彝齋春蘭圖　麓邨珍藏"。鈐鑑藏印六方。後隔水鈐鑑藏印四方。尾紙有文徵明、王谷祥、米曰藩、周天球、彭年、袁褧、陸師道、葉恭綽八家跋九則(文徵明、陸師道題跋)。鈐"安儀周家珍藏"、"拙庵心賞"等鑑藏印四十方。

曾經《式古堂書畫彙考》、《大觀錄》、《墨緣彙觀》、《青霞館託畫絕句》著錄。

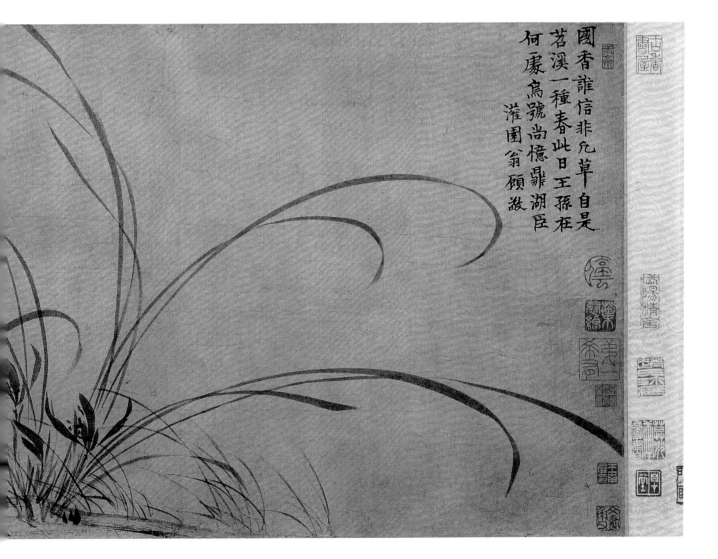

25

佚名　百花圖卷
南宋
紙本　水墨　縱31.5厘米　橫1679.5厘米
清宮舊藏

Miscellaneous Flowers
Anonymous
Song Dynasty
Handscroll, ink on paper
H.31.5cm　L.1679.5cm
Qing Court collection

《百花圖》按冬、春、夏、秋時序，描寫梅、山茶、牡丹、百合、芍藥、海棠、萱草、碧桃、蘋果、蘭、罌粟、玉蘭、蓮花、梔子、雞冠花、蓼草、秋葵、芙蓉、桂花、菊花等花卉約六十種，堪稱煌煌巨製。構圖多依植物的自然生態，或微或巨，或疏或密，或水或陸，或叢生或獨秀，或倒掛或斜出，穿插佈置宛若天成。其間又點綴蜂、蟻、蜻蜓、蛺蝶、游魚、青蛙及多種鳥雀，生意盎然。全卷純使水墨，以細綫勾勒，加墨暈染，參用沒骨法繪成。雖也不乏精工細緻之處，但實已擺脫繁縟刻板的院體末路，開始走向以清雅簡淡為尚的文人畫新途。

本幅鈐印，印文不辨。

卷尾鈐藏印"方邵村曾觀"（朱文），及清乾隆、嘉慶、宣統藏印，"三希堂精鑑璽"（朱文）、"宜子孫"（白文）、"石渠寶笈"（朱文）。尾紙鈐鑑藏印"棠村"（朱文）、"蕉林梁氏書畫之印"（朱文）。

曾經《石渠寶笈》著錄。

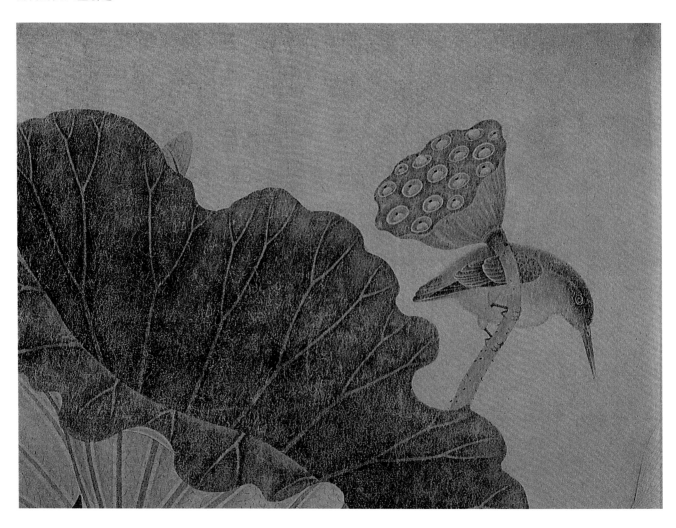

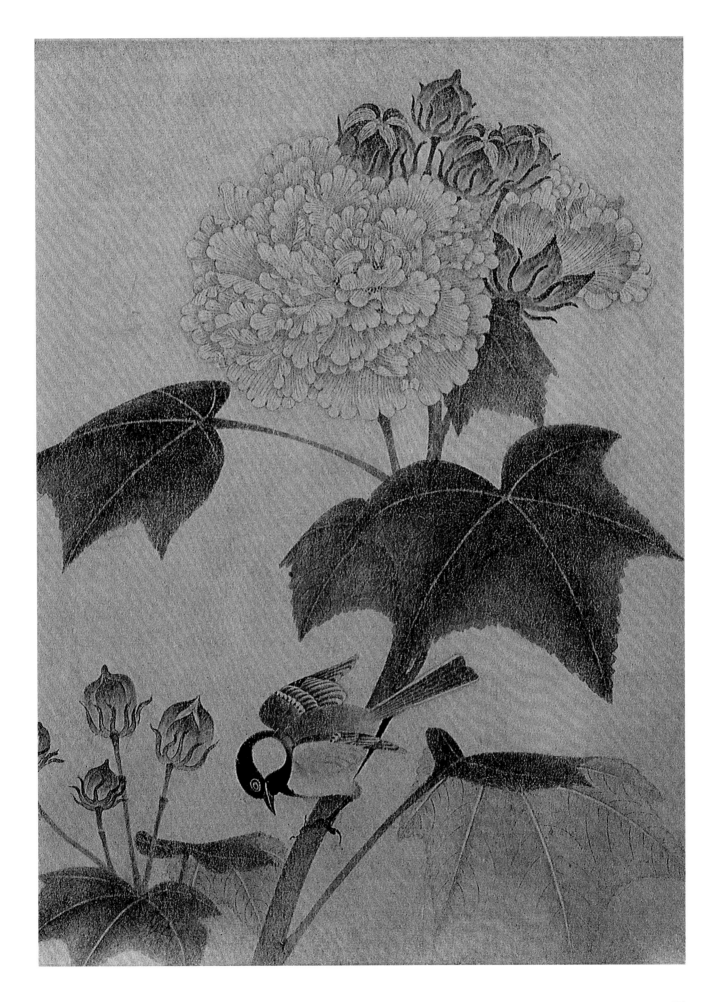

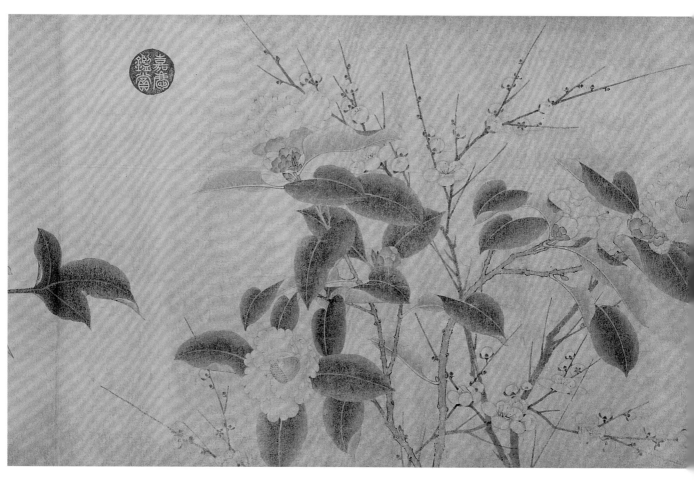

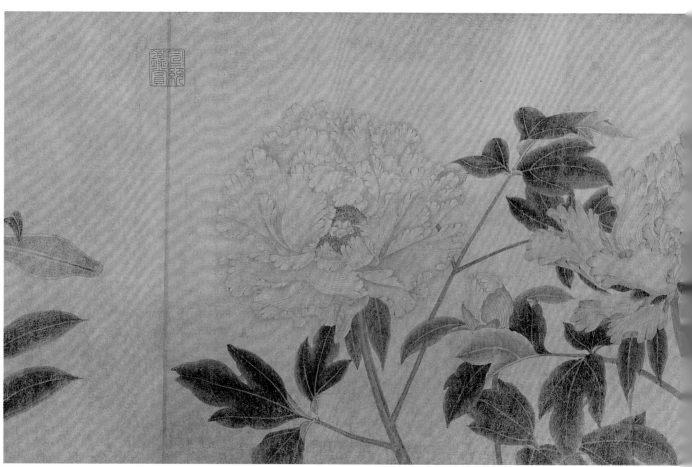

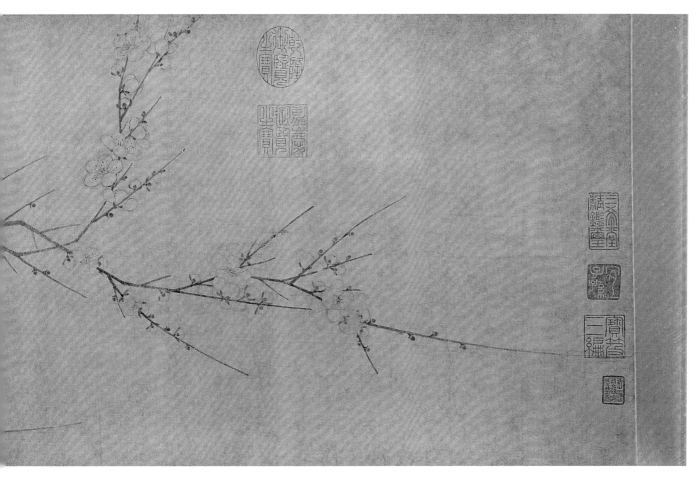

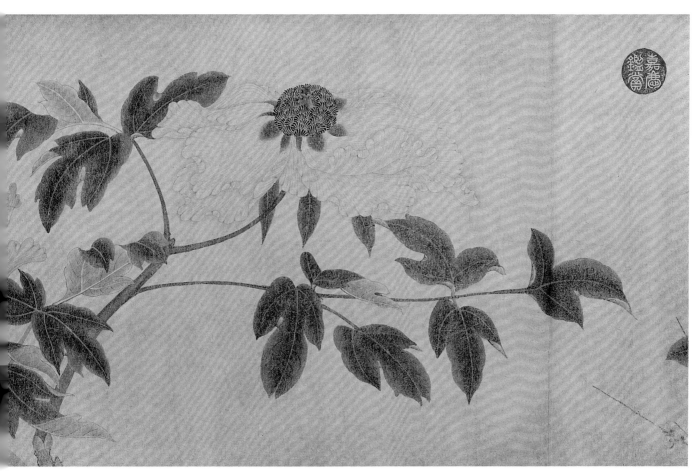

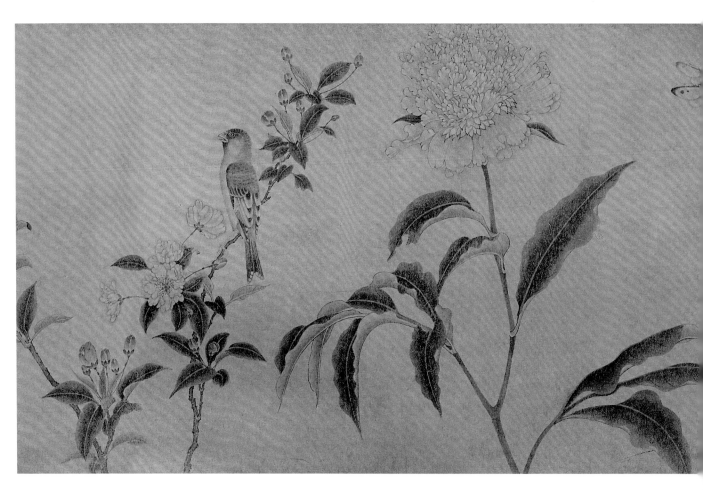

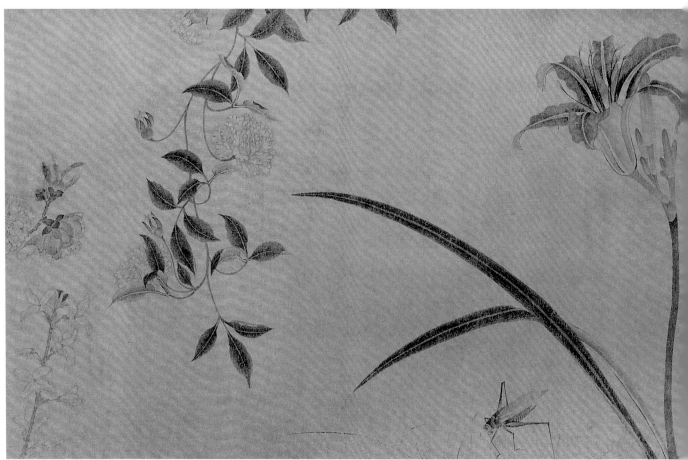

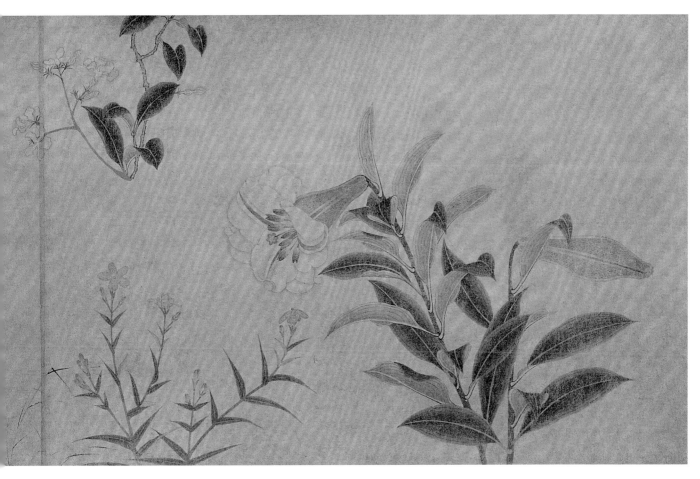

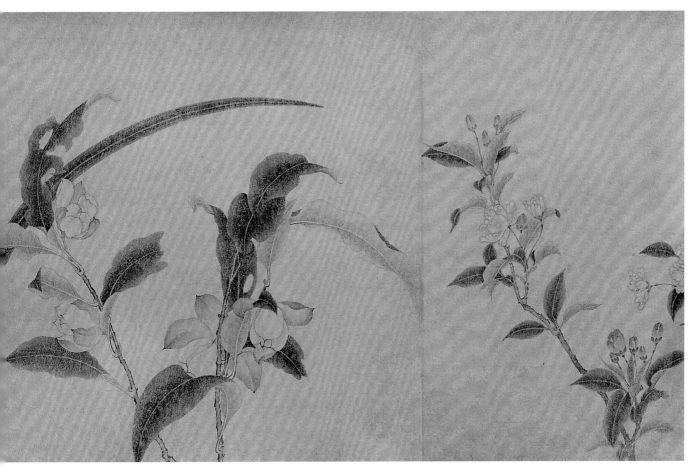

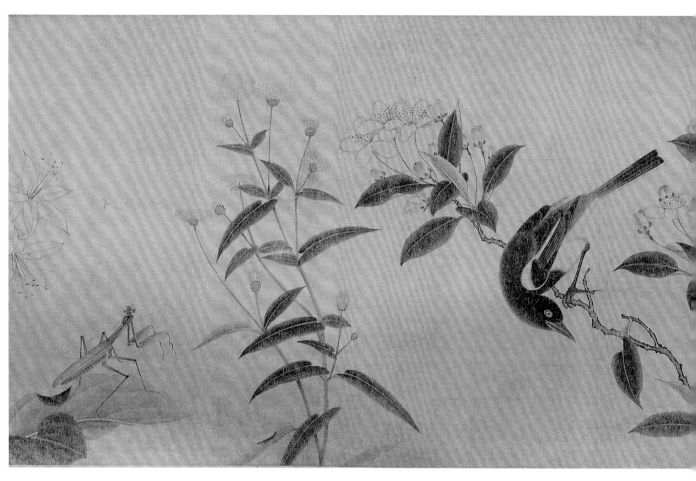

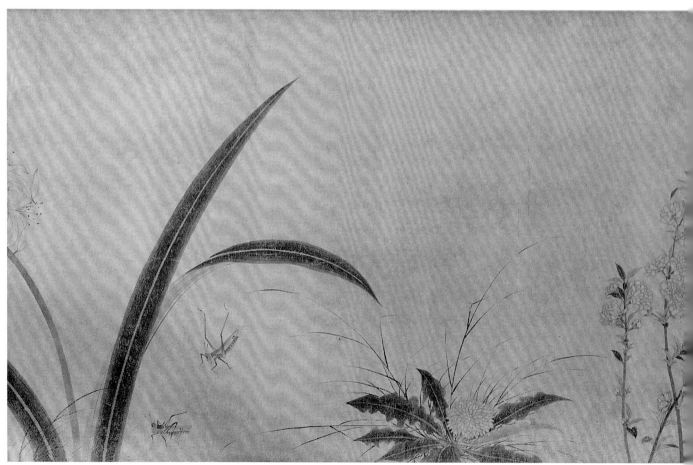

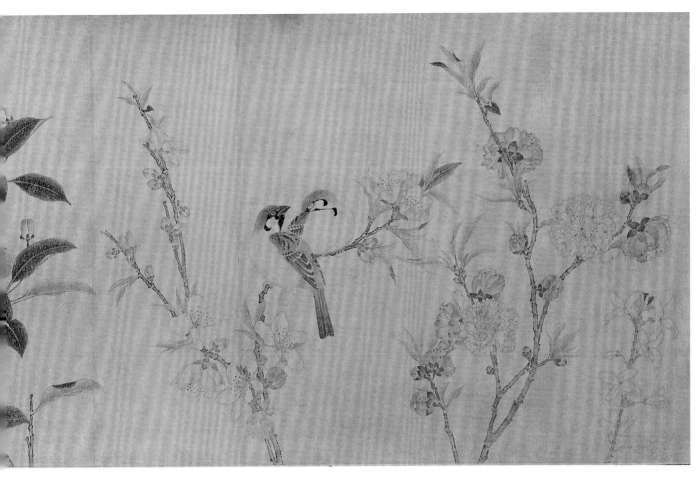

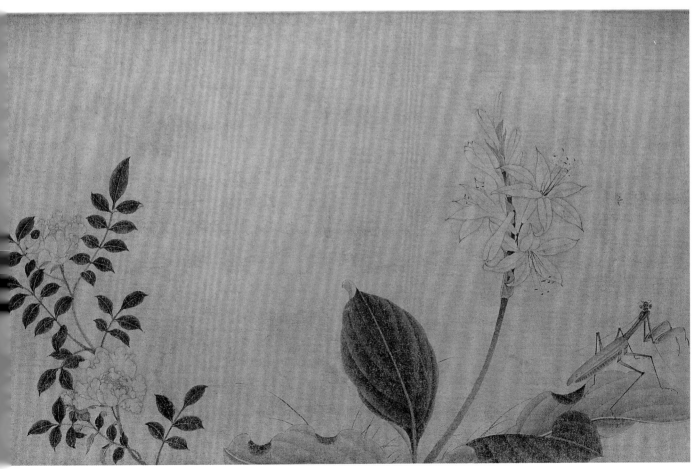

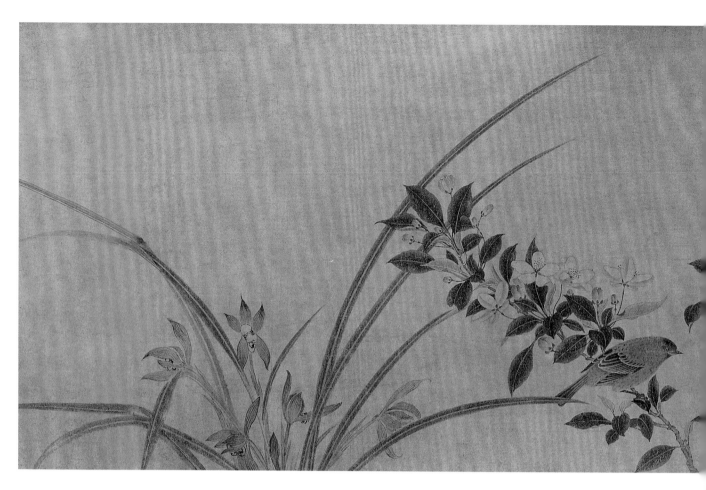

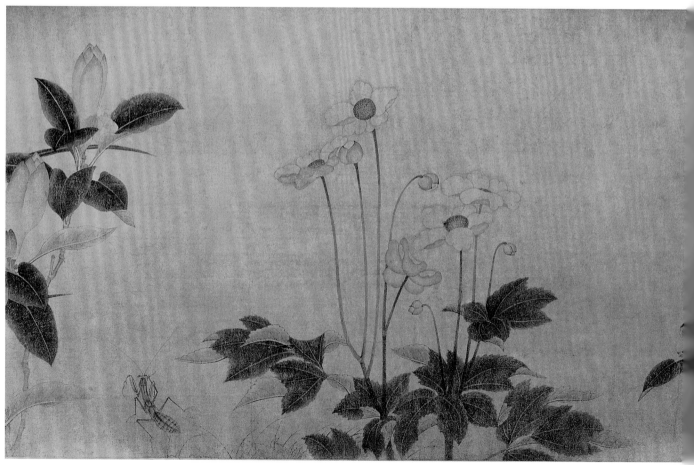

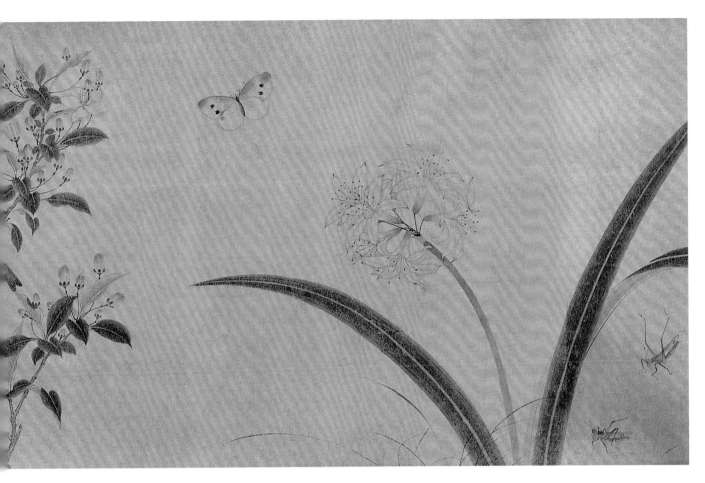

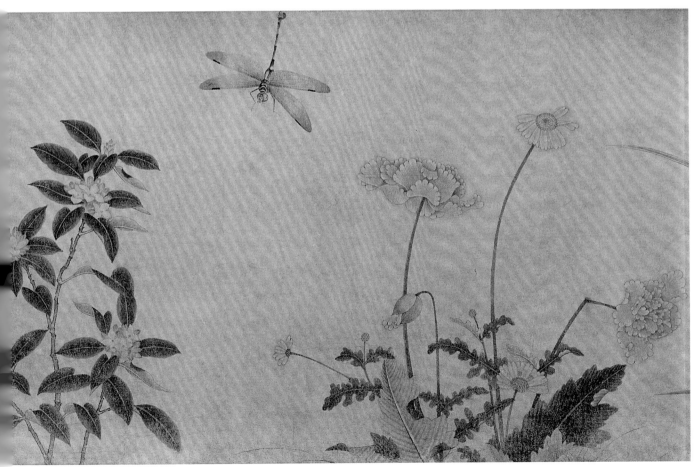

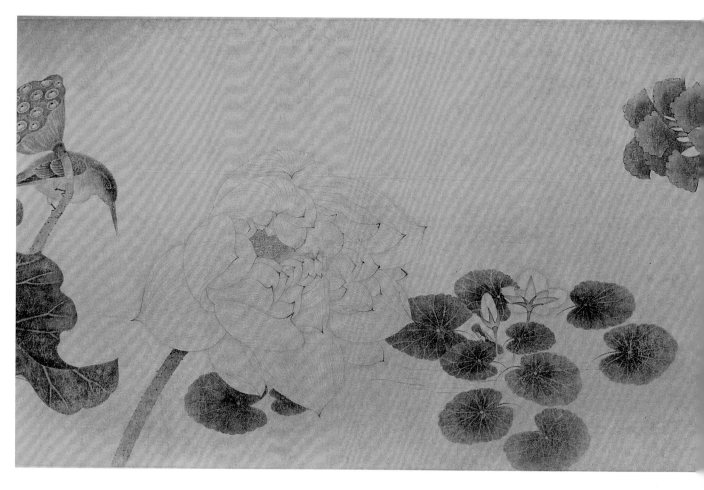

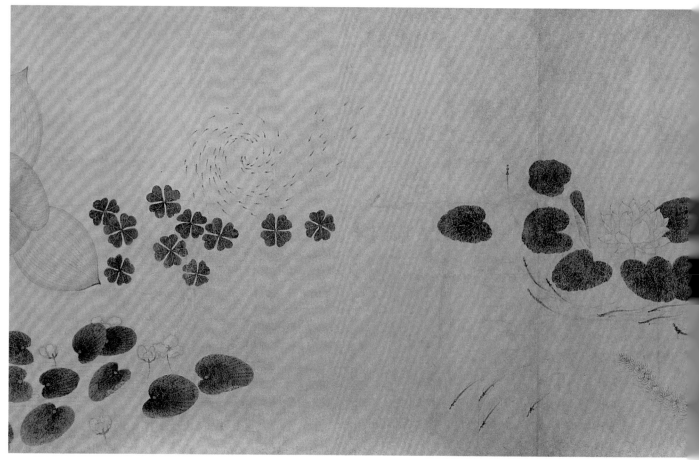

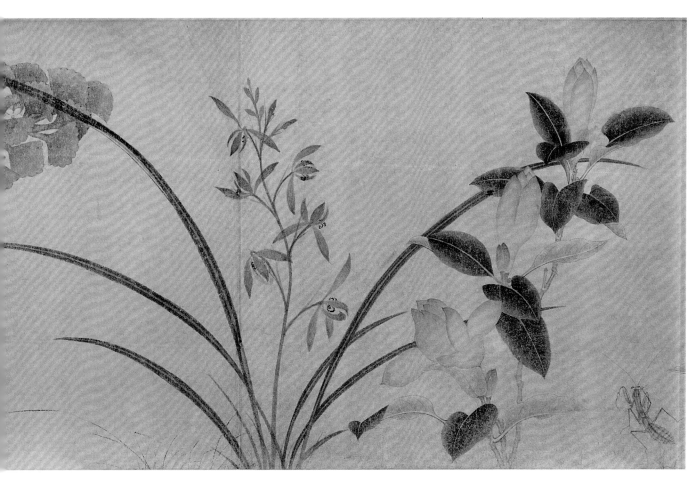

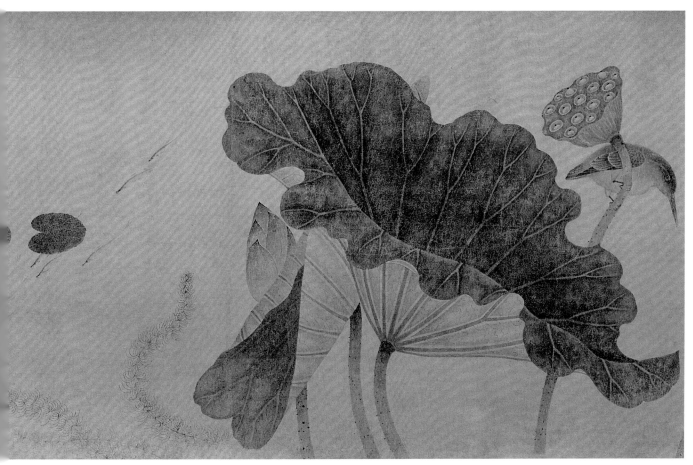

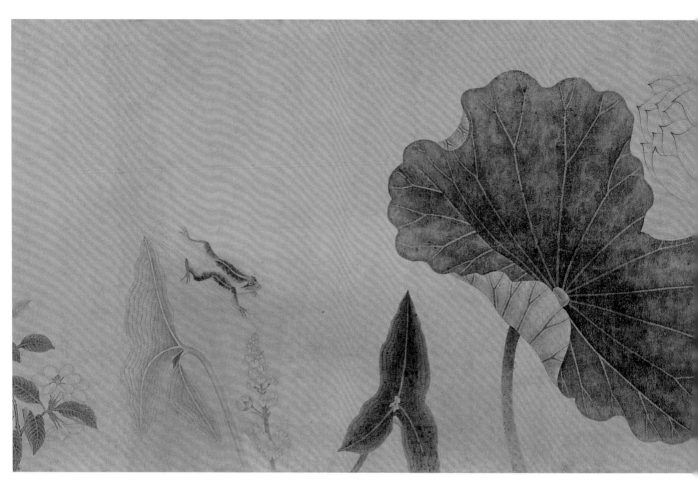

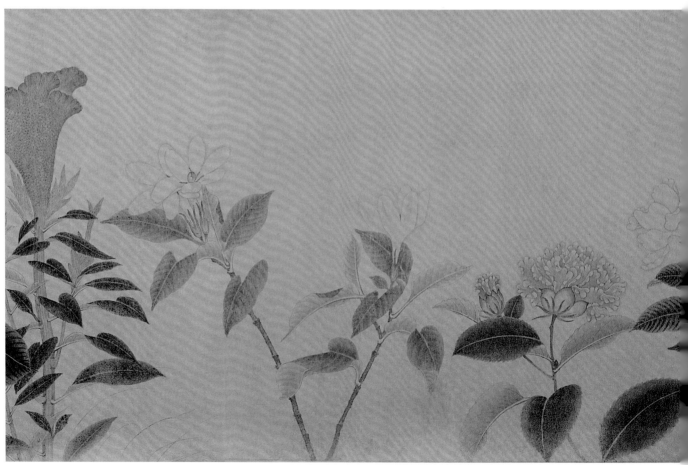

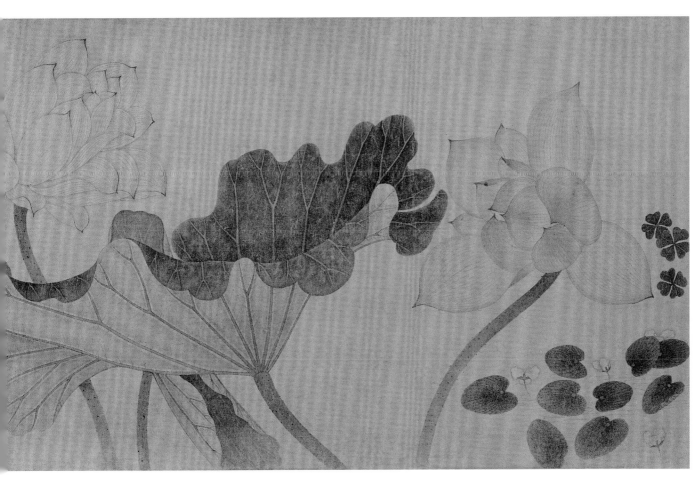

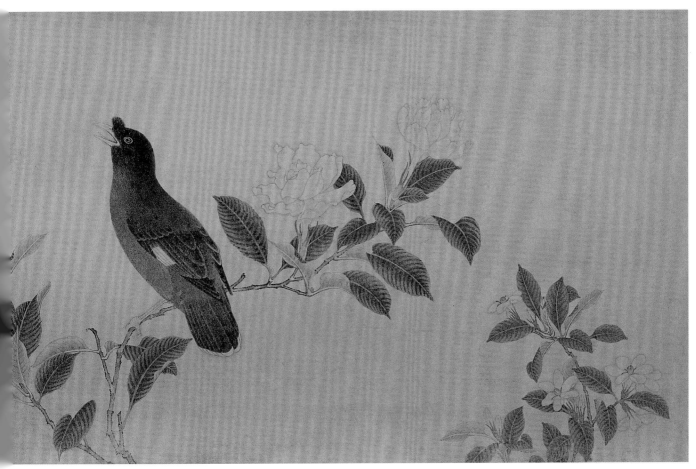

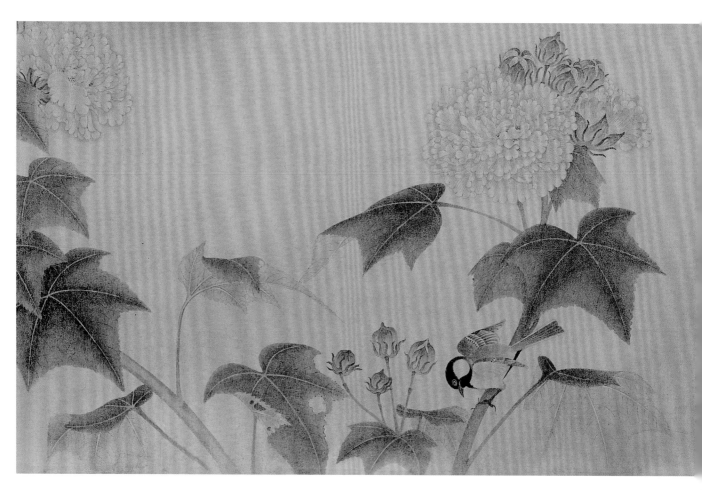

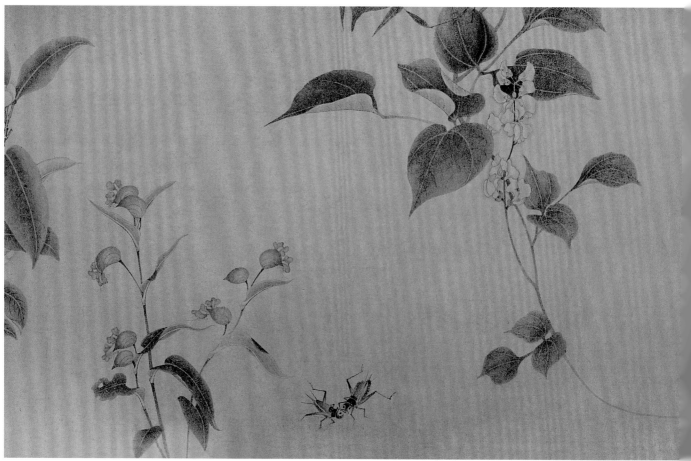

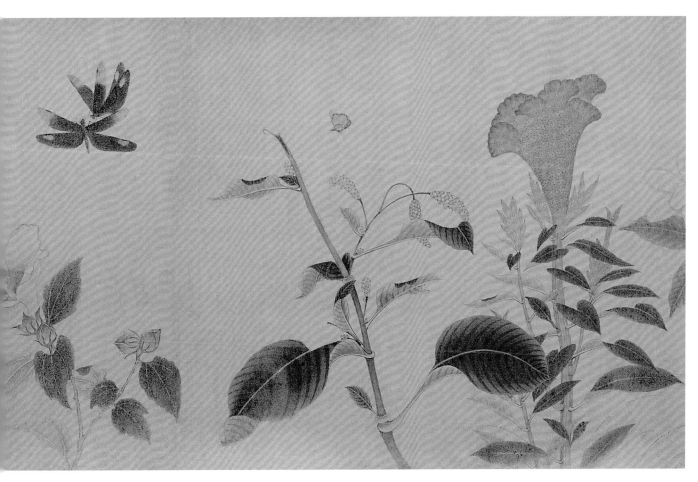

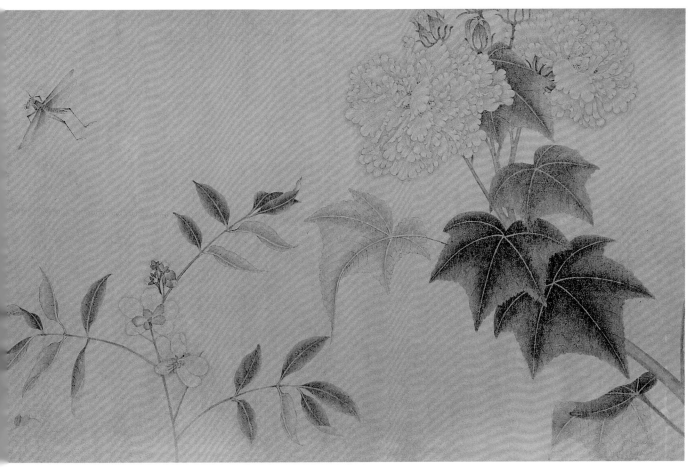

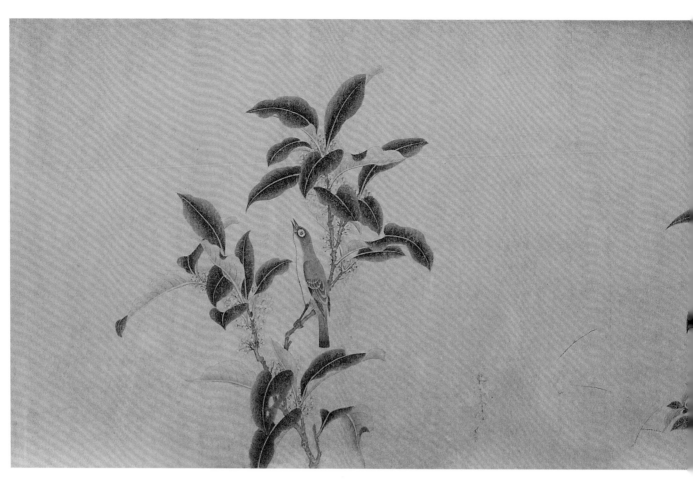

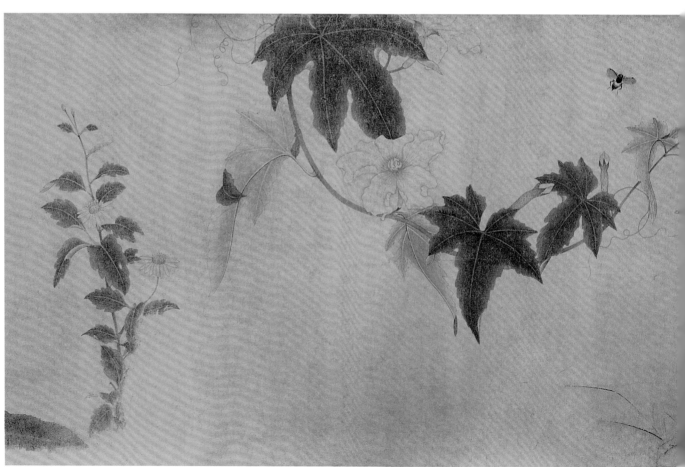

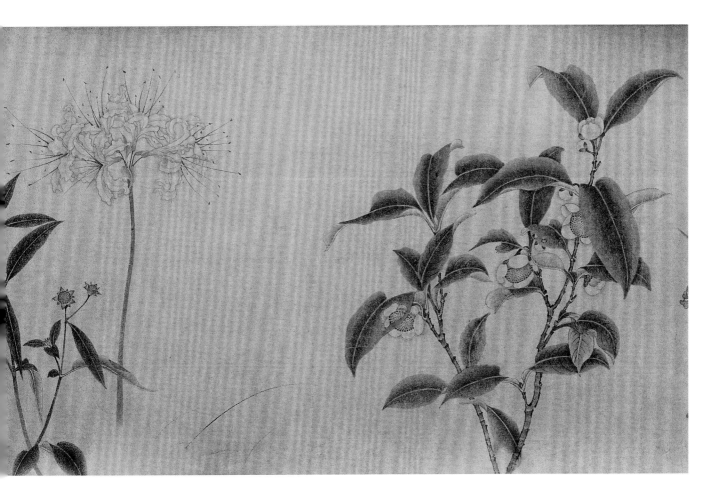

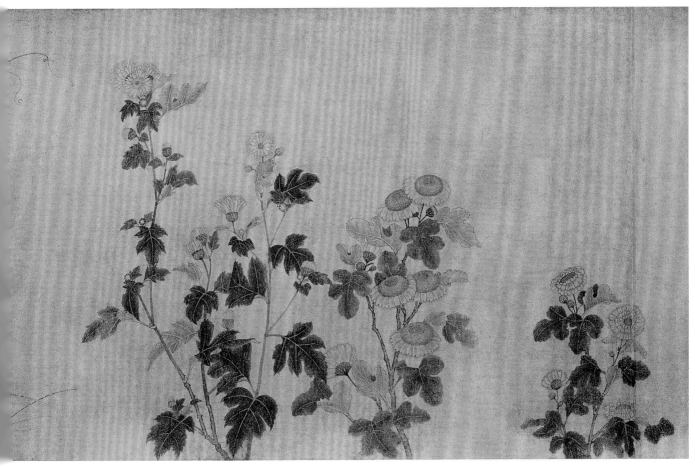

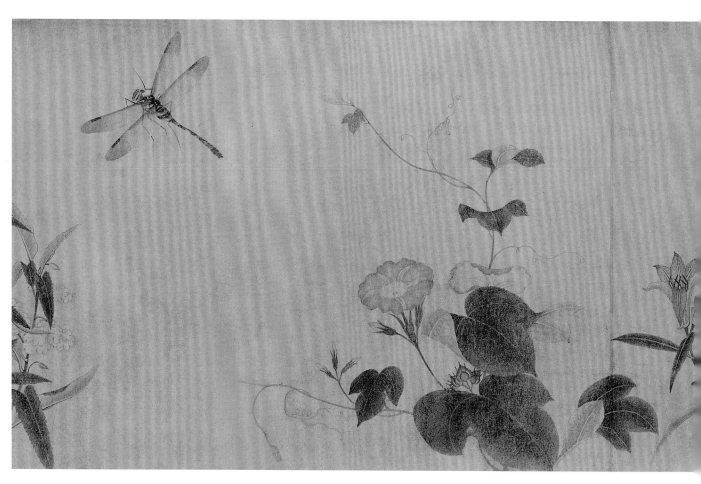

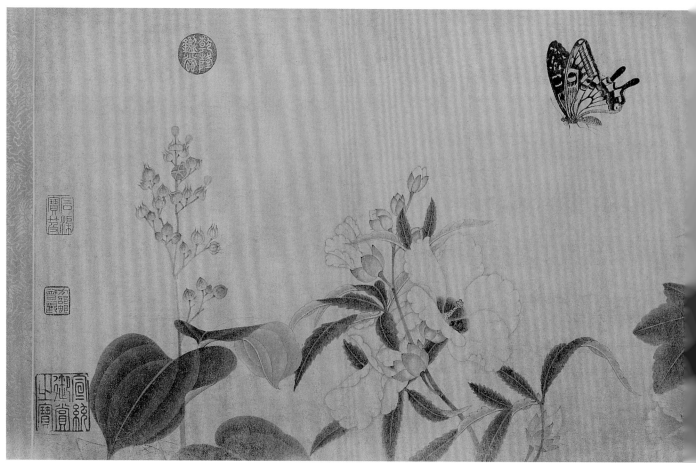

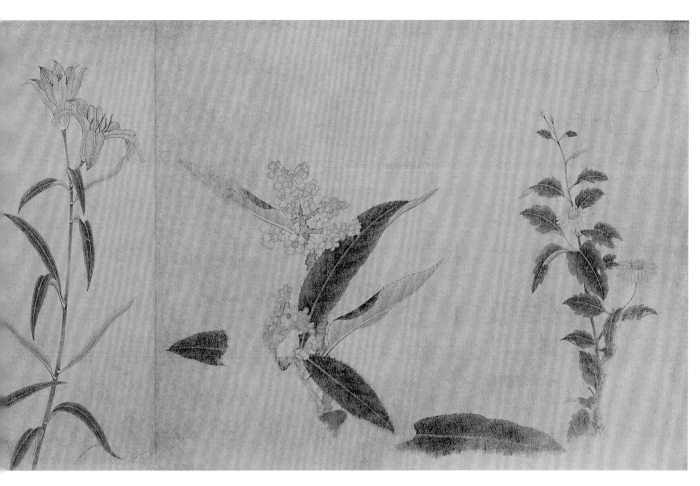

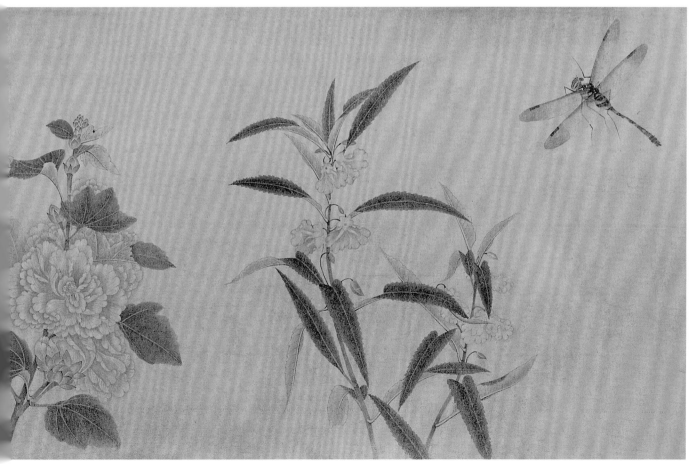

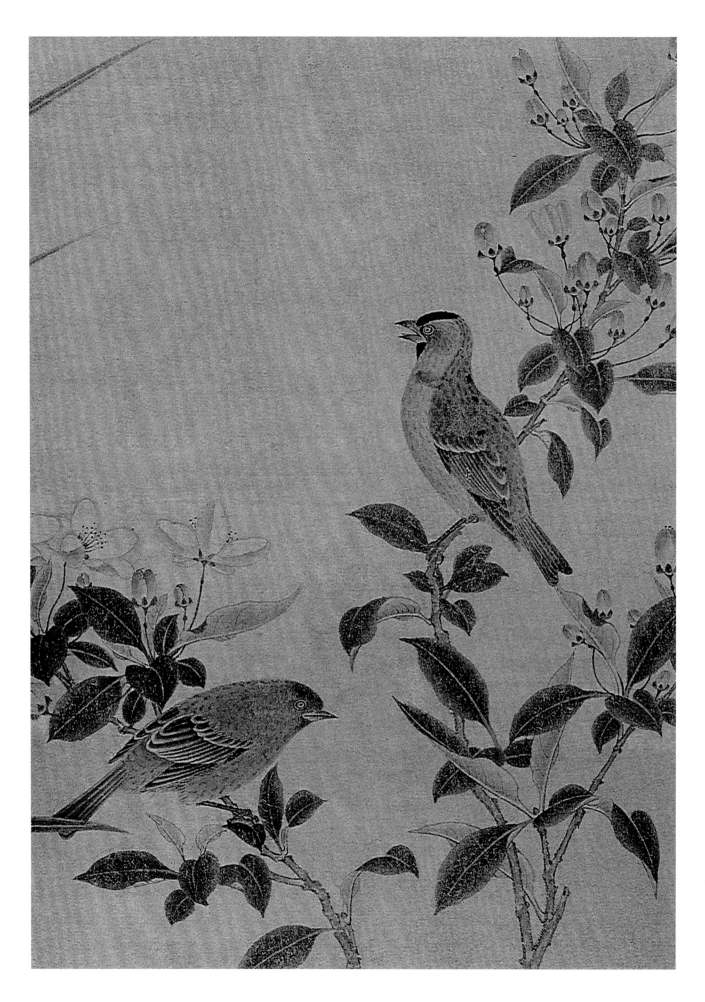

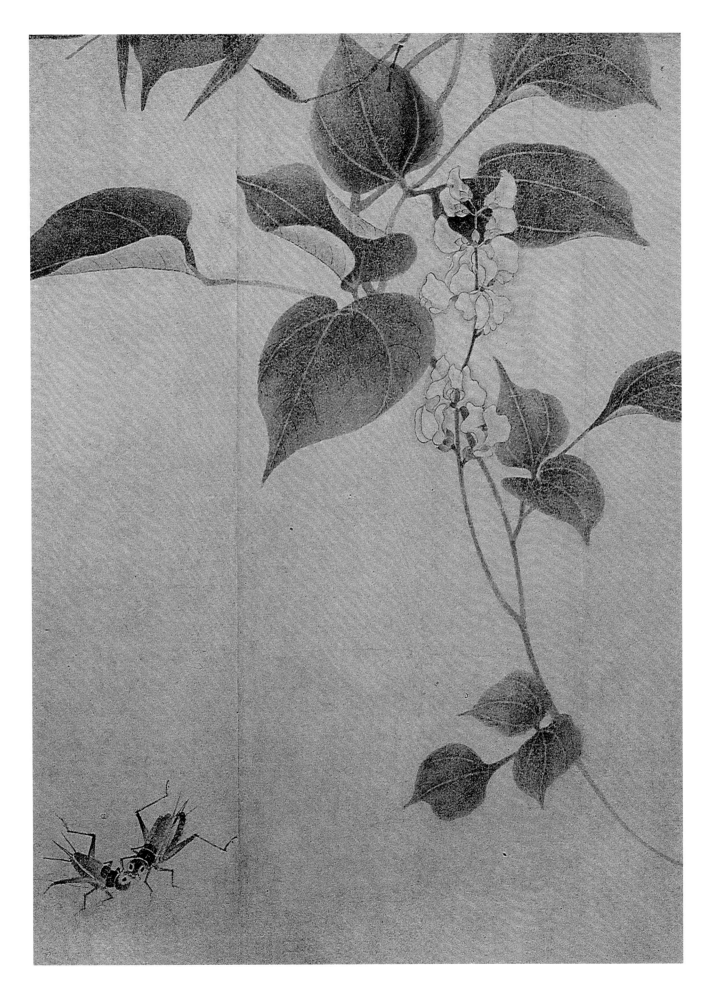

26

佚名　出水芙蓉圖頁
南宋
絹本　設色　縱23.8厘米　橫25厘米

Lotus in Blossom
Anonymous
Song Dynasty
Leaf, colour on silk
H.23.8cm　L.25cm

紈扇裝裱。圖中繪一朵盛開的荷花，襯以碧綠的荷葉，將荷花“出淤泥而不染，濯清漣而不妖”的品格表現得十分完美。花瓣的描繪技法類似後世的沒骨法，不見墨筆勾痕，渲染出輕盈腴潤的質感，瓣上紅絲、蕊端膩粉，無不細緻入微，使每一片花瓣的形狀、光感和色澤都無懈可擊，令人

歎為鬼工。存《名筆集勝》冊中。

本幅有殘印一角。

裱邊貼籤：“吳炳出水芙蓉”。

曾經《虛齋名畫錄》著錄。

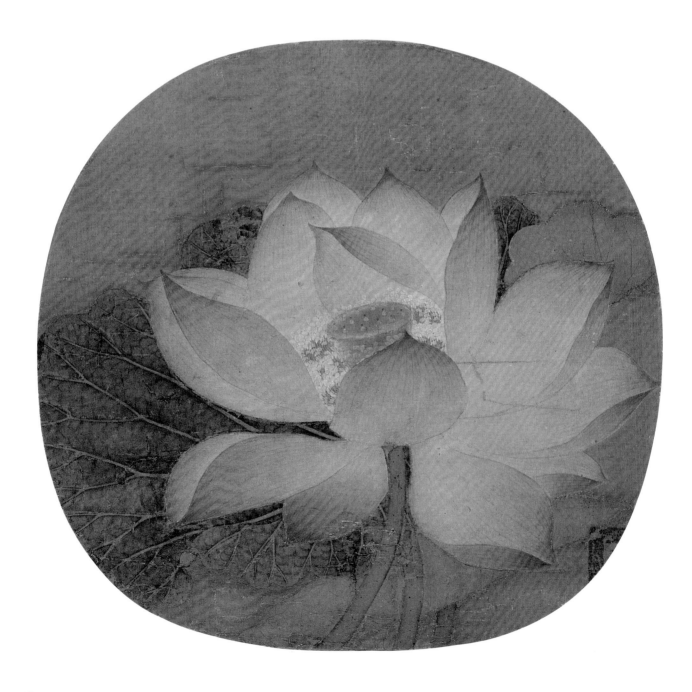

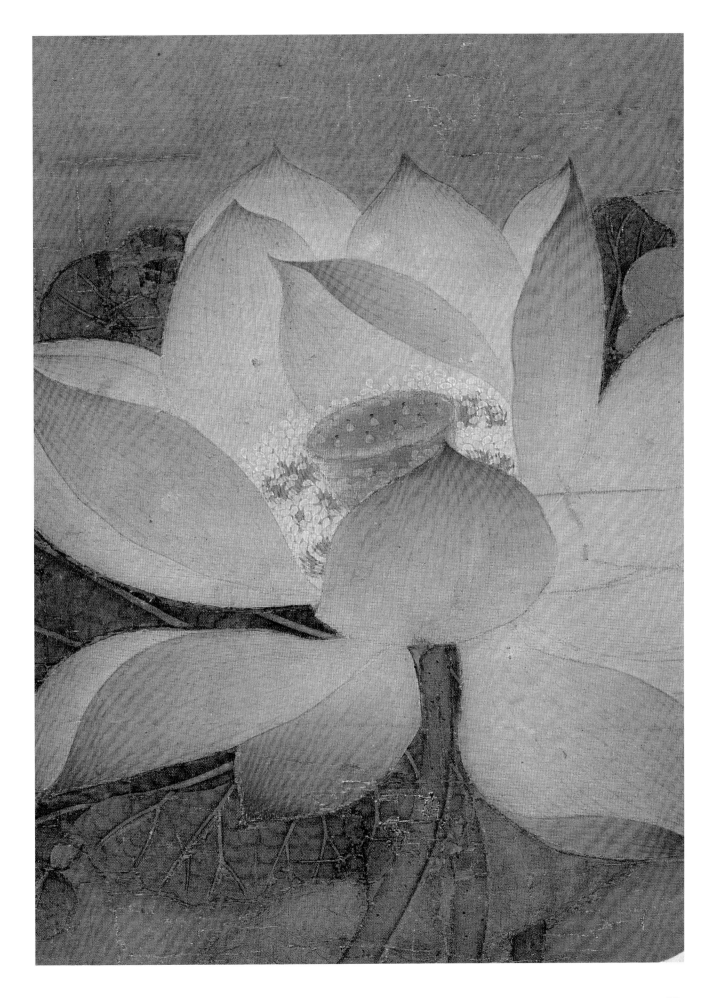

27

佚名　溪蘆野鴨圖頁
南宋
絹本　設色　縱26.4厘米　橫27厘米

Reeds by the Stream and Wild Ducks
Anonymous
Song Dynasty
Leaf, colour on silk
H.26.4cm　L.27cm

圖中繪溪邊蘆葦、茨菇叢生，雄鴨在岸邊單足站立，呷呷輕喚，雌鴨在水中回首梳羽，意態閒適。綠頭鴨勾描敷色工細寫實，當為宋代畫院點綴升平之作。存《名筆集勝》冊中。

本幅鈐鑑藏印"真賞"（朱文葫蘆）、"龐萊臣珍藏宋元真跡"（朱文）、"珍秘"（朱文）、"長宜子孫"（白文）、"公"（朱文）、"信公珍賞"（朱文）、"會侯珍藏"（白文）、"丹誠"（白文）、"都尉耿信公書畫之章"（白文）。

裱邊鈐"信公監定珍藏"（朱文）。對幅有耿昭忠題記。鈐耿氏印五方、鑑藏印"虛齋珍賞"（朱文）。

曾經《虛齋名畫錄》著錄。

佚名　鬥雀圖頁
南宋
絹本　設色　縱24.2厘米　橫25.4厘米

Two Sparrows in Fighting
Anonymous
Song Dynasty
Leaf, colour on silk
H.24.2cm　L.25.4cm

紈扇裝裱。圖中繪兩隻鴉雀在平陂之上嬉戲，滾作一團。佔上風的一爪抓住對方的喙，一爪緊握對方的爪，正待要啄，其喙卻也被對方抓住，形成誰也啄不得、誰也抓不得的僵持局面。此情此景萬難想像而成，當是細緻觀察所得。善於抓住精彩的瞬間來表現自然界的勃勃生機，是宋人小品的特色之一。存《名筆集勝》冊中。

本幅鈐鑑藏印"真賞"（朱文葫蘆）、"龐萊臣珍藏宋元真跡"（朱文）、"珍秘"（朱文）、"宜爾子孫"（白文）、"丹誠"（白文）、"都尉耿信公書畫之章"（白文）、"信公珍賞"（朱文）、"公"（朱文）、"曾侯珍藏"（白文）、"紹勳"（朱文葫蘆）。

曾經《虛齋名畫錄》著錄。

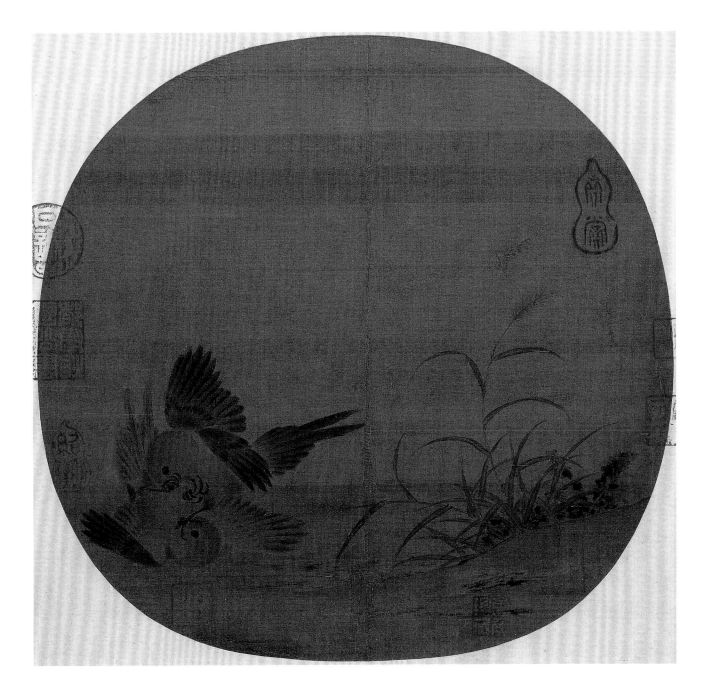

佚名　紅蓼水禽圖頁
南宋
絹本　設色　縱25.2厘米　橫26.8厘米

Red Knotweed and Water Bird
Anonymous
Song Dynasty
Leaf, colour on silk
H.25.2cm　L.26.8cm

紈扇裝裱。圖中繪一隻柳鶯發現水中青蝦，悄悄飛落紅蓼枝頭，引喙而啄。紅蓼被柳鶯壓彎，梢頭、葉尖浸入水中，而青蝦渾然不覺，尚在悠游。這自然界中緊張的一霎被巧妙地攝入絹素，極為生動傳神。花鳥勾描精緻，敷色雅麗，當出南宋畫院高手。存《名筆集勝》冊中。

本幅鈐鑑藏印"真賞"（朱文葫蘆）、

"都尉耿信公書畫之章"（白文）、"公"（朱文）、"信公珍賞"（朱文）、"丹誠"（白文）、"宜爾子孫"（白文）、"漢水耿會侯書畫之章"（白文）、"漱六主人"（朱白文）、"陳定"（白文）、"項子京家珍藏"（朱文）、"墨林秘玩"（朱文）、"龐萊臣珍藏宋元真跡"（朱文）。

曾經《虛齋名畫錄》著錄。

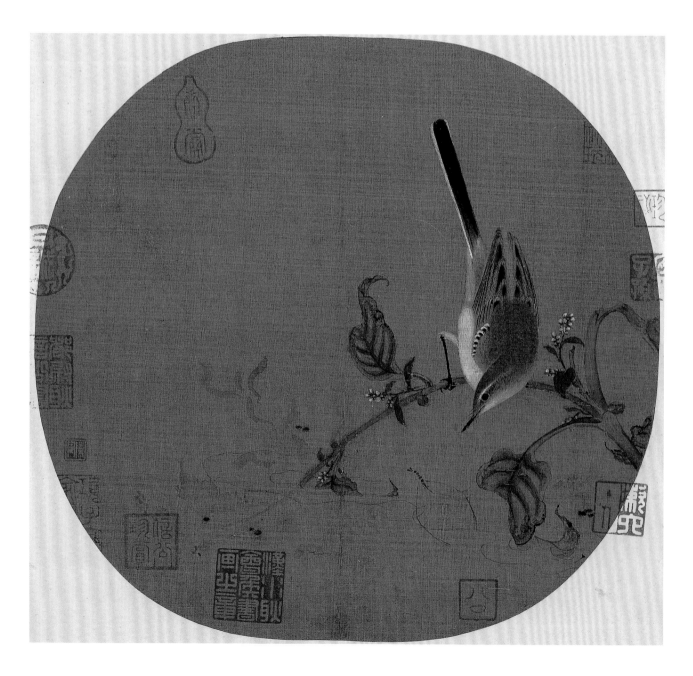

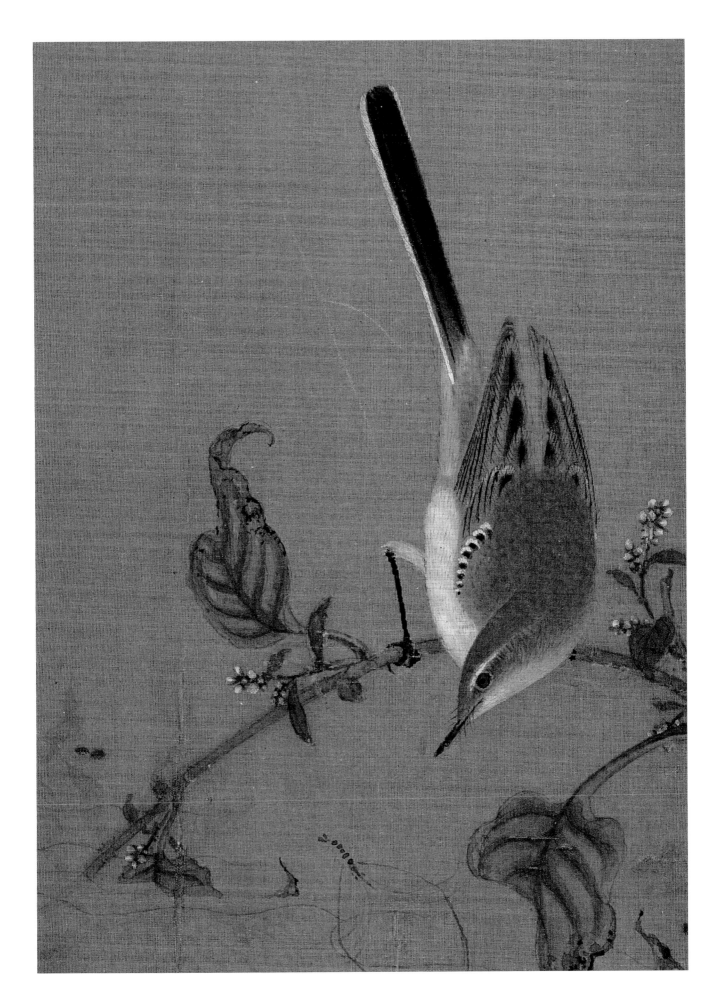

30

佚名　寒汀落雁圖軸
南宋
絹本　水墨　縱125.9厘米　橫92.1厘米

Wild Geese Perching on an Islet in Chill Weather
Anonymous
Song Dynasty
Hanging scroll, ink on silk
H.125.9cm　L.92.1cm

《寒汀落雁圖》繪深秋水湄，樹木蕭疏，洲渚之上鴻雁羣羣，作途中小憩，形態各異，備極生動。畫面平遠遼闊，樹木、陂岸的勾勒皴擦亦疏淡清朗，是少見的宋人大幅秋景精品。後人添署元人偽款，實屬無見。

本幅款識"至正乙卯夏日若水王淵和於西溪草堂"，係後添偽款。鈐鑑藏印"天曆之寶"（朱文），"典禮紀察司印"（朱文半印）、"棠村審定"（白文）、"蕉林"（朱文）。

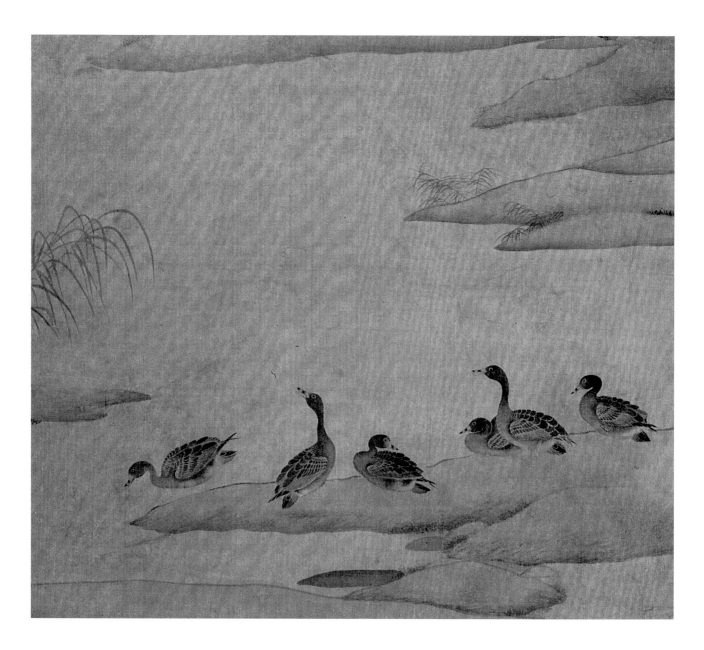

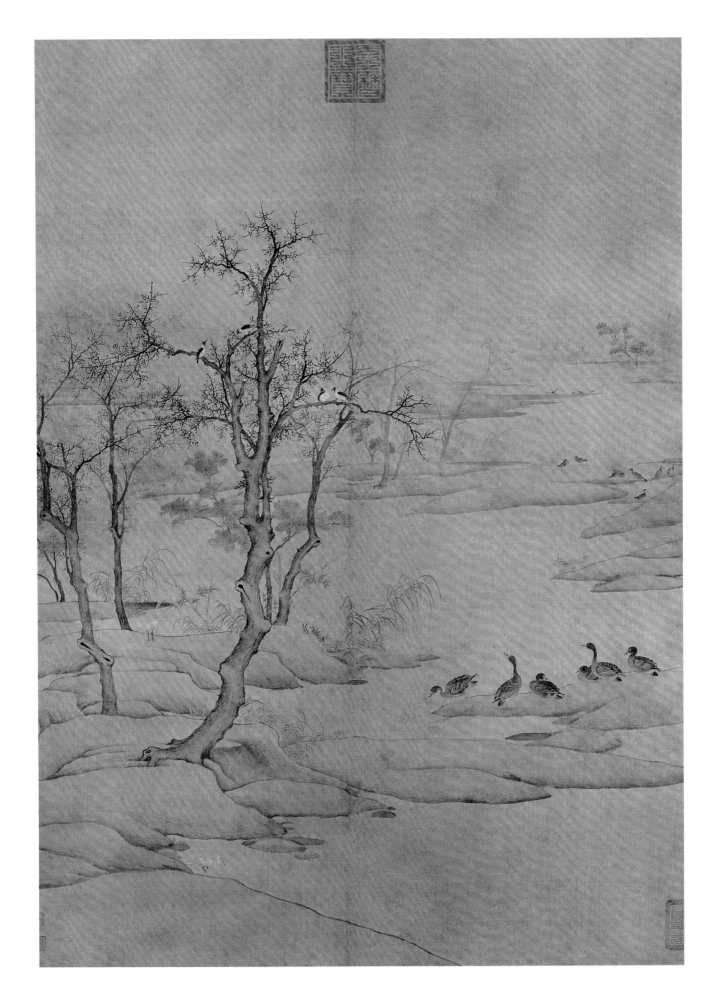

31

佚名　瓦雀棲枝圖頁
南宋
絹本　設色　縱28.6厘米　橫29.1厘米
清宮舊藏

Sparrows Perching on the Branch of
Begonia
Anonymous
Song Dynasty
Leaf, colour on silk
H.28.6cm　L.29.1cm
Qing Court collection

圖中繪海棠一枝，秋葉漸紅，多有蟲蝕，斑斕可愛。枝頭棲息着麻雀，神態安適，唯中間一隻發現頭頂樹葉上爬有小蜂，昂首注目，張口欲啄，小蜂亦翹尾開牙欲搏。靜中有動，深合畫理，勾勒設色精細入微。存《宋人集繪》冊中。

本幅鈐鑑藏印"宋犖審定"（朱文）。

裱邊題籤："宋人畫瓦雀棲枝"。

曾經《石渠寶笈三編》著錄。

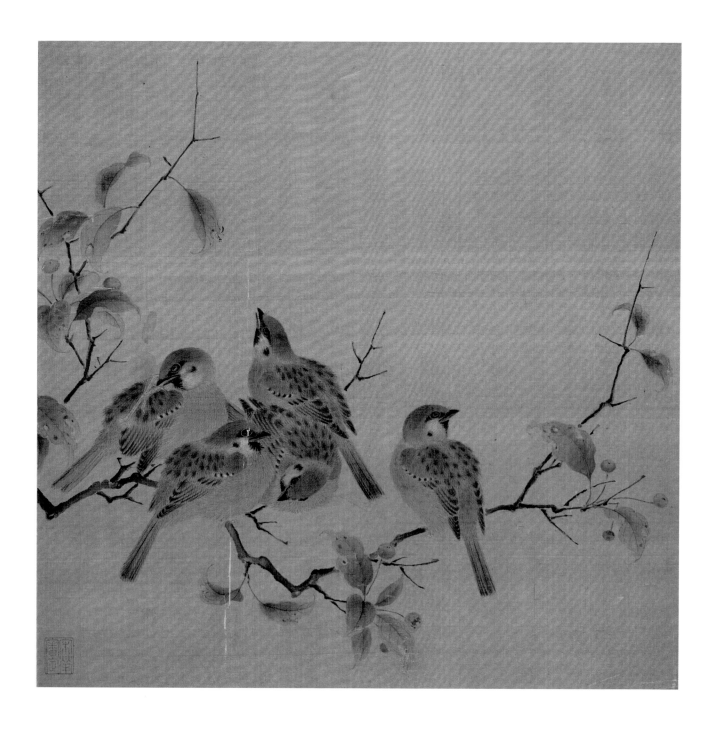

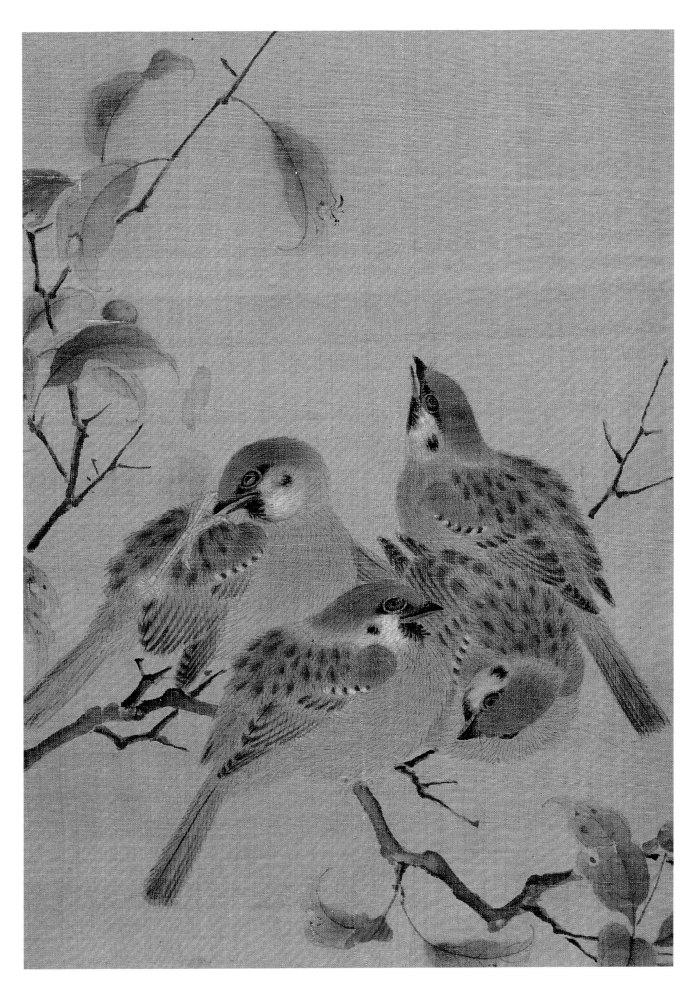

32

佚名　烏桕文禽圖頁
南宋
絹本　設色　縱27.5厘米　橫26.9厘米
清宮舊藏

Two Graceful Birds Perching on the
Branches of Wujiu Tree
Anonymous
Song Dynasty
Leaf, colour on silk
H.27.5cm　L.26.9cm
Qing Court collection

圖中寫雪後溪邊，天色晦冥。老梅初放，一株烏桕斜出。梅樹上棲息着樹鵲，尾長如綬帶，毛羽色彩雖明麗，卻略顯蓬亂。樹下溪流湍急，水花飛濺，石面為水久蝕而形成蜂窩狀，皴法獨特。嚴寒中透出春意，枯敗中萌發新生，其含意不言而喻。存《宋人集繪》冊中。

本幅鈐鑑藏印"義齋清玩"（朱文）、"宋犖審定"（朱文）。

裱邊題簽："宋人畫烏桕文禽"。

曾經《石渠寶笈三編》著錄。

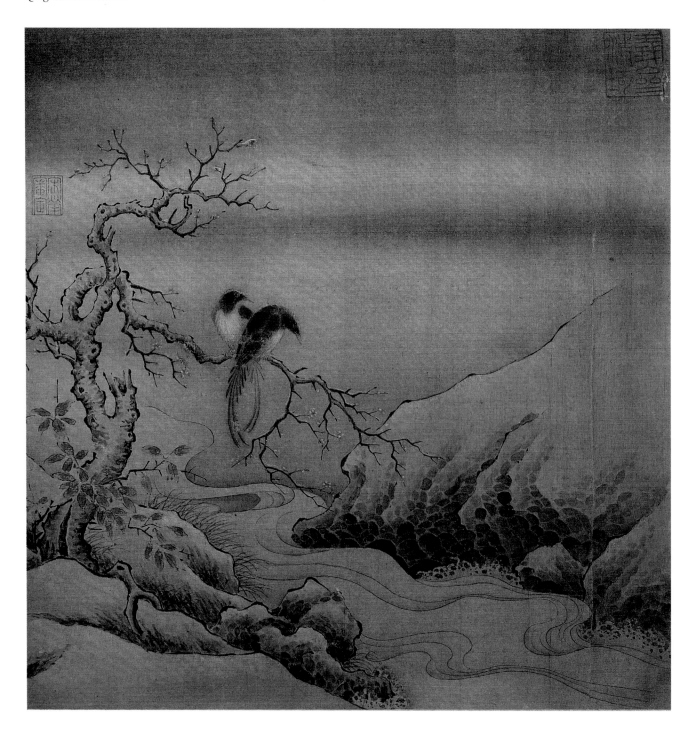

33

佚名　春溪水族圖頁
南宋
絹本　設色　縱24.3厘米　橫25.5厘米
清宮舊藏

**Swimming Fish Playing with the Aquatic
Plants in Spring Stream**
Anonymous
Song Dynasty
Leaf, colour on silk
H.24.3cm　L.25.5cm
Qing Court collection

圖中表現了羣魚戲藻的情景。一尾鯶
魚擺尾漫游，一尾鯰魚回身在後，鱖
魚向上游動。隱喻連年有貴。三尾大
魚施以工筆重彩，用筆沈穩工致，一
絲不苟；而小魚小蝦和水藻，純用沒
骨漬染，將若隱若現的魚、淡淡的水
藻表現得恰到好處。

本幅鈐藏印"三希堂精鑑璽"（朱文）、
"宜子孫"（白文）、"乾隆鑑賞"（白
文）、"無逸齋精鑑璽"（朱文）、"宣
統鑑賞"（朱文）。

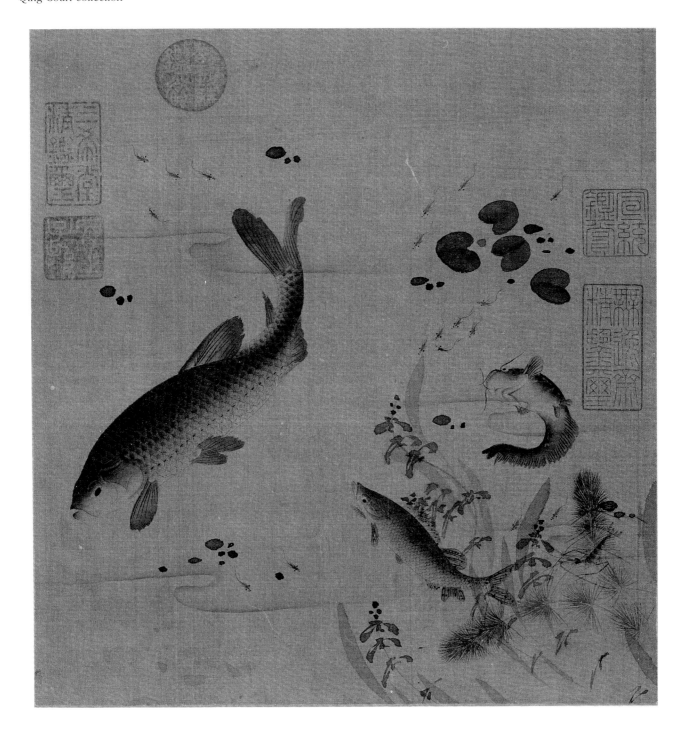

34

佚名　秋樹鸜鵒圖頁
南宋
絹本　設色　縱25厘米　橫26.5厘米
清宮舊藏

A Mynah Perching on the Top of a Tree
in Autumn
Anonymous
Song Dynasty
Leaf, colour on silk
H.25cm　L.26.5cm
Qing Court collection

紈扇裝裱。圖中畫秋日裏一隻八哥棲於桐樹之上。八哥羽色純黑，光澤可見，而樹葉則滿佈蟲蝕，拘攣蜷曲，善言者與棲息處形成對比。鳥羽、樹葉均細細勾描暈染，層次豐富，充分體現了宋人墨法之高妙。存《紈扇畫冊》中。

本幅鈐鑑藏印"大觀"（朱文葫蘆）、"桂坡安國鑑賞"（朱文）及"宣統御覽之寶"（朱文）。

曾經《石渠寶笈初編》著錄。

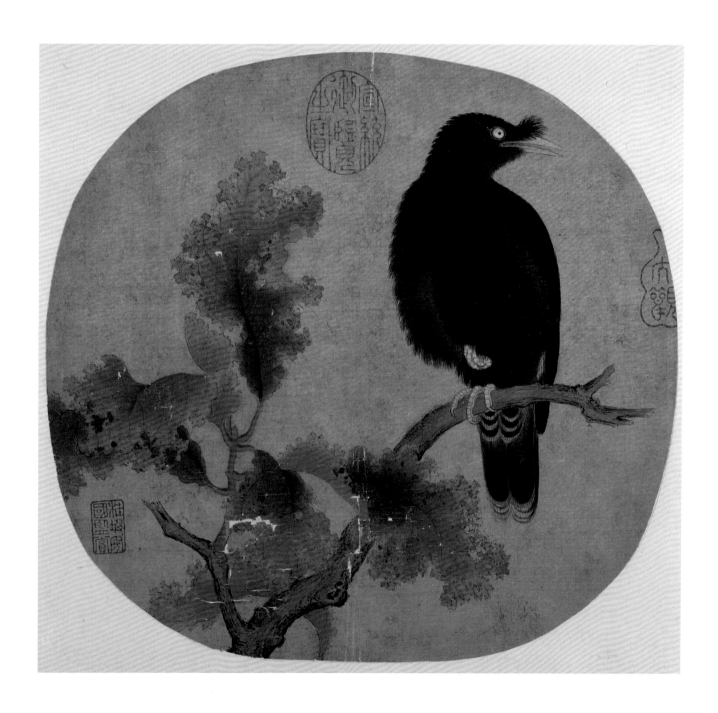

35

佚名　夜合花圖頁
南宋
絹本　設色　縱24.5厘米　橫25.4厘米
清宮舊藏

Yehe Flower
Anonymous
Song Dynasty
Leaf, colour on silk
H.24.5cm　L.25.4cm
Qing Court collection

紈扇裝裱。圖中畫一木兩枝，右枝花朵含苞未放，左枝則半開半合，潔白如玉，嬌美絕倫。綠葉的穿插、向背、前後層次，均安排巧妙，勾染自然，取得了單純卻不單薄的藝術效果。存《紈扇畫冊》中。

本幅鈐鑑藏印"大觀"（朱文葫蘆）、"明安國玩"（白文）。

曾經《石渠寶笈初編》著錄。

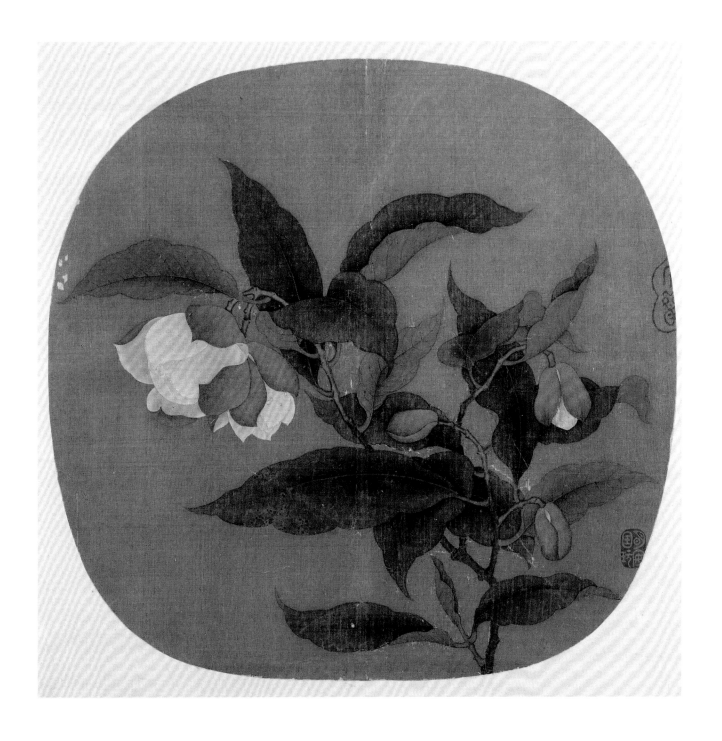

36

佚名　青楓巨蝶圖頁
南宋
絹本　設色　紈扇形
縱23厘米　橫24.2厘米
清宮舊藏

Flying Butterfly and Green Maple
Anonymous
Song Dynasty
Leaf, colour on silk
H.23cm　L.24.2cm
Qing Court collection

紈扇裝裱。圖中繪一隻赭黃色巨蝶（樗蠶），凌空飛落，下方有嫩綠色五角楓一株，枝葉婆娑，楓葉上伏着鮮紅色瓢蟲。繪製手法高度寫實，細緻入微，用色大膽明快，給人以清新之感。存《紈扇畫冊》中。

本幅鈐鑑藏印"大觀"（朱文葫蘆）以及"石渠寶笈"（朱文）、"樂善堂圖書記"（朱文）、"重華宮鑑藏寶"（朱文），鈐清乾隆、嘉慶御覽印。

曾經《石渠寶笈初編》著錄。

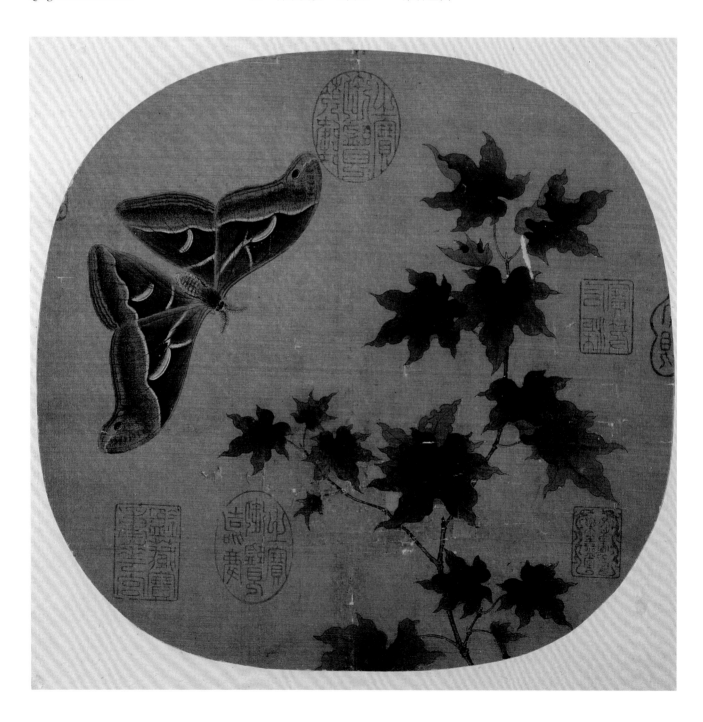

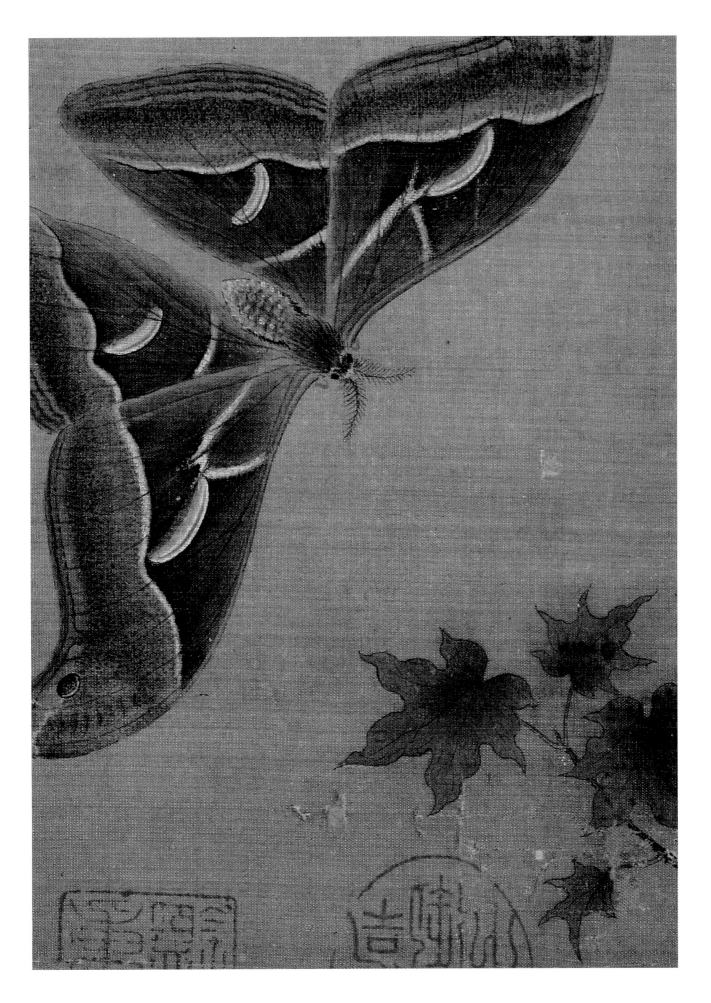

37

佚名　紅梅孔雀圖頁
南宋
絹本　設色　縱24.4厘米　橫31.6厘米

Red Plum Blossoms and a Pair of Peacocks
Anonymous
Song Dynasty
Leaf, colour on silk
H.24.4cm　L.31.6cm

圖中繪溪邊春色，一樹梅花盛開，兩側輔以山茶、古柏、翠竹、迎春。雄孔雀者棲於柏樹上，回首梳羽；雌者倘伴岸邊，低頭覓食。畫面佈局精巧，雜而不亂；筆致蒼勁，秀而不媚，表現出一派富貴升平景象。存《名筆集勝》冊中。

本幅鈐鑑藏印"真賞"（朱文葫蘆）、"都尉耿信公書畫之章"（白文）、"公"（朱文）、"信公珍賞"（朱文）、"丹誠"（白文）、"宜爾子孫"（白文）、"珍秘"（朱文）、"會侯珍藏"（白文）、"龐萊臣珍藏宋元真跡"（朱文）。

裱邊題籤"馬麟"，有挖補痕跡。鈐"信公監定珍藏"（朱文橢圓）。

對幅有耿昭忠題記："此圖花木禽鳥極其精工。《畫髓》評云：'遠欲其子得譽，多於己畫題作馬麟。'夫豈其然？千山信公"。鈐"虛齋珍賞"（朱文）及耿氏藏印五方。

曾經《虛齋名畫錄》著錄。

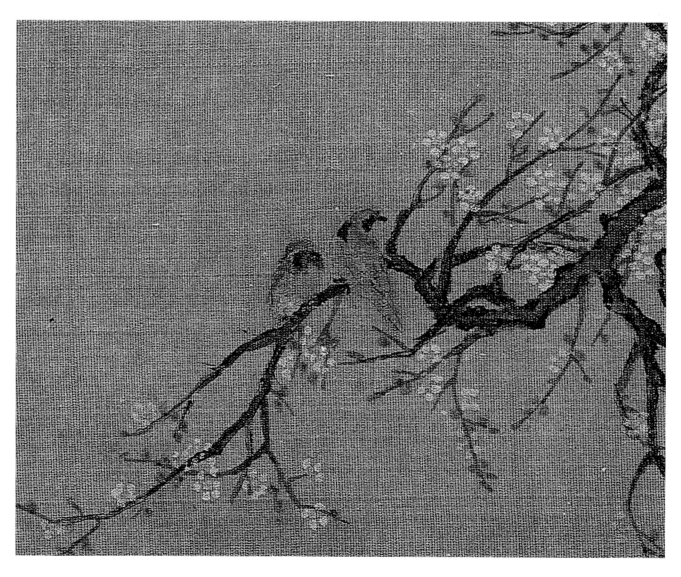

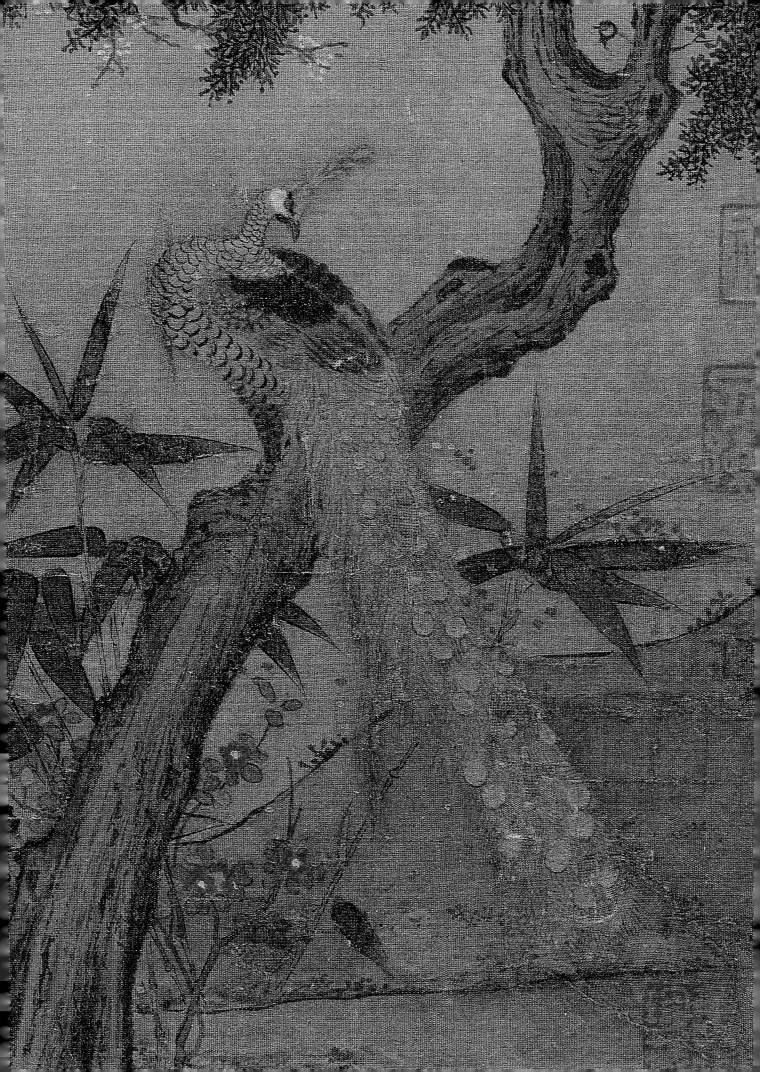

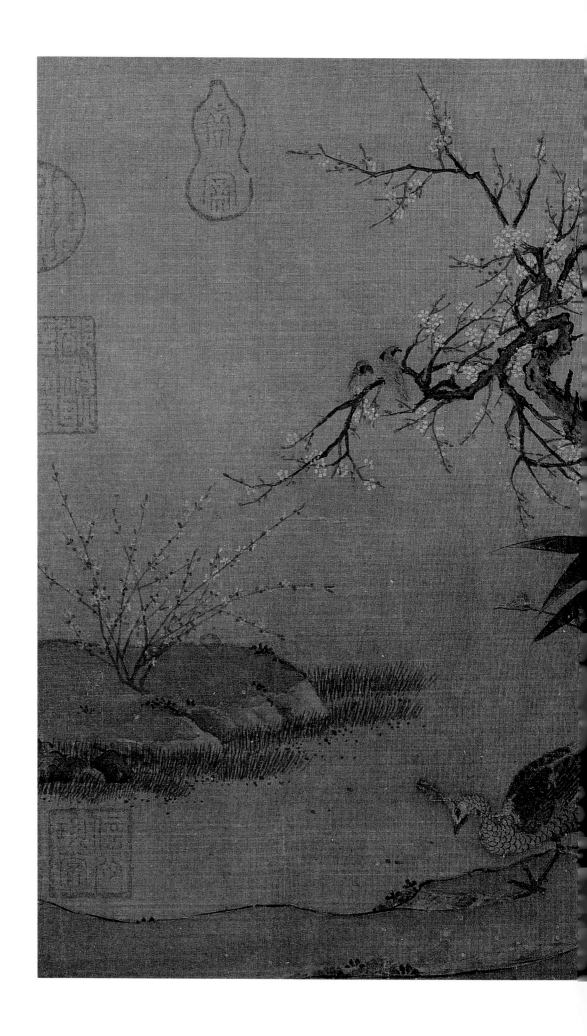

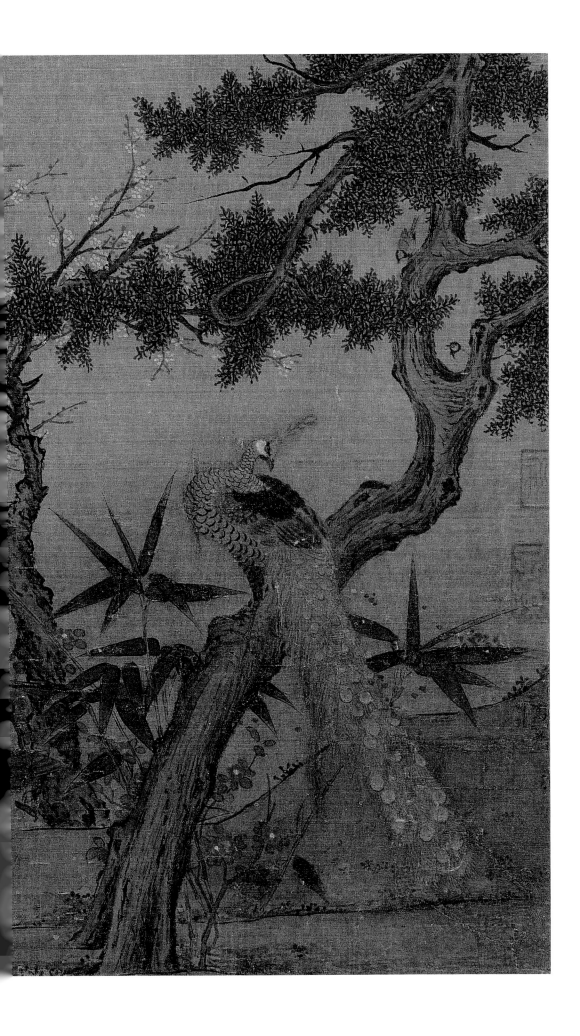

38

佚名　羣魚戲藻圖頁
南宋
絹本　設色　縱24.5厘米　橫25.5厘米

Swimming Fish Playing with Aquatic Plants
Anonymous
Song Dynasty
Leaf, colour on silk
H.24.5cm　L.25.5cm

紈扇裝裱。圖中繪小魚五尾，歡快地遊戲於荇藻之間，構圖生動活潑。《莊子》中有"濠梁觀魚"的典故，"魚樂圖"因而成為中國繪畫的傳統題材。魚身用沒骨法墨染而成，充分表現了光滑、細膩而富於彈性的質感，是宋人畫魚的名作。存《名筆集勝》冊中。

本幅鈐鑑藏印"季彤平生真賞"（白文）、"龐萊臣珍藏宋元真跡"（朱文）。

裱邊鈐"虛齋審定名跡"（朱文）。

曾經《虛齋名畫續錄》著錄。

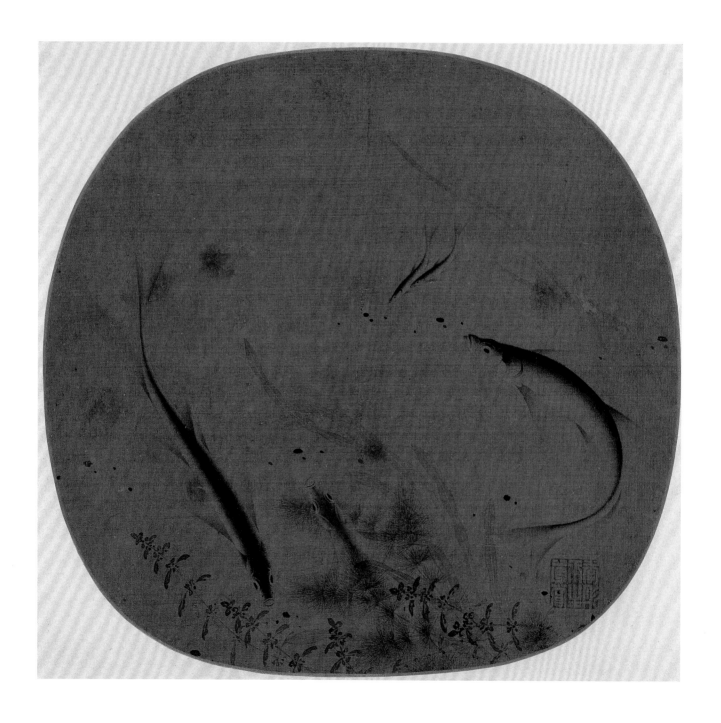

39

佚名 梅竹雙雀圖頁
南宋
絹本 設色 縱26厘米 橫26.5厘米
清宮舊藏

**Two Titmouses Perching on the Plum
Branches in Bamboo Grove**
Anonymous
Song Dynasty
Leaf, colour on silk
H.26cm L.26.5cm
Qing Court collection

圖中繪綠竹叢中白梅兩枝，清麗冷
豔。兩隻山雀棲於枝頭，壓得小枝彎
曲下垂。鳥羽用細筆勾描，然後以墨
或淡彩暈染，近似"沒骨"。梅花用白
粉和淡黃色鈎填，層次豐富。竹葉用
雙鈎，後染以花青、汁綠、赭石。存
《宋人集繪》冊中。

本幅鈐鑑藏印"宋犖審定"（朱文）、
"嘉慶御覽之寶"（朱文），又半印一
方。

裱邊題籤："宋人畫梅竹雙鵲"。

曾經《石渠寶笈》著錄。

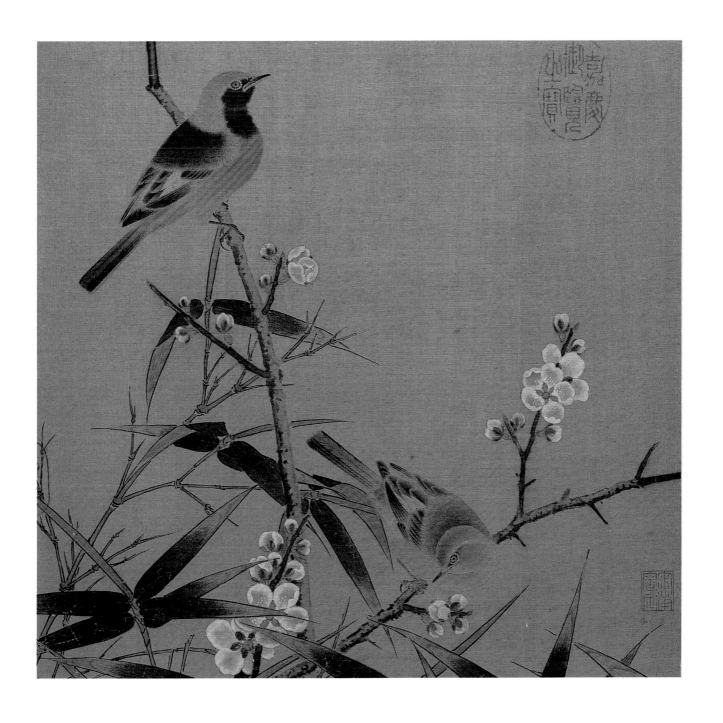

40

佚名　鶺鴒荷葉圖頁
南宋
絹本　設色　縱26厘米　橫26.5厘米

A Wagtail and Withered Lotus Leaves
Anonymous
Song Dynasty
Leaf, colour on silk
H.26cm　L.26.5cm

圖中繪枯敗荷葉向上斜出，荷葉翻捲殘破，滿佈蟲蝕痕跡。一隻鶺鴒棲於蓮枝上，扭頸注視着一隻小蟲，使蕭瑟的深秋氛圍平添了幾許生氣。鳥羽刻畫細膩，先用色渲染，然後以極細之筆勾出，筆法生動秀逸。

本幅鈐鑑藏印"宋犖審定"（朱文），又半印一方。

裱邊題籤："宋人畫鶺鴒荷葉"。

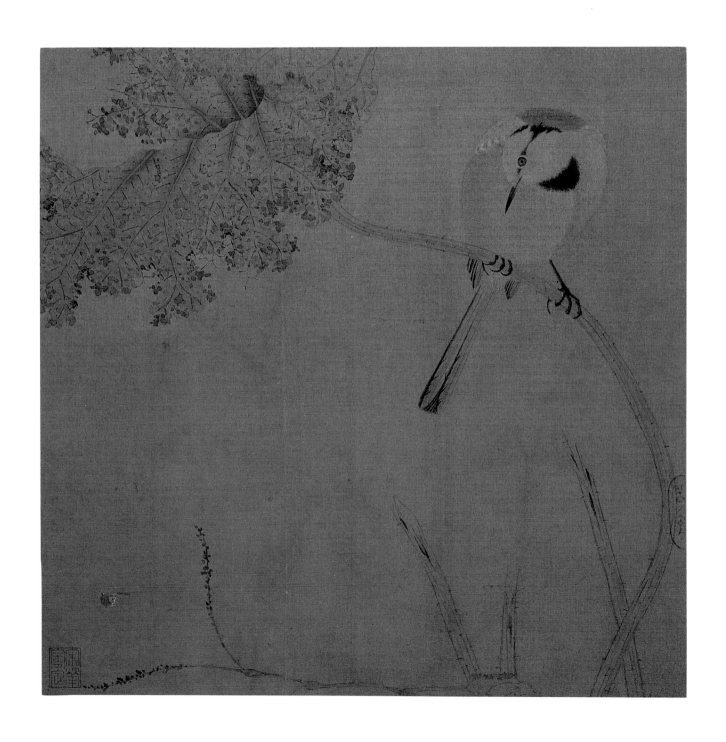

41

佚名　繡羽鳴春圖頁
南宋
絹本　設色　縱25.7厘米　橫24.1厘米
清宮舊藏

A Beautiful Bird Singing Plaintively in Spring
Anonymous
Song Dynasty
Leaf, colour on silk
H.25.7cm　L.24.1cm
Qing Court collection

圖中畫一鶺鴒正在啼叫，神情悽楚，
諦觀乃知其被一細繩繫於太湖石上，
令人惋惜。宋歐陽修有句云："始知
鎖向金籠聽，不及林間自在啼"，亦
即此意。太湖石的皴染較為粗疏，與
小鳥翎毛之精細形成對比，主次分
明。存《宋人集繪》冊中。

本幅鈐鑑藏印"宋犖審定"（朱文）。

裱邊題籤："宋人畫繡羽鳴春"。

曾經《石渠寶笈三編》著錄。

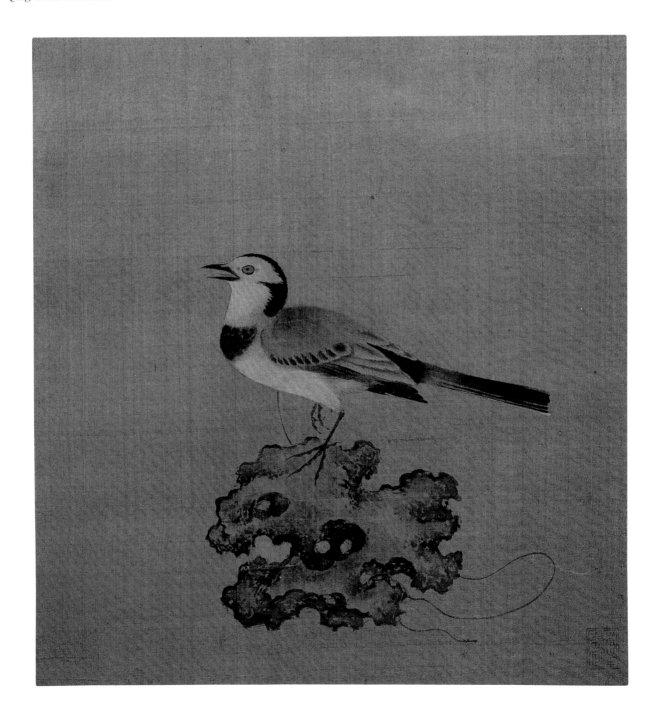

119

42

佚名　霜篠寒雛圖頁
南宋
絹本　設色　縱28.1厘米　橫28.7厘米
清宮舊藏

Young Sparrows and Bamboos in Chill
Autumn

Anonymous
Song Dynasty
Leaf, colour on silk
H.28.1cm　L.28.7cm
Qing Court collection

圖中繪五隻文鳥棲於枯棘上，嘰嘰喳喳，欲飛未飛，神態如生。下方襯以翠竹，可見黃葉疏落，點出秋意。文鳥勾出輪廓後用細勁的筆鋒繪出羽毛，並用淡墨，赭石等色渲染，以表現其毛絨的質感。竹葉用雙鈎，然後渲染，竹竿用白描，荊棘以一筆畫出，蒼勁老到。存《宋人集繪》冊中。

裱邊題籤：“宋人畫霜篠寒雛”。

本幅鈐鑑藏印“宋犖審定”（朱文）。

曾經《石渠寶笈》著錄。

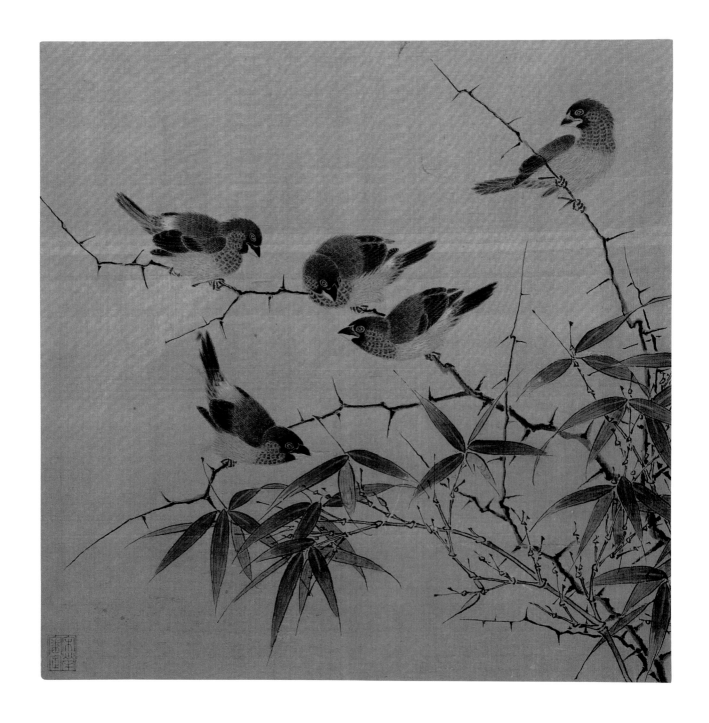

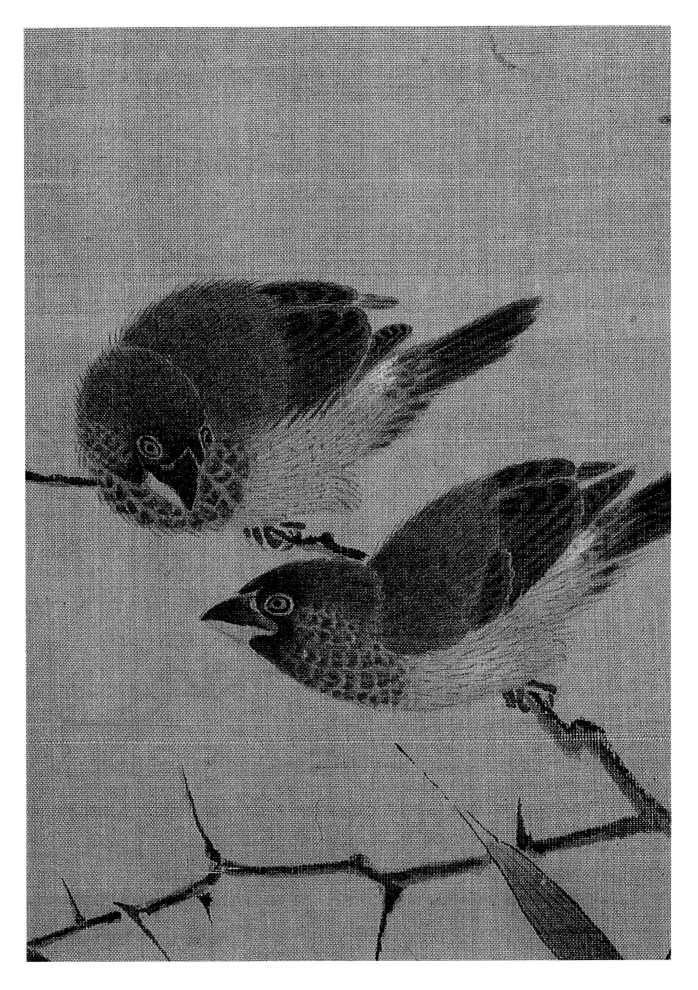

43

佚名　松澗山禽圖頁
南宋
絹本　設色　縱25.3厘米　橫25.3厘米

Titmouses and Mount Stream under the Lofty Pine Trees
Anonymous
Song Dynasty
Leaf, colour on silk
H.25.3cm　L.25.3cm

圖中繪古松根盤岩側，山石嶙峋，山澗清泉蜿蜒，浪花飛濺。山鵲或凌空飛鳴，或棲止啄食於山澗之中、樹石之上，形象生動。松幹用濃墨畫出，松針用花青勾染，竹葉用嚴謹的雙鈎填色。山石用淡青加墨皴染，富有質感。畫風工整細膩，用筆蒼秀勁健，寓意吉祥。

本幅鈐鑑藏印"黔寧王子孫永保之"（白文）、"項墨林鑑賞章"（白文）、"神品"（朱文）、"項元汴印"（朱文）。

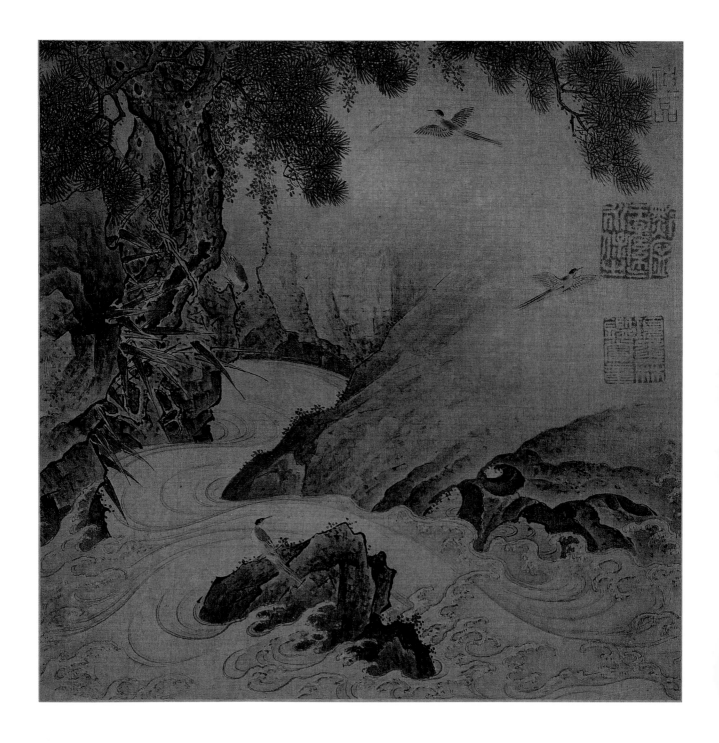

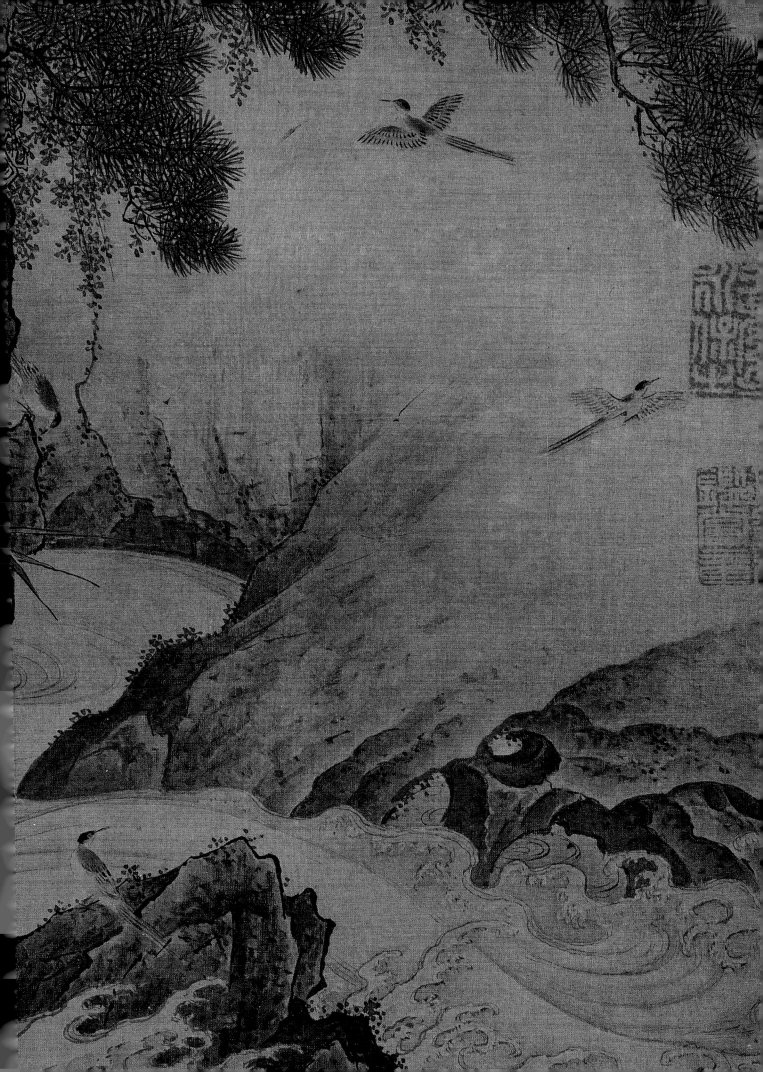

44

佚名　白頭叢竹圖頁
南宋
絹本　設色　縱25.4厘米　橫28.9厘米
清宮舊藏

Grey Starlings and Green Bamboos
Anonymous
Song Dynasty
Leaf, colour on silk
H.25.4cm　L.28.9cm
Qing Court collection

紈扇裝裱。圖中繪小竹數竿，清翠欲滴，兩隻山雀棲於枝頭，一隻低頭俯視，一隻眺望前方。竹用雙鈎填彩，筆墨縝密嚴謹，色調沉着。山雀用淡彩層層暈染，再以尖毫細筆繪出絨羽，刻畫準確，富有質感。

本幅鈐鑑藏印"佟氏家藏"（朱文）。

曾經《石渠寶笈》著錄。　此圖過去一直被認為代表了唐代李思訓畫派的風格，後經傅熹年考證，認為其時代上限不超越南宋中期，而且很可能出自既不了解唐代宮苑之制、也未親見宋代宮苑貴邸的臨安以外地區的民間畫家之手。

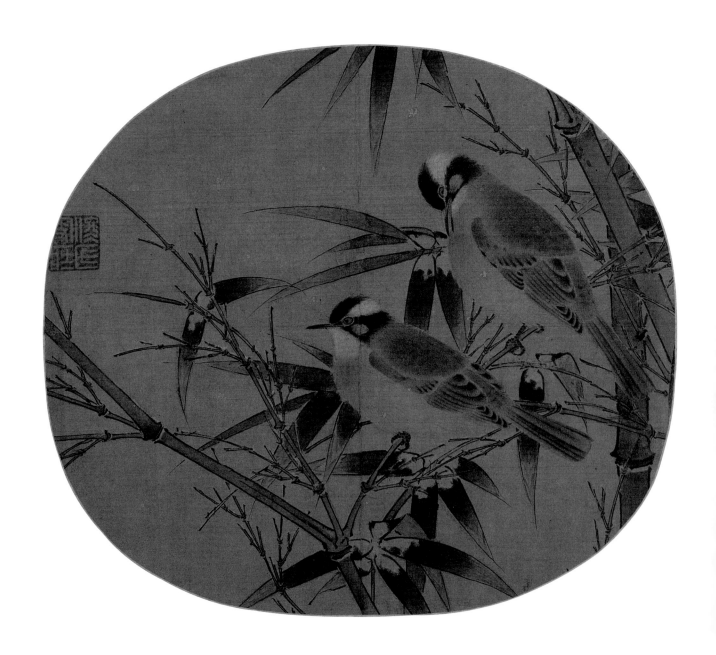

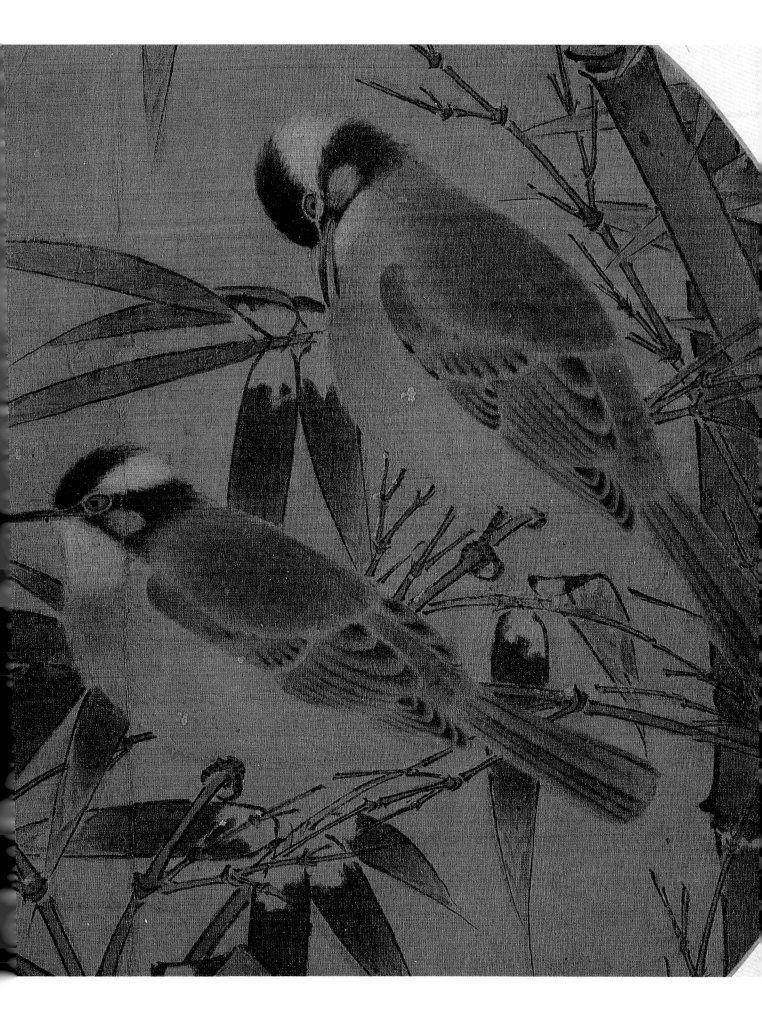

45

佚名　疏荷沙鳥圖頁
南宋
絹本　設色　縱25厘米　橫25.6厘米
清宮舊藏

Withered Lotus and a Little Bird
Anonymous
Song Dynasty
Leaf, colour on silk
H.25cm　L.25.6cm
Qing Court collection

圖中繪殘荷，一枝蓮蓬橫出，鶺鴒棲止於蓮梗上，注視着上方一隻飛動的小蜂，其凝神注視的神態刻畫得惟妙惟肖。格調典雅，用筆精工，畫風細膩，荷葉枯黃的斑點和細小的筋脈都描繪得一絲不苟。存《四朝選藻冊》中。

對幅有清乾隆御題詩一首。鈐藏印"八徵耄念之寶"（朱文）、"太上皇帝之寶"（朱文）、"自強不息"（白文）。

曾經《石渠寶笈》著錄。

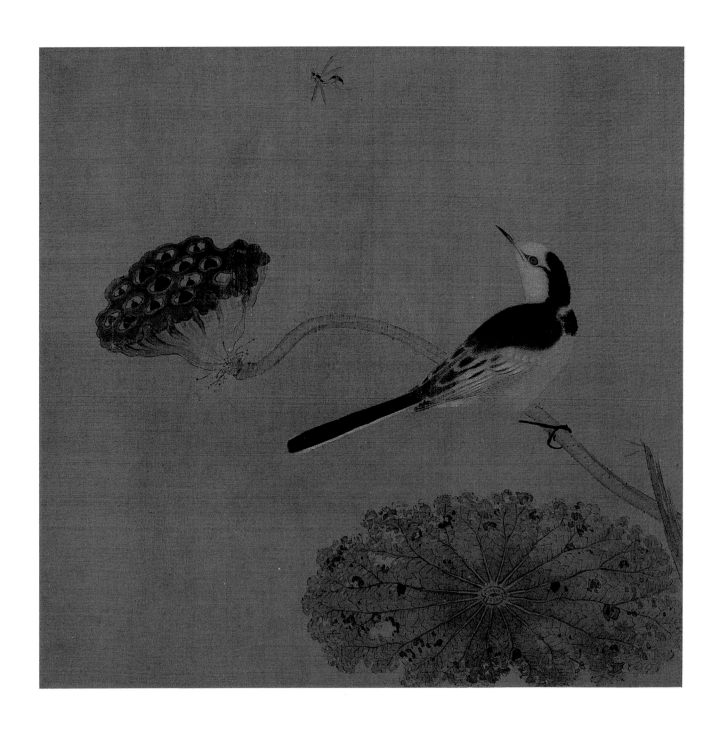

46

佚名　榴枝黃鳥圖頁

南宋

絹本　設色　縱24.6厘米　橫25.4厘米

清宮舊藏

A Yellow Bird Perching on the Branch of a Pomegranate

Anonymous

Song Dynasty

Leaf, colour on silk

H.24.6cm　L.25.4cm

Qing Court collection

圖中畫深秋時節石榴掛於枝上，樹葉由綠變黃，有的已經枯萎，有的則被蟲蛀蝕。一隻黃鸝銜小蟲棲於榴枝上。鳥羽染淡赭、黃後再用白綫勾描，片片羽毛一絲不苟，近於"沒骨"。石榴枝葉賦色對比鮮明。存《四朝選藻冊》中。

本幅鈐鑑藏印"張篤行印"（白文）。

對幅有清乾隆御題詩。鈐"八徵耄念之寶"（朱文）、"太上皇帝之寶"（朱文）、"八徵耄念"（朱文）、"自強不息"（朱文）。

曾經《石渠寶笈》著錄。

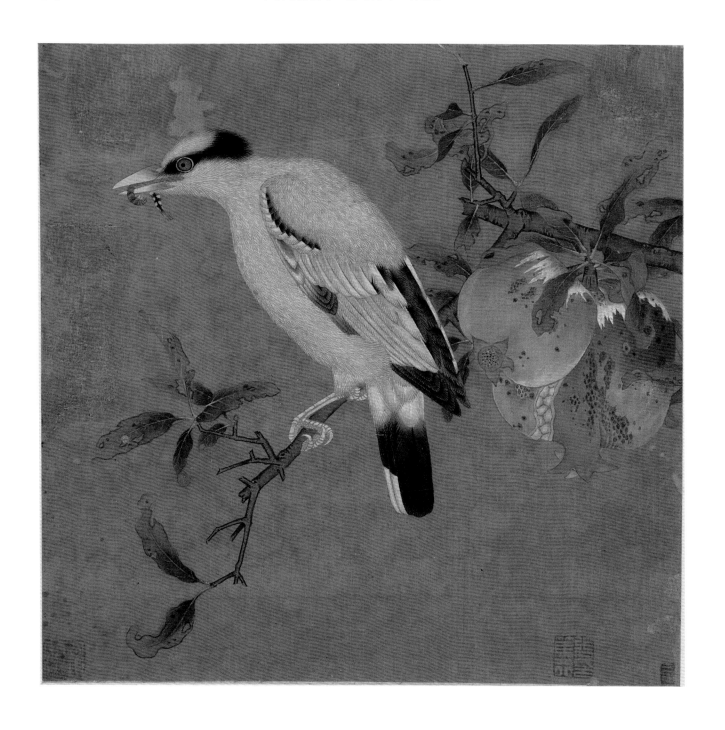

47

佚名 秋蘭綻蕊圖頁
南宋
絹本 設色 縱25.3厘米 橫25.8厘米
清宮舊藏

Sword-leaved Cymbidium in Blossom
Anonymous
Song Dynasty
Leaf, colour on silk
H.25.3cm L.25.8cm
Qing Court collection

紈扇裝裱。圖中繪秋蘭數莖，莛上蘭花吐蕊，清麗雅逸。蘭葉用雙鈎填彩法，筆觸粗重勁利，蘭花用深綠，花蕊用白粉點紫。構圖簡潔，墨、色交融。存《四朝選藻冊》中。

本幅鈐鑑藏印"明安國玩"（白文）、"交翠軒印"（白文）、"仲珪"（朱文）。

對開有清乾隆御題詩一首。鈐"八徵耄念之寶"（朱文）、"自強不息"（白文）、"太上皇帝之寶"（朱文）。

曾經《石渠寶笈》著錄。

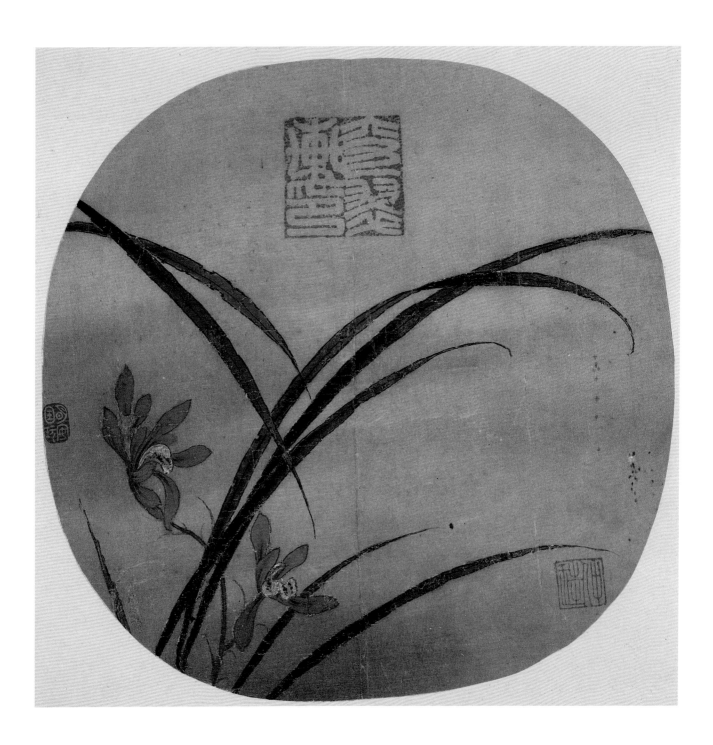

48

佚名　膽瓶秋卉圖頁
南宋
絹本　設色　縱26.5厘米　橫27.5厘米
清宮舊藏

A Gall-bladder Vase with Autumn Flowers
Anonymous
Song Dynasty
Leaf, colour on silk
H.26.5cm L.27.5cm
Qing Court collection

圖中繪瓶架上置一藍色釉瓶,內插菊花,花繁葉茂,生機益然。花瓣的層次及花葉的姿態都刻畫得自然細膩,渲染柔和自然,豔麗而不失於秀雅,為南宋寫生中的優秀之作。存《四朝選藻冊》中。

本幅題詩:"秋風融日滿東籬,萬疊輕紅簇翠枝。若使芳姿同眾色,無人知是小春時。"鈐鑑藏印"交翠軒印"(白文半印)、"神品"(朱文)、"子京父印"(朱文)、"項元汴印"(朱文)、"項墨林鑑賞章"(白文)、"張則之"(朱文)。

曾經《石渠寶笈》著錄。

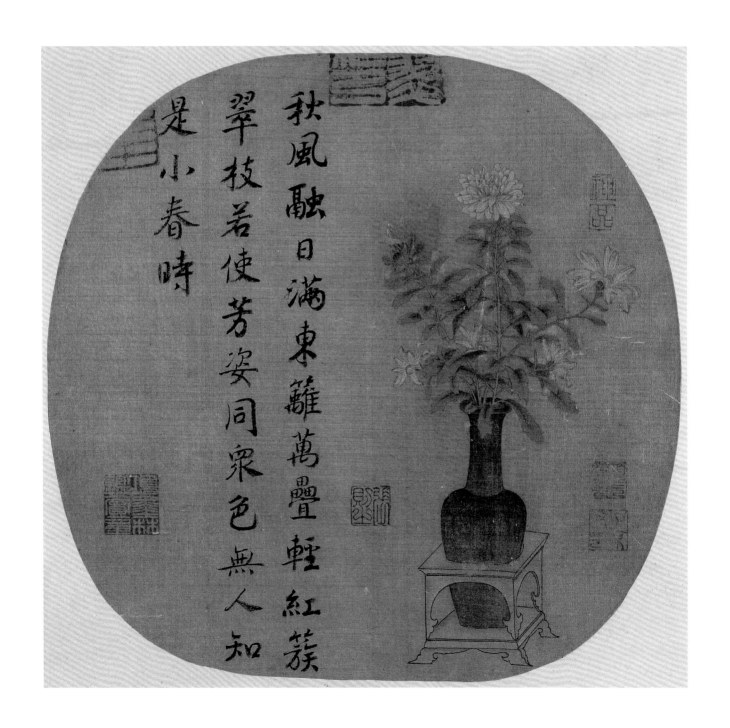

49

佚名　碧桃圖頁
南宋
絹本　設色　縱24.8厘米　橫27厘米

Peach Flowers
Anonymous
Song Dynasty
Leaf, colour on silk
H.24.8cm　L.27cm

紈扇裝裱。圖中畫兩枝嬌媚的碧桃，紅白相映，綠葉扶疏。儘管僅畫了兩枝桃花，但從繁花簇簇、苞蕾盈枝的描寫中卻透露出春意的濃郁。花瓣用多變的細綫條勾描後，再以白粉或粉紅色多層暈染。嫩葉用細紅綫勾輪廓和葉筋，然後填以花青和汁綠，賦色淡雅，自然生動。

本幅鈐鑑藏印"于騰"（白文）、"阿蒙精賞"（朱文）。

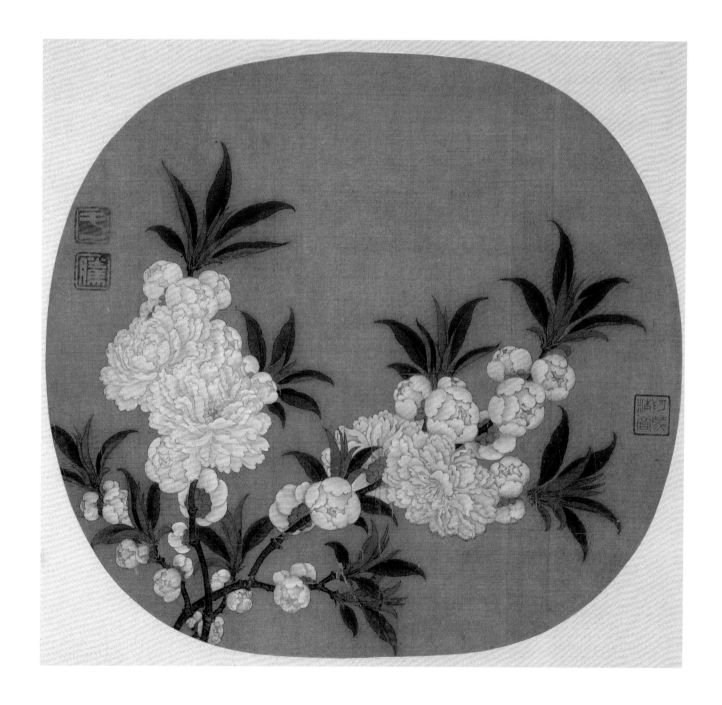

50

佚名　寫生草蟲圖頁
南宋
絹本　設色　縱25.9厘米　橫26.9厘米

A Sketch of Plants and Insects
Anonymous
Song Dynasty
Leaf, colour on silk
H.25.9cm　L.26.9cm

圖中繪狗尾草、紫菀，莛葉穿插。菜粉蝶落於花上，蜻蜓低飛，蚱蜢欲跳，富有情趣。野草、花葉以花青加汁綠勾填，花用沒骨法點出，昆蟲兼工帶寫，形態逼真。

本幅鈐鑑藏印"項墨林鑑藏章"（白文）、"于騰私印"（朱文）、"丁伯川鑑賞章"（朱文）、"吳氏珍藏"（朱文）、"懋和真賞"（朱文）、"毅崛眼福"（白文）等七方。

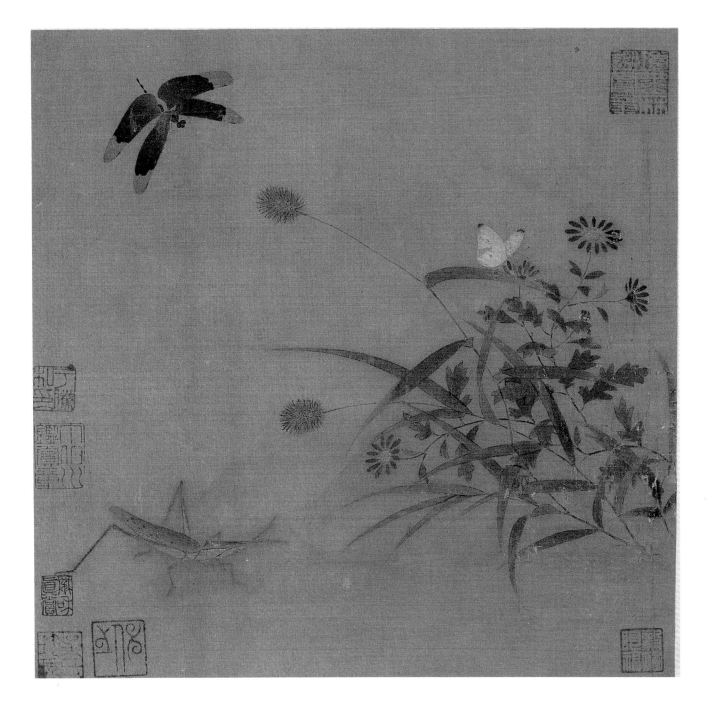

51

佚名　牡丹圖頁
南宋
絹本　設色　縱24.8厘米　橫22厘米

Peony
Anonymous
Song Dynasty
Leaf, colour on silk
H.24.8cm　L.22cm

紈扇裝裱。圖中繪牡丹花后魏紫，花
冠碩大，千葉起樓，嬌豔富麗，左右
以綠葉相扶。花瓣層次豐富，刻畫入
微，用胭脂紅渲染，由深漸淺，黃色
點蕊。構圖豐滿，設色豔而不俗。存
《宋元集粹冊》中。

本幅鈐藏印"黔寧王子孫永保之"（白
文）。

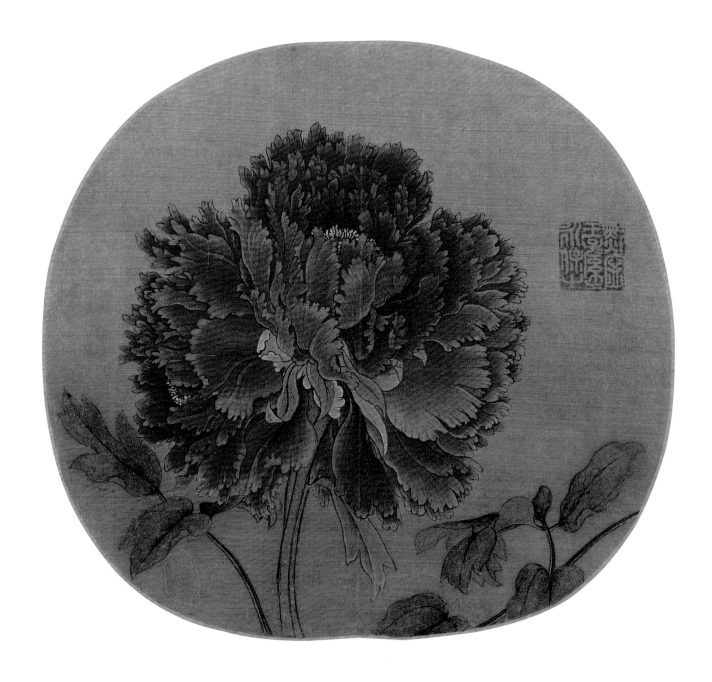

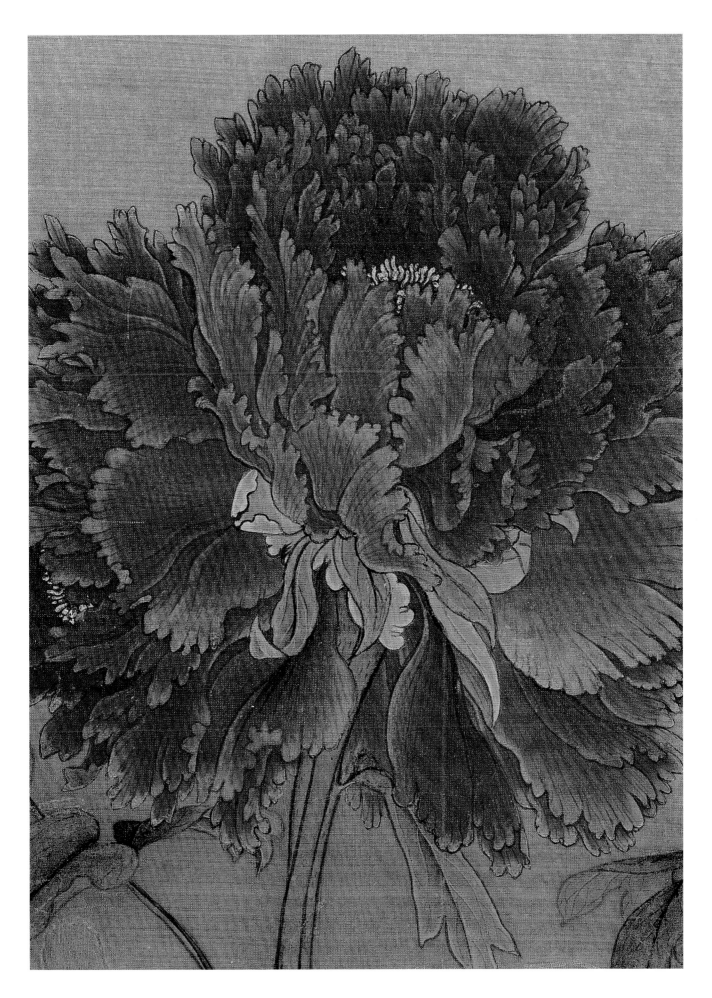

52

佚名　蓼龜圖頁
南宋
絹本　設色　縱28.4厘米　橫28厘米

Red Knotweed and Tortoise
Anonymous
Song Dynasty
Leaf, colour on silk
H.28.4cm　L.28cm

圖中繪溪水坡石邊紅蓼吐蕊，野菊綻
放，一隻老龜正向坡上緩慢地爬行，
昂首仰望棲於蓼花上的小蜂，後足尚
在池中。其態悠閒自在，與世無爭。
用筆兼工帶寫，設色淡雅清秀。存
《宋元集粹冊》中。

本幅鈐印，印文不辨。

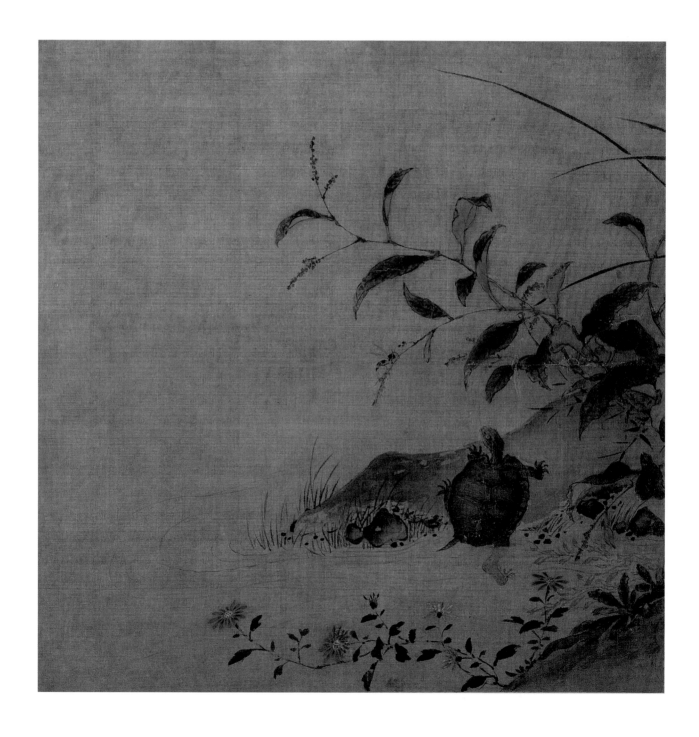

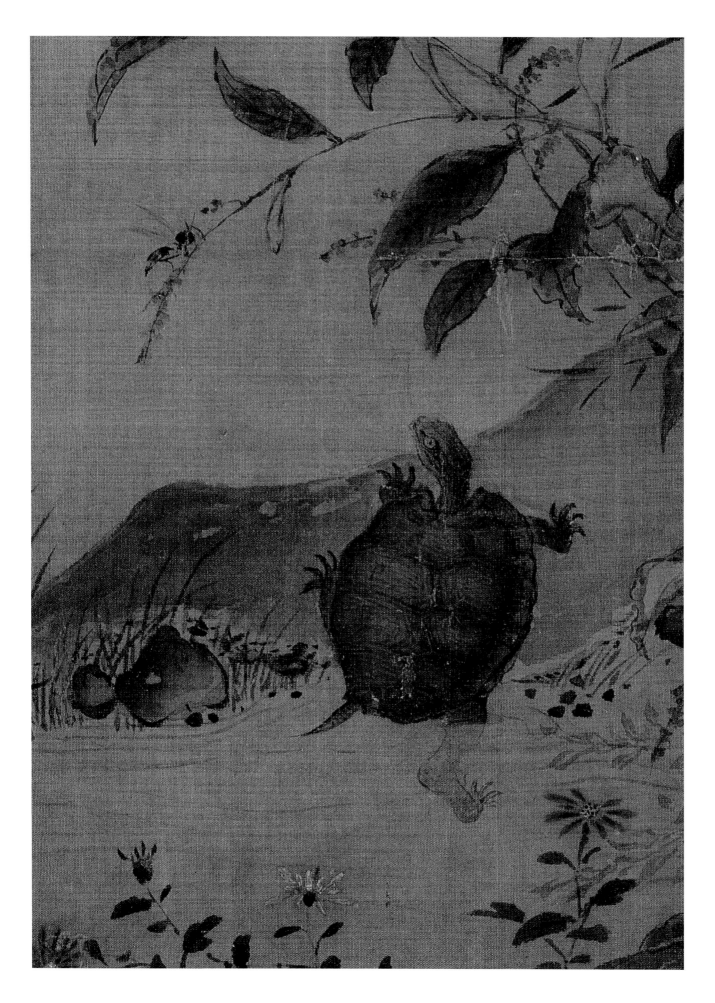

53

佚名　古木寒禽圖頁
南宋
絹本　設色　縱25.3厘米　橫26厘米

Withered Tree and Wintry Birds
Anonymous
Song Dynasty
Leaf, colour on silk
H.25.3cm　L.26cm

此圖又名《寒汀宿雁圖》。圖中繪雪野寒江，枝頭寒鴉噪鳴不止，沙洲鴨羣縮頸呵凍，氣氛蕭瑟清寒。用筆工整精細，神態刻畫生動，構圖疏密得當。存《歷代名筆集勝冊》中。

本幅鈐鑑藏印"子子孫孫其承之印"（朱文）、"瑛"（白文）。

對幅題詩："鴉棲煙暝村春急，黃栗丹楓繞原隰。青蓮何事眠酒家，幽情自邑清霄立。朱之蕃"。鈐"朱之蕃印"（白文）、"元介"（朱文）。

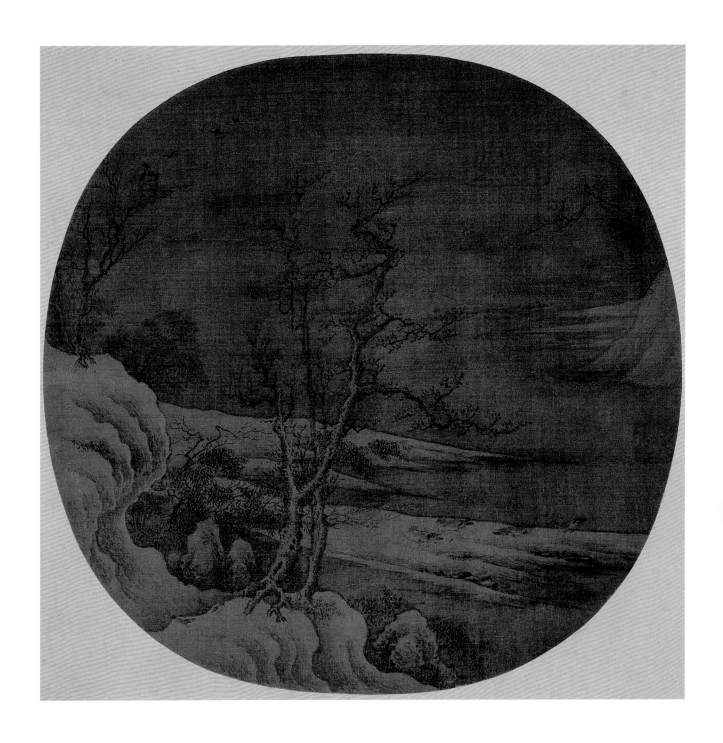

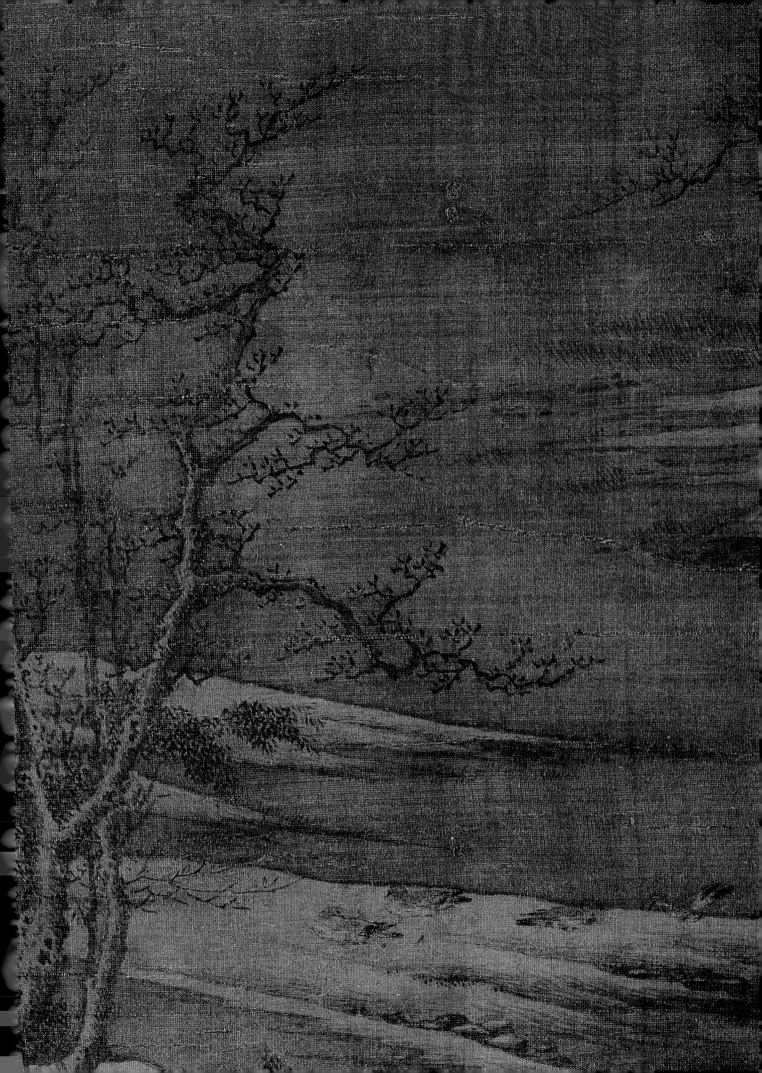

54

佚名　水仙圖頁
南宋
絹本　設色　縱24.6厘米　橫26厘米

Narcissus
Anonymous
Song Dynasty
Leaf, colour on silk
H.24.6cm　L.26cm

圖中繪水仙一簇，左發五葉相交，水
仙花或盛開，或含苞，春意盎然。花
瓣以尖細之筆勾勒輪廓，再染白粉，
用橘黃點染花蕊。花之嬌美及花瓣之
層次均刻畫得細緻生動，設色淡雅清
逸。存《歷代名筆集勝冊》中。

裱邊題籤："趙子固寫生水仙"，不
確。

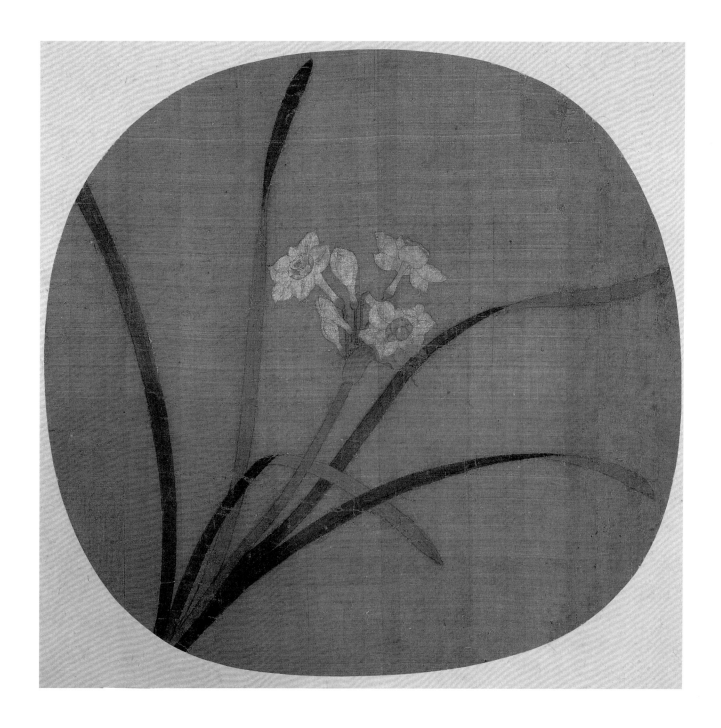

55

佚名　鵪鶉圖頁
南宋
絹本　設色　縱23.3厘米　橫24厘米

Quail
Anonymous
Song Dynasty
Leaf, colour on silk
H.23.3cm　L.24cm

紈扇裝裱。圖中繪一隻鵪鶉佇立於土坡上，引頸睜目，正欲啄食狗尾草。鵪鶉因諧音，寓有"安居"之意。鵪鶉繪製精細，神態生動，草葉勾描純熟，運筆靈活，疏密有致。存《歷代名筆集勝冊》中。

本幅鈐鑑藏印"龐萊臣珍藏宋元真跡"（朱文）。

曾經《虛齋名畫錄》著錄。

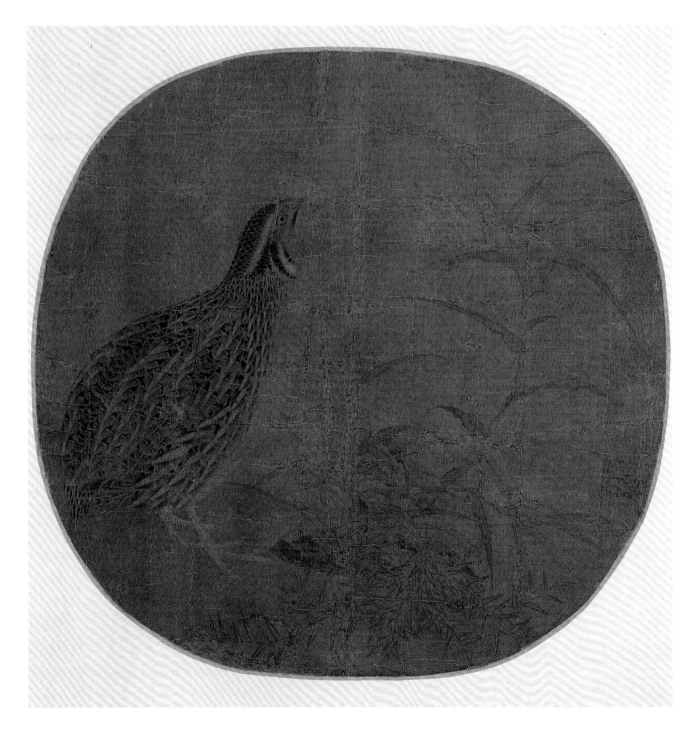

佚名　馴禽俯啄圖頁
南宋
絹本　設色　縱25.7厘米　橫24.1厘米
清宮舊藏

A Tamed Sparrow Pecking at Food
Anonymous
Song Dynasty
Leaf, colour on silk
H.25.7cm　L.24.1cm
Qing Court collection

圖中繪一隻麻雀立於淺藍色瓷罐上，低頭欲啄罐沿。麻雀身繫小繩，繩端拴一圓環。麻雀本不可馴，雖罐中有白米亦不食，其中寓意可謂不言自明。先以尖細之筆繪出麻雀輪廓、羽絨，再用濃墨、淡赭點畫出翅膀、鳥尾和眼目。存《宋人集繪》冊中。

本幅鈐鑑藏印"宋犖審定"（朱文）。

裱邊題籤："宋人馴禽俯啄"。

曾經《石渠寶笈》著錄。

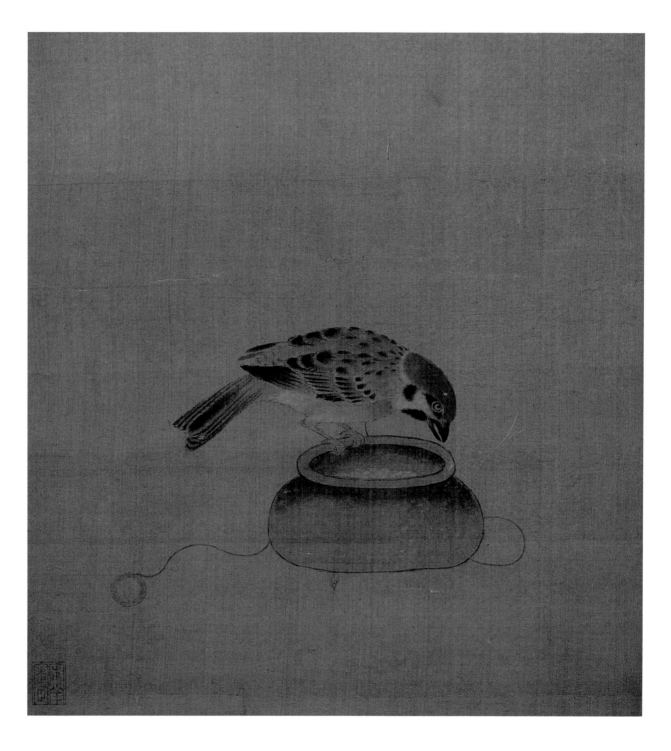

佚名　無花果圖頁
南宋
絹本　設色　縱24.8厘米　橫25.3厘米
清宮舊藏

Fig
Anonymous
Song Dynasty
Leaf, colour on silk
H.24.8cm　L.25.3cm
Qing Court collection

圖中花朵、枝葉，用淡墨勾勒，綫條細勁流暢。葉片從根部着以墨綠，以清水將綠色向葉尖暈開，含苞者敷以石綠色，花瓣用白粉染出，體現了南宋花鳥畫所崇尚的淡雅平和之意境。

本幅鈐印半方，印文不識。

對幅有清乾隆御題詩一首。鈐印"用筆在心"（白文）。

裱邊題籤："李迪無花果圖"，不確。鈐"八徵耄念之寶"（朱文）、"太上皇帝之寶"（朱文）、"古稀天子"（白文）。

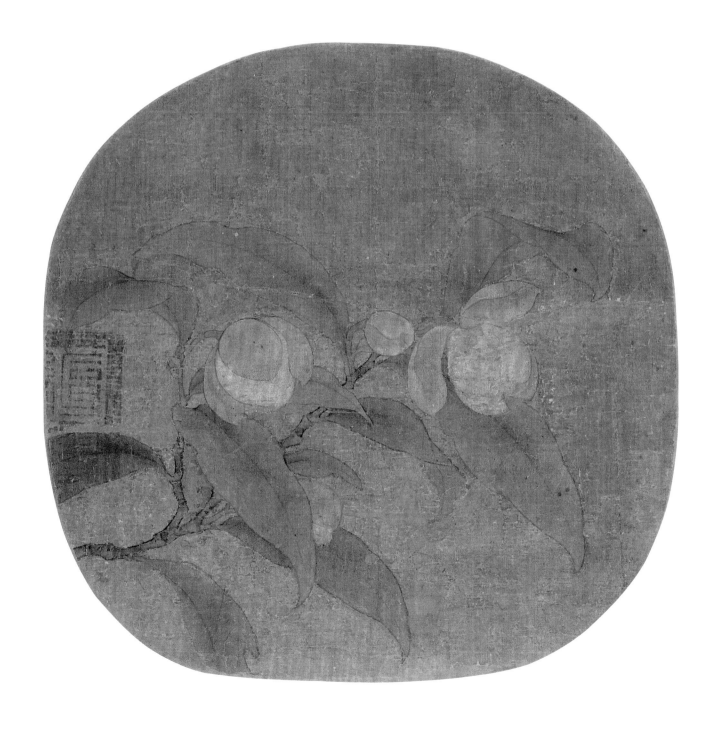

58

佚名　荷蟹圖頁
南宋
絹本　設色　縱28.4厘米　橫28厘米

Withered Lotus and Crab
Anonymous
Song Dynasty
Leaf, colour on silk
H.28.4cm　L.28cm

圖繪一枝荷葉斜出，枯黃斑駁，半浸水中，一隻雌蟹揮螯伏於葉上。荷枝旁襯以紅蓼、蒲草、水藻、錢荷、流水，畫面刻意求真。荷葉的葉筋、斑紋及莛上的小刺，都刻畫得十分細緻。意境生動雅逸，題材別出新意。存《宋元集粹冊》中。

本幅鈐印，印文模糊不辨。

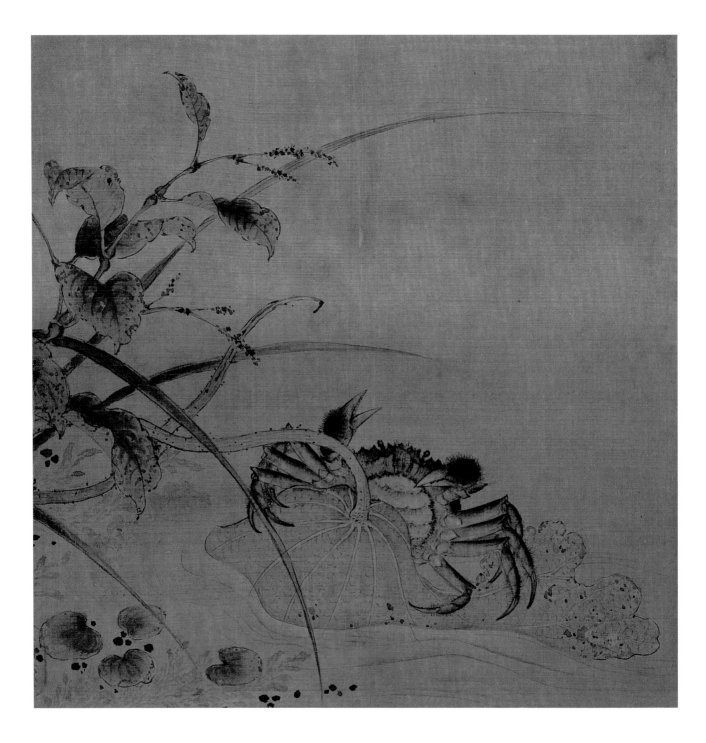

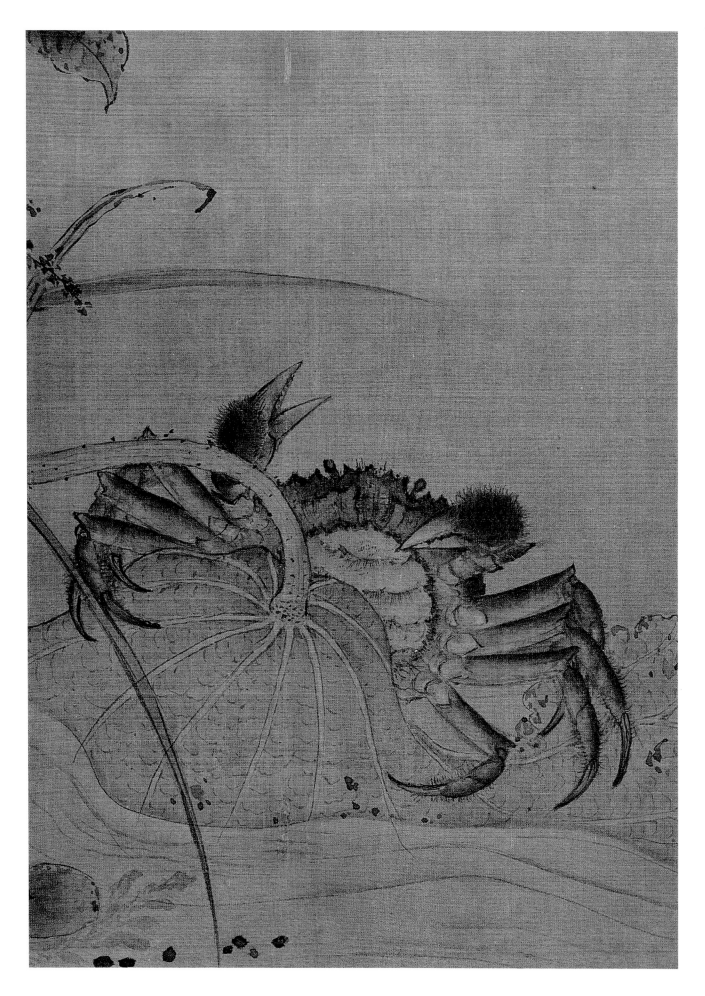

59

佚名　折枝花卉四段卷
南宋
絹本　設色　縱49.2厘米　橫77.6、77.6、77.8、77.5厘米
清宮舊藏

Four Floral Sprays
Anonymous
Song Dynasty
Handscroll, colour on silk
1. H.49.2cm　L.77.6cm　2. H.49.2cm　L.77.6cm
3. H.49.2cm　L.77.8cm　4. H.49.2cm　L.77.5cm
Qing Court collection

"折枝"花鳥畫的歷史很長，唐詩中就有"猩血屏風畫折枝"的句子。全卷以春、夏、秋、冬為序，繪海棠、梔子、芙蓉、梅花四季折枝，除芙蓉外，其餘三種均在新條之外保留一截老枝，以收古拙之趣。海棠花多葉茂，故留二枝以逞其繁縟；梔子葉大花疏，故僅存獨枝以顯其簡潔；芙蓉一枝到頂，巨花怒放，以突出其富麗之態；梅花則取旁枝四出，以見其奇肆之姿。此卷刻意描寫了折枝的斷開處，連順帶撕下

的樹皮細縷都真實地畫出。

本幅分別鈐鑑藏印"陳氏自明"（白文）、"遊戲造化"（朱文），藏印"乾隆御覽之寶"（朱文）、"嘉慶御覽之寶"（朱文）、"石渠寶笈"（朱文）、"養心殿鑑藏寶"（朱文）等。

尾紙鈐鑑藏印十一方。

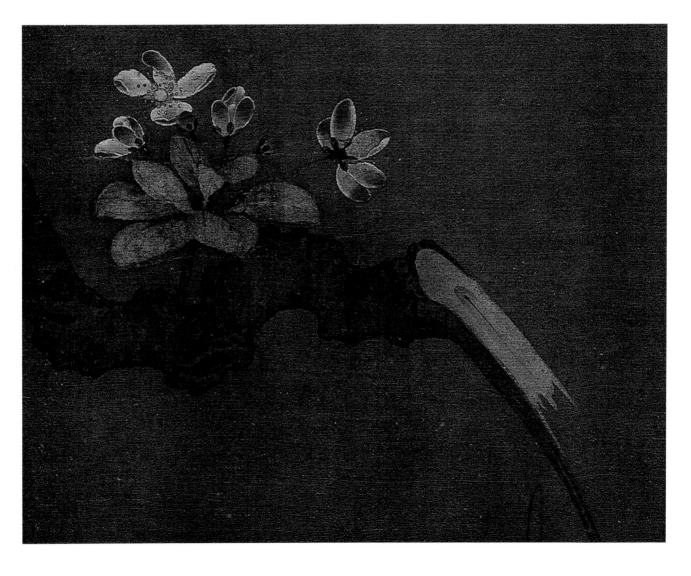

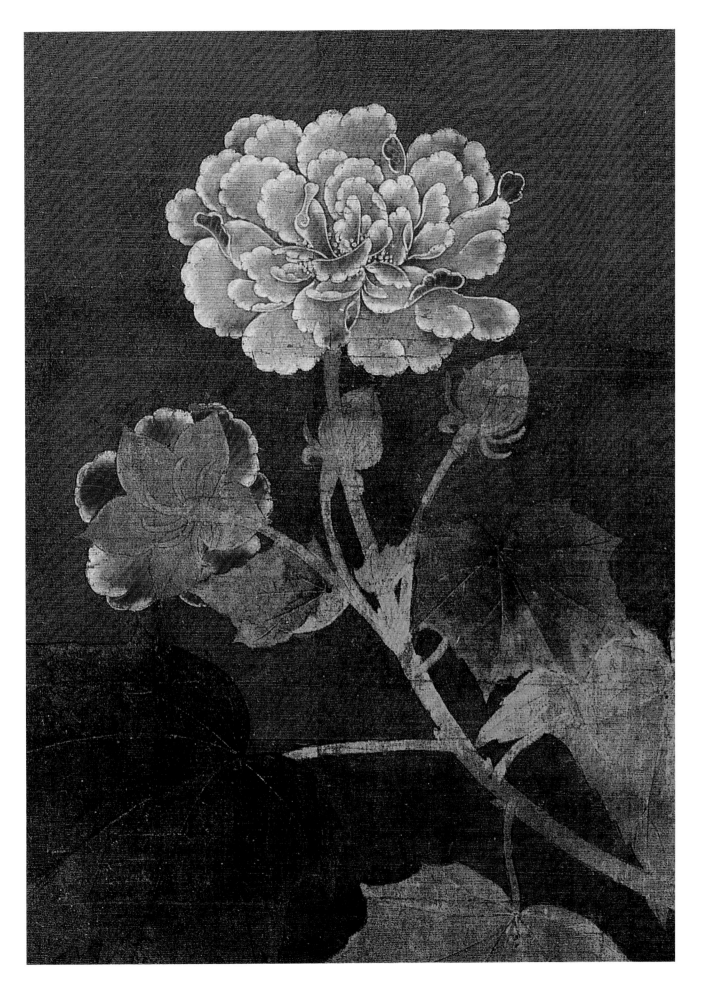

147

149

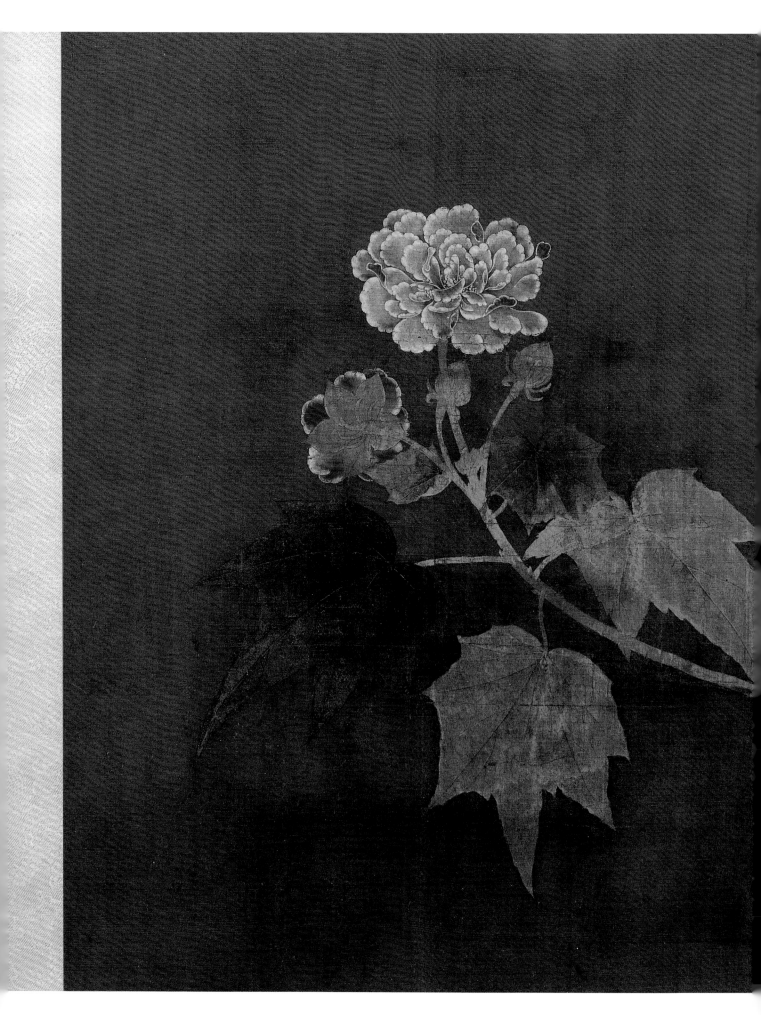

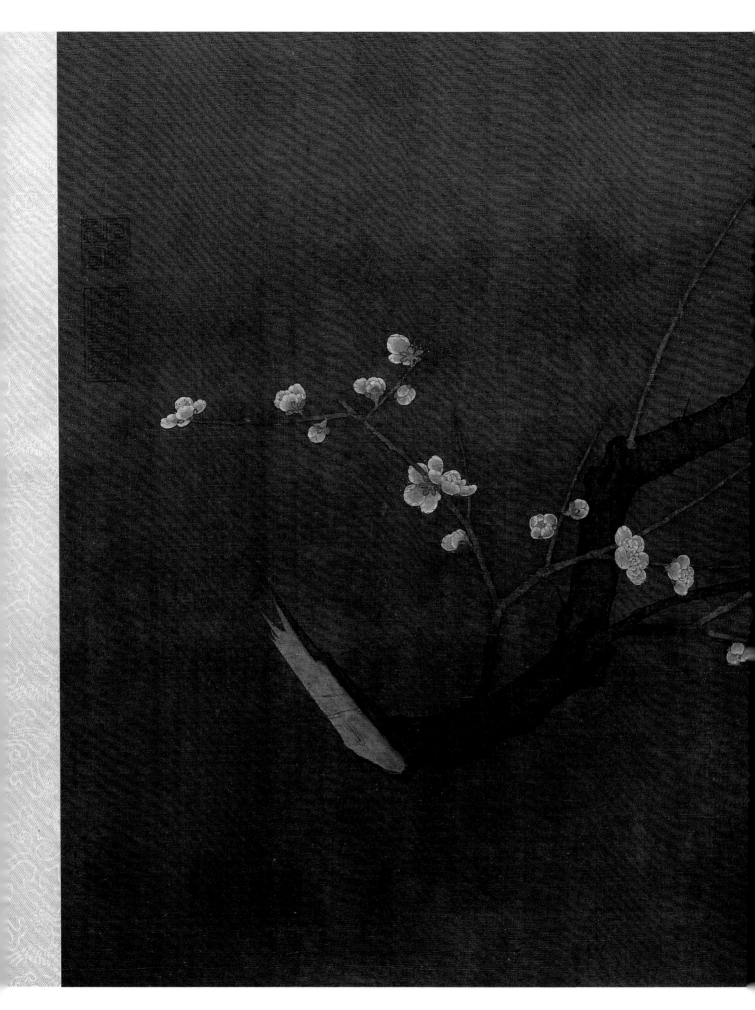

60

佚名　晴春蝶戲圖頁
南宋
絹本　設色　縱23.7厘米　橫25.3厘米
清宮舊藏

Dancing Butterflies in Spring
Anonymous
Song Dynasty
Leaf, colour on silk
H.23.7cm　L.25.3cm
Qing Court collection

紈扇裝裱。圖中繪各色蛺蝶（蝶名見附錄），或平展雙翼，或振翅高飛，宛若飛舞於花團錦簇中。用細而淡的綫勾勒輪廓，然後再隨類賦彩，勾勒與渲染渾然一體。着色或以粉、黃多層積色，或在墨綫中填重彩，表現出蝶翼的豔麗。

本幅鈐半印一方，印文模糊不識。

對幅有清乾隆御題詩一首。鈐"八徵耄念之寶"（朱文）、"自強不息"（白文）。

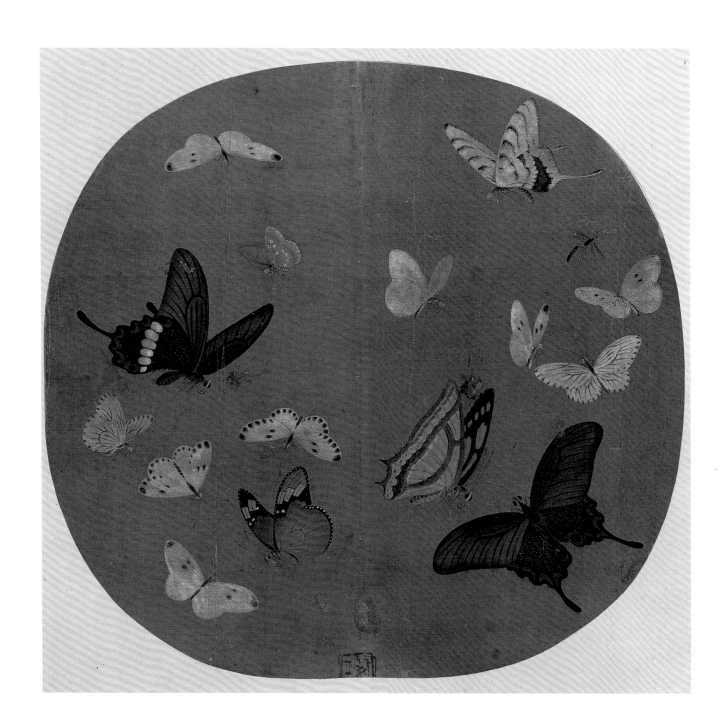

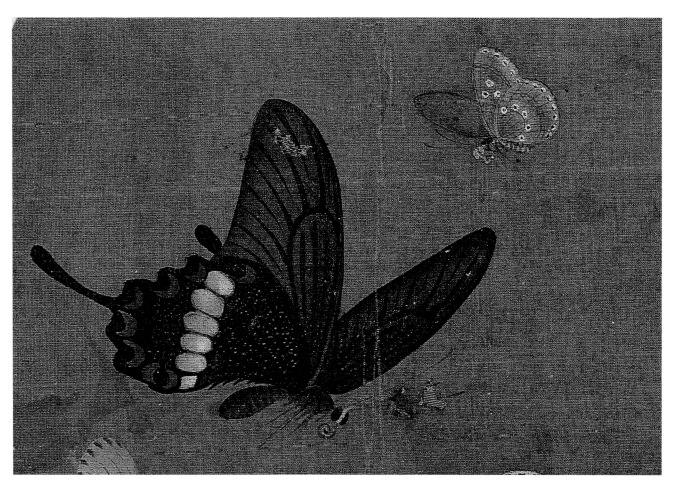

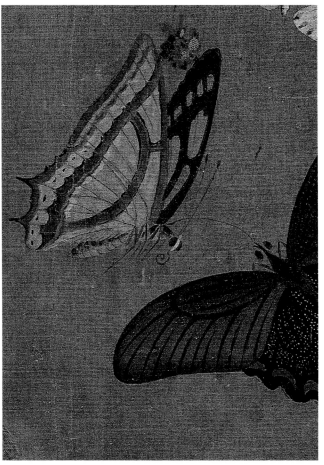

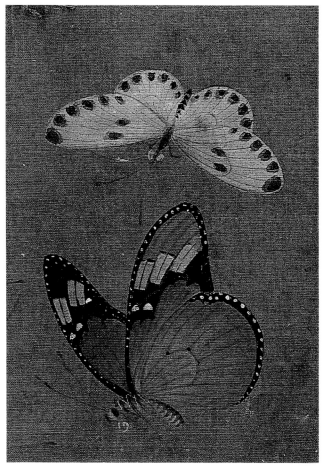

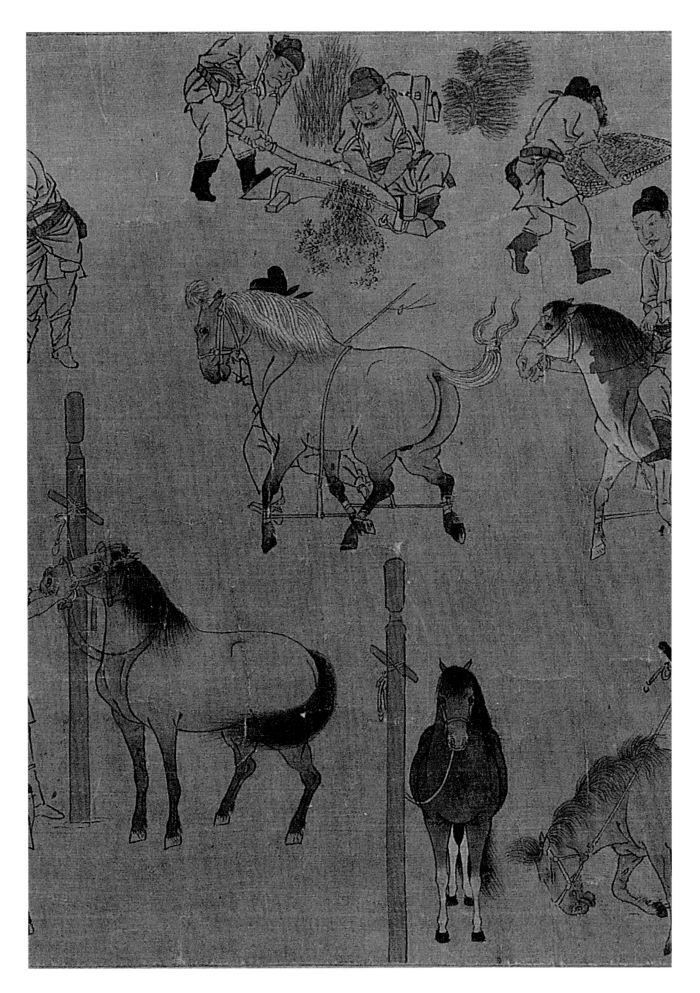

67

韓滉　五牛圖卷
唐
麻紙本　設色　縱20.8厘米　橫139.8厘米
清宮舊藏

Five Oxen
By Han Huang
Tang Dynasty
Handscroll, colour on paper
H.20.8cm　L.139.8cm
Qing Court collection

韓滉（723—787年），字太沖，長安（今陝西西安）人，唐朝相國韓休之子。唐貞元初年官至檢校左僕射同中書門下平章事，封晉國公。他通音律，善鼓琴，好書畫。其書畫格調高逸，書師於書法家張旭，畫宗法南朝畫家陸探微，尤擅長人物、畜獸、田家風俗等。《五牛圖》是其目前存世的唯一畫作。

《五牛圖》畫五頭黃牛平列，各具姿態，構成一幅長卷。一牛側首騷癢；一牛昂首踱步；一牛正面而立；一牛回首吐舌；一牛頭戴轡頭。此圖以五牛喻人，在野為民則清閒散淡；在朝為官則拘謹持重，是以物寄情的典型之作。牛身勾綫富於變化，刻畫準確厚實；而牛的頭尾眉眼則用細筆描繪，生動傳神，筆法精妙，勾綫優美。五頭牛既是單體，相互間又有着聯繫，畫面和諧而統一，是難得的唐畫佳構。

本幅有項元汴"此"字編號、清乾隆御題詩一首。鈐印"紹"（朱文）、"興"（朱文）、"睿思東閣"（朱文）、"學山秘玩"（朱文）、"墨林山人"（朱文）、"項子京家珍藏"

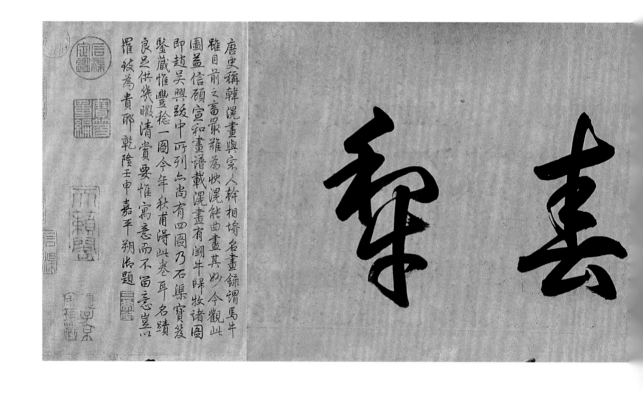

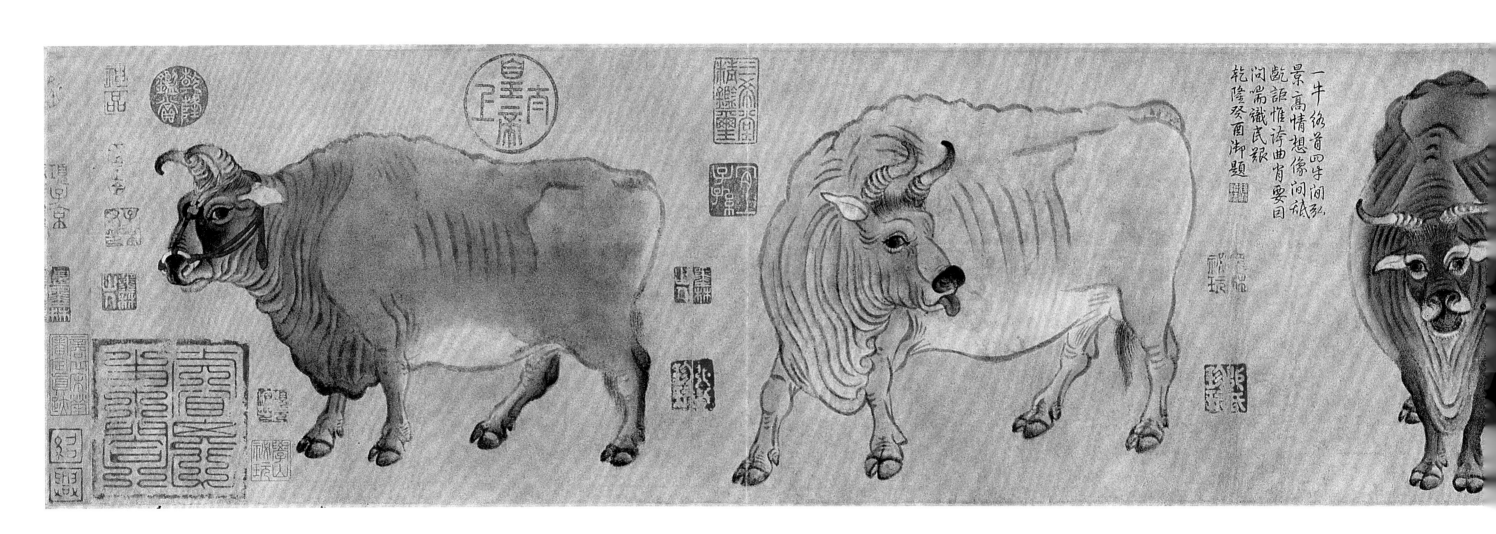

（朱文）、"子京"（朱文）、"商丘宋犖審定真跡"（朱文）、"神品"（朱文）、"乾隆鑑賞"（朱文）、"三希堂精鑑璽"（朱文）、"宜子孫"（白文）、"古希天子"（朱文）、"乾隆御覽之寶"（朱文）等鑑藏印三十餘方。

卷首有清乾隆御題"興託春犂"，鈐藏印"乾隆宸翰"（朱文）。鈐引首印"春耦齋"（朱文）。前隔水有清乾隆御題一則，前後隔水鈐鑑藏印及清內府藏印。

尾紙有趙孟頫、孔克表、項元汴，清乾隆、汪世鈺、金農等人題記，又有清蔣溥、汪由敦、裴日修、觀保、董邦達、錢維城、金德瑛、錢汝誠等人和詩。鈐清乾隆及人名章五十餘方（趙孟頫題記、印鑑釋文見附錄）。

曾經《清河書畫舫》、《六研齋筆記》、《珊瑚網》、《石渠寶笈》著錄。

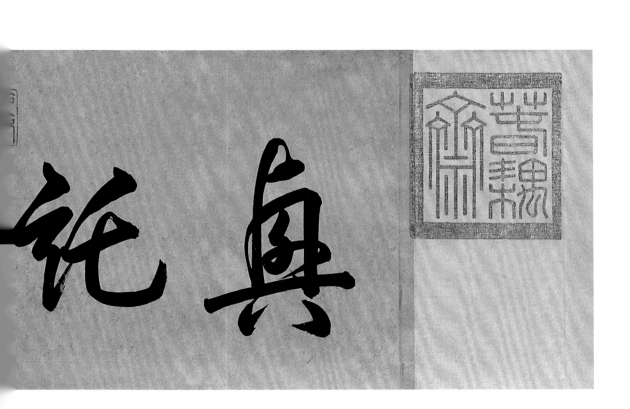

延祐元年三月十三日集賢侍讀學士正奉大夫趙孟頫又題
太午書房
太午以賜唐古台平章因淂再展柳何幸耶
此圖傳於舊有名行者時題
善相馬者不扵驪黃牝牡而扵天機
余謂觀畫亦然海虞鄧君玉示余
五十圖有步者騎者縱時而鳴者顧
而馳驟者其天機之妙宛
若見之扵東皐西畦間市神矢戈吳
興趙文敏公以為唐韓晉公所畫
頫鬝三至稱為希世名筆蓋有淂扵
此矢君其寶之至正十三秊春二月
七日魯孔克表跋

此卷阮八石渠寶笈曾題一絕句乃總
淂蔣廷錫摹本蔣故朱見此卷乃
項聖誤奉標出者因即用舊題韻題二
絕句第不知海虞鄧君玉示余
年間後先相暌且俱入秘府韓滉肴知
當深若扵是回再置前韻用題
頫卷益書柱上是以識所自
青桐居士今知勝帝貴中葯枝慕鞁
采相忘水石間黃鍾韻滿腔鳴間
亦淂王羊不膔閬千年一瞬靜披間居

千載流傳詎等閒五牛和
本出人間戴張入室稱能

唐韓晉公溪五牛圖乃元趙文敏三跋
明呉槓人人唯元宋故實
癸酉初春三希堂御筆

乾隆己未中秋錢唐金農
觀於求是齋愈見愈妙真神物也
稱雷山民金由又記
丙寅嘉午之月與西湖僧明中再
觀於桐鄉汪氏求是齋世鈺記

泾知稱稿銀雲海
淸翶鬧後閒張聖謨
是敀有意間張衡譁
蹟故有意寓襟機
收苦及之滿條餘
立語難
蔣卷後當書張此
題句多寓妙真題

二韓揮翰畫神閒牛
馬專家伯仲間畫肉
徒資杜陵諧固不
及畫牛艱
臣金德瑛恭和

春膡耕後綠寬閒宛
在坡平艸軟間飯罷
誰人歌扣角來思還
念一犂艱
臣錢維城恭和

貢使初四到戟閒早圖
豈恰兀田向搏輪哉馬
重為此尚懷春犂粒
食艱
臣錢汝誠恭和

狀犂影夕陽閒幽風
圖就關民俗想見田
家摺事艱
臣董邦達恭和

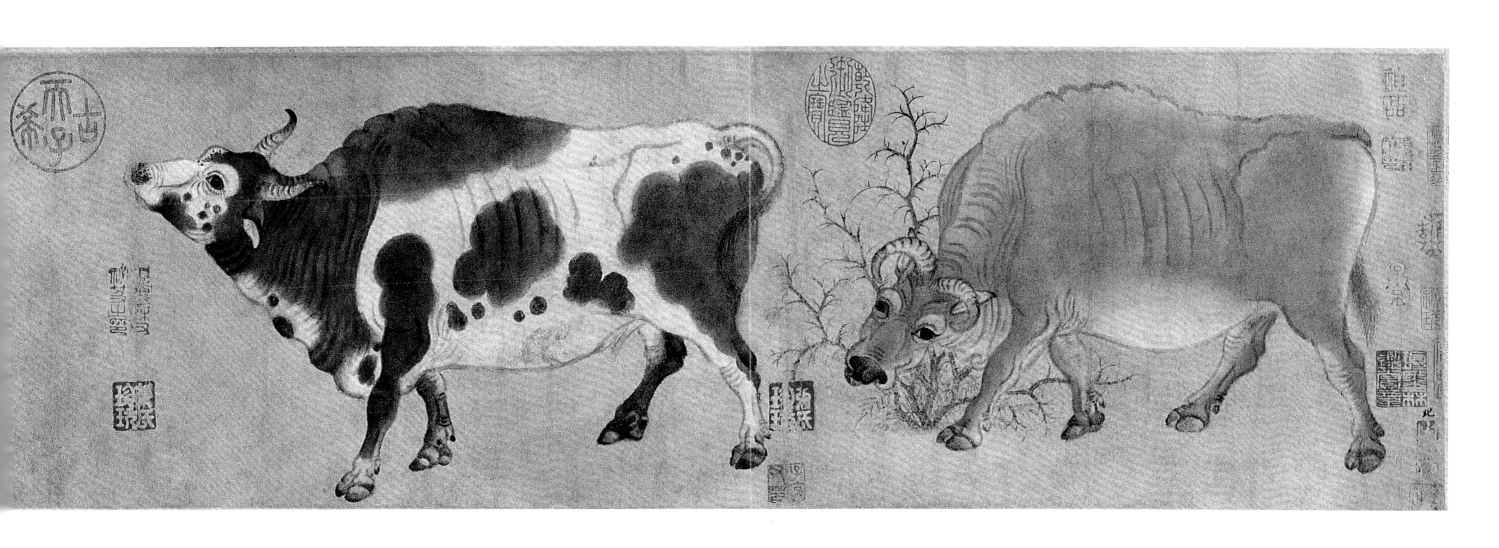

余南北官游於好事家見韓滉畫數
種集賢官畫有豐年醉學士圖醉鄉
熙細鮮于伯
幾家所藏與此五牛皆真跡初田
師蓋以此卷示余甚愛之後乃知為趙
伯昂物因託劉彥方求之伯昂欣然輟
贈
時至元廿八年七月也明年六月攜歸吳興
重裝又明年濟南東倉官舍題二月既望
趙孟頫書

右唐韓晉公五牛圖神
氣磊落希世名筆也昔梁
武欲用陶弘景畫二牛一
以金絡首一放於水草之
際梁武欲其高致不復強
之此圖殆寫其意云子昂重題

魚得玉羊不胜閑千年一瞬靜投閑居
然十五牛來牧恆係因知穡事艱
倒置蓋就紙之
乾隆甲戌孟春御筆
長短也御識

是卷舊藏天籟閣
項氏項聖謨寄有
筆本故大學士蔣
廷錫未見漫真跡
因俟項摹志甫賣
中昂之慕今得見此
當蓋穎與此筆志
而蔣畫與古人不及
也今項本不知所在
入石渠寶笈遇合
信有定數卿既墨
韻爲題二絕句并
錄於此
摹本重臨區會閑

釋軾懸犁軾放
閏傳神寓意尺
圖間棄胎儘許誇
能事怵凔何如創
格艱
臣蔣溥恭和

江南坐鎮想清閑託
興常留棄拓間飲飽
白餘蕭放貢野犂緜
軼襪忘艱
臣觀保恭和

考牧圖成袖手閒一
千年尚在人閒念來
名革誰方駕長念良
工意匠報
臣汪由敦恭和

本出人閒戴張入室稱能
手對此卷知下筆艱
臣裘曰修恭和

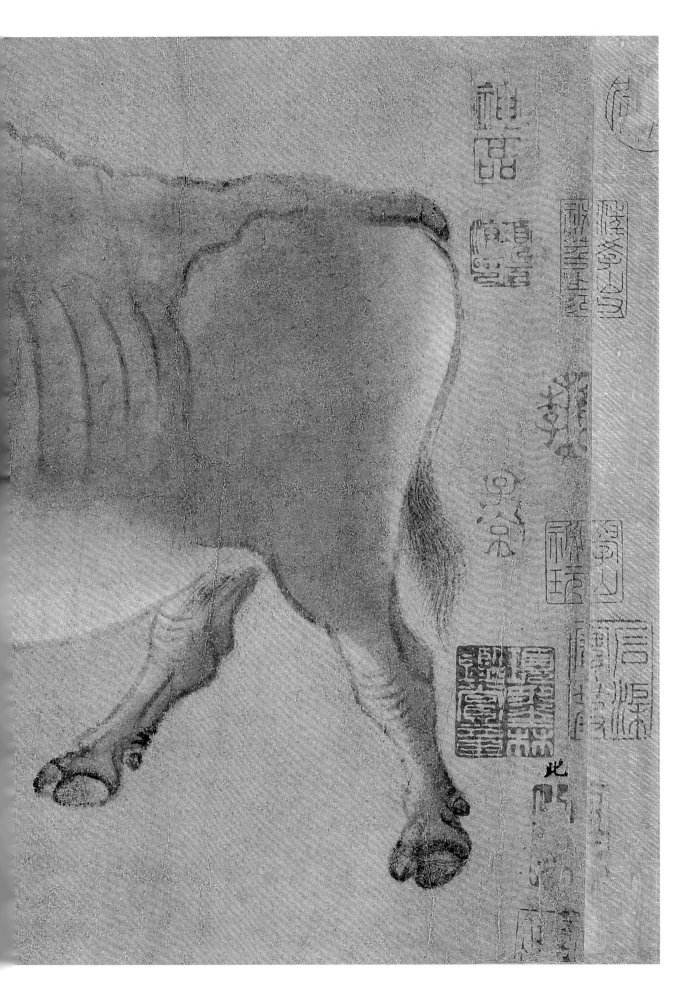

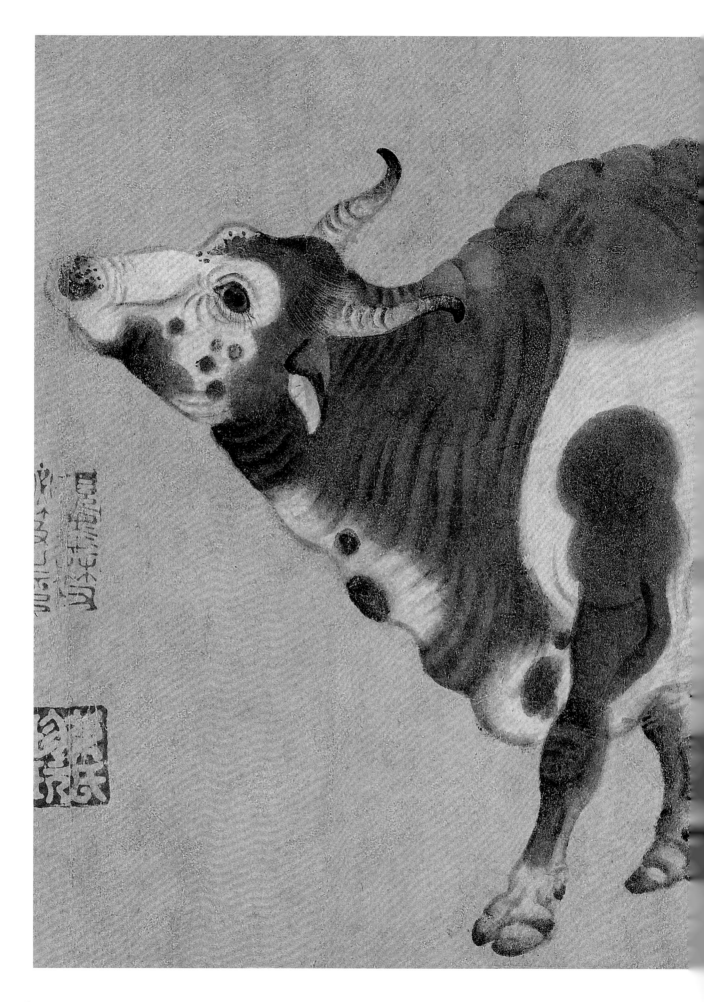

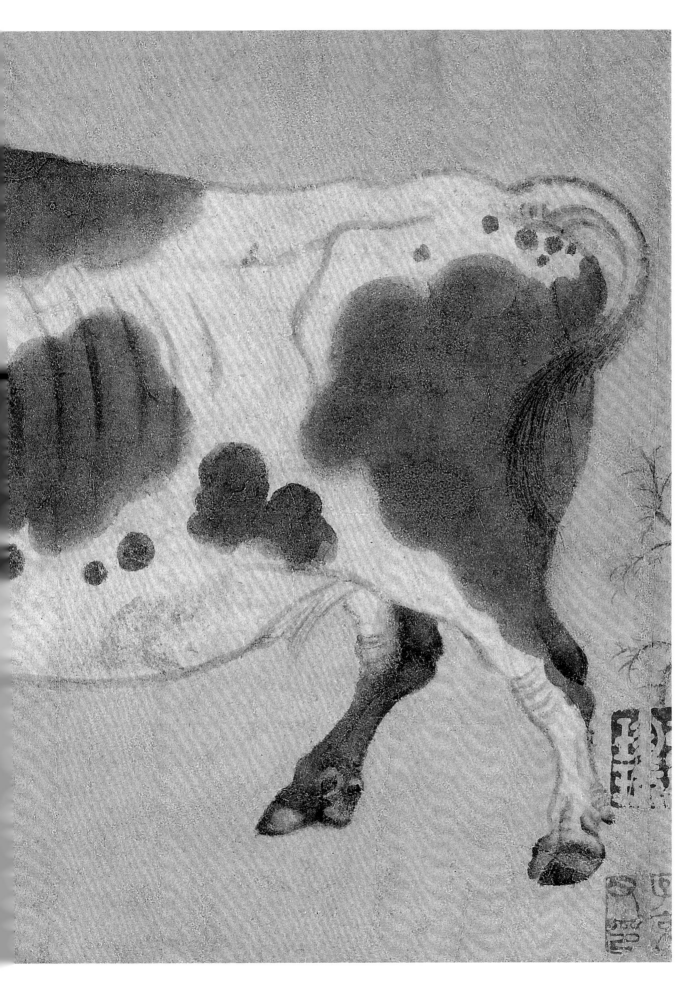

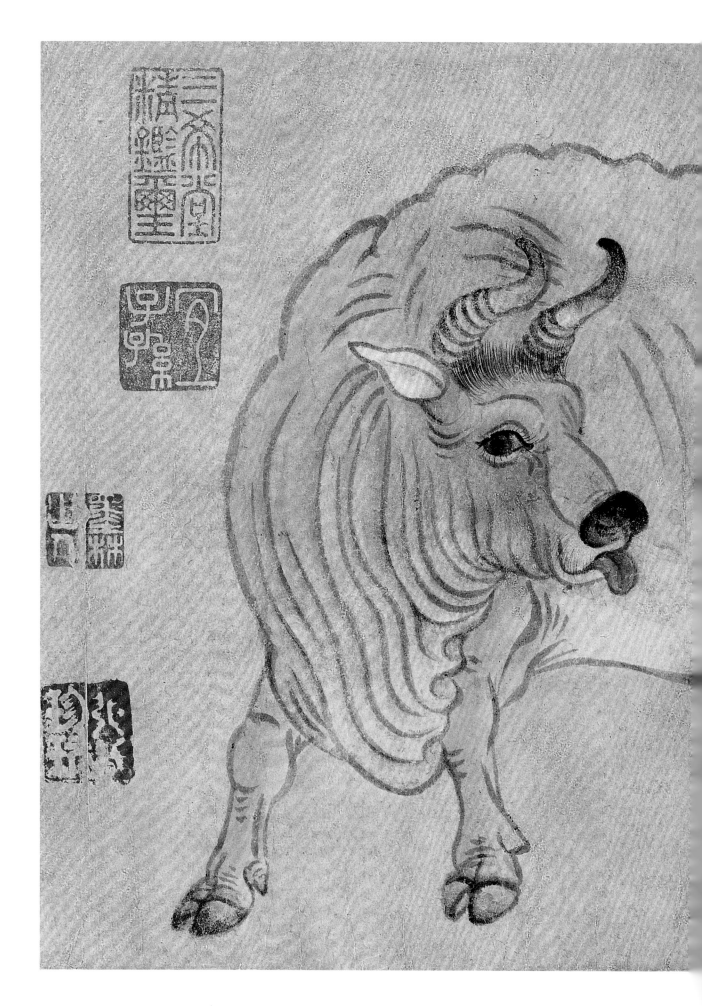

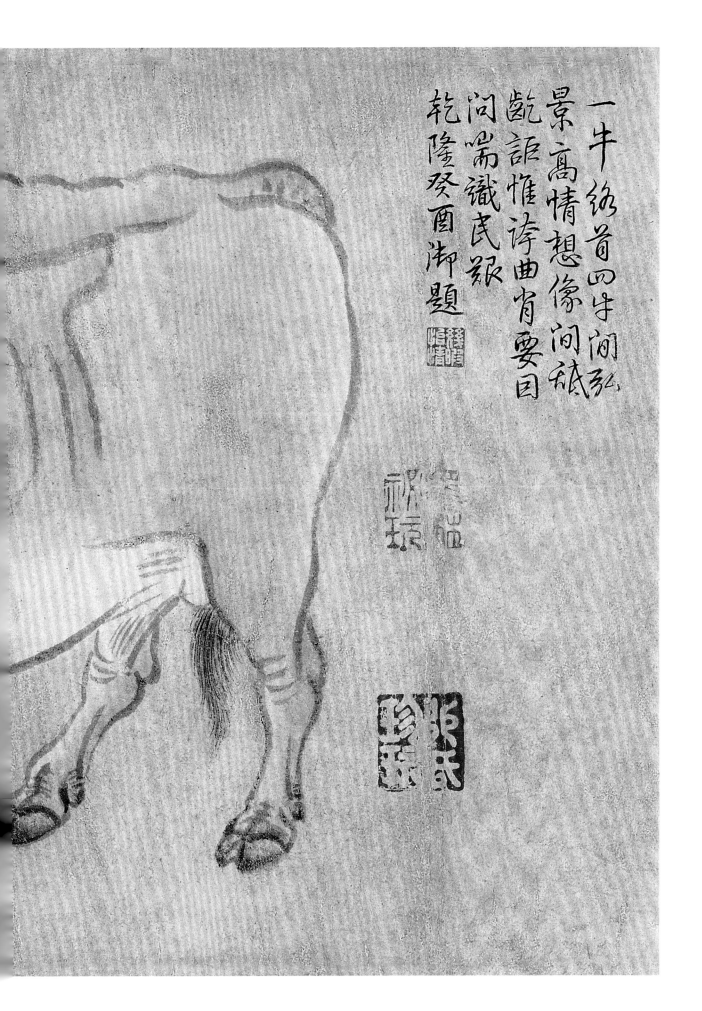

一牛絡首四牛閒弘
景高情想像閒祇
齕訏惟誃曲肖要旦
閒喘識民艱
乾隆癸酉御題

189

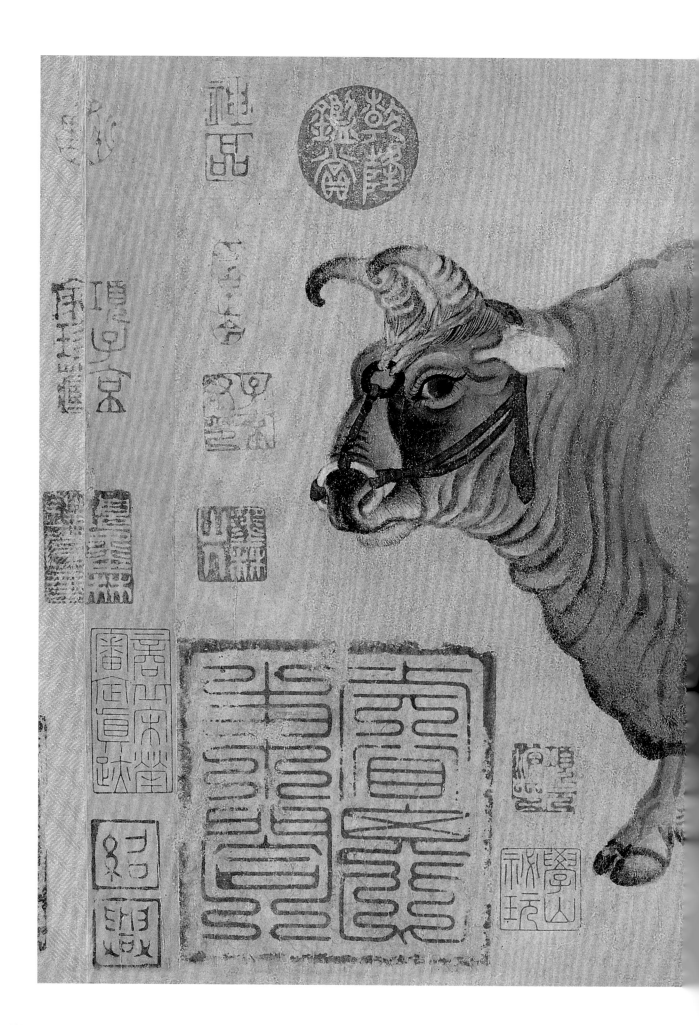

190

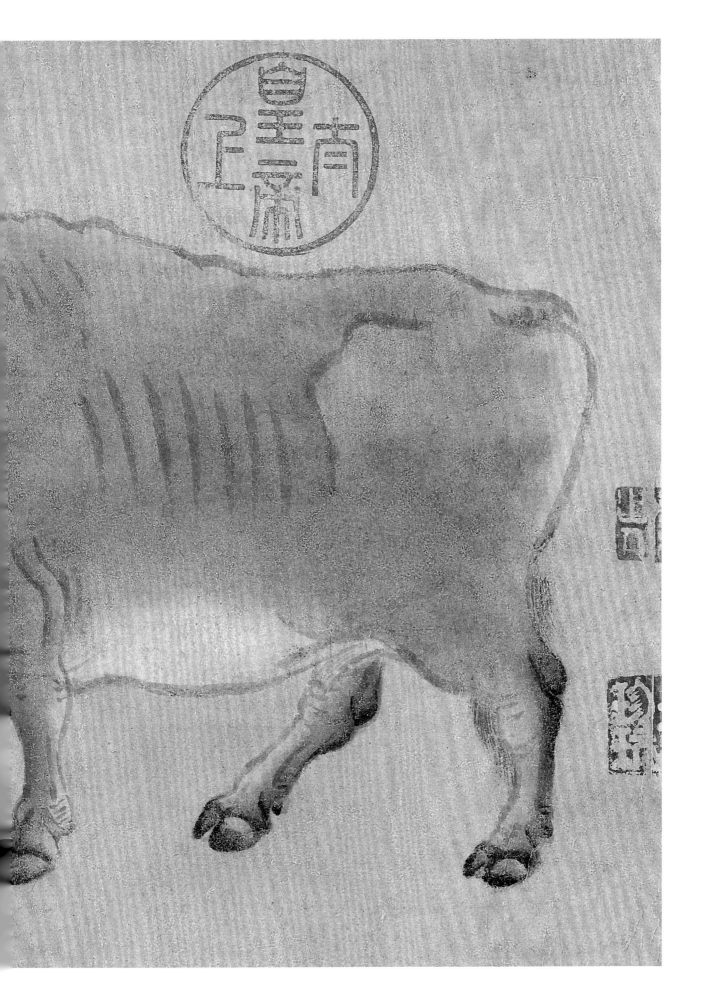

191

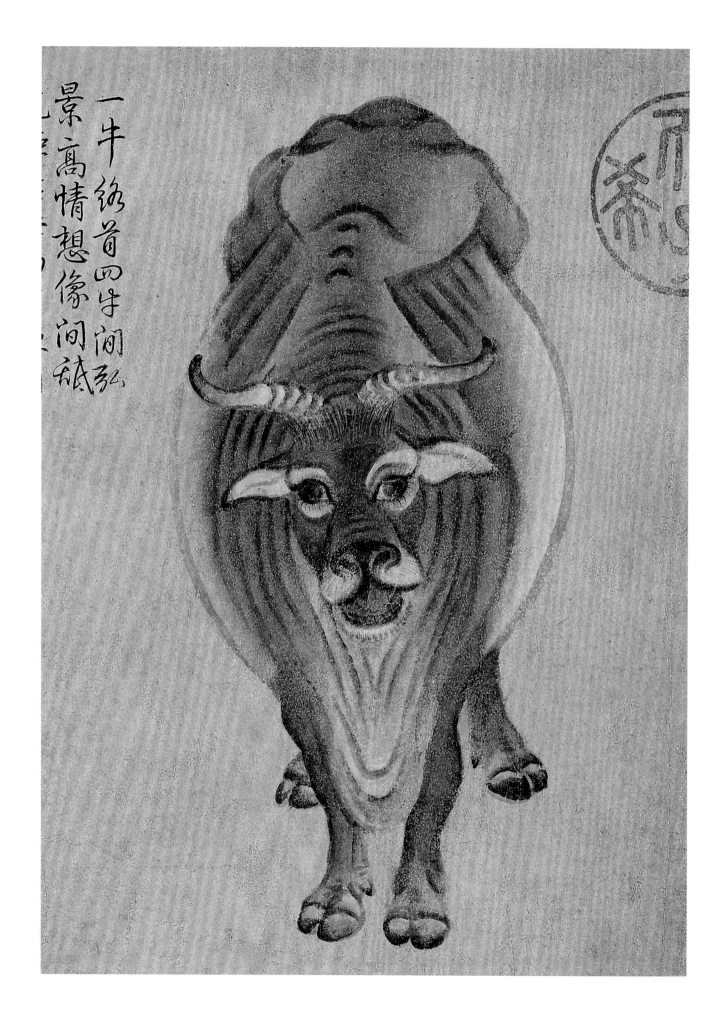

一牛翰首四牛間
景高情想像間瓴

68

李公麟　臨韋偃牧放圖卷
北宋
絹本　設色　縱46.2厘米　橫429.8厘米
清宮舊藏

Herding Horses, after Wei Yan
By Li Gonglin
Song Dynasty
Handscroll, colour on silk
H.46.2cm　L.429.8cm
Qing Court collection

李公麟（1049—1106），字伯時，號龍眠居士，舒城（今屬安徽）人。北宋熙寧三年（1070）進士及第，官至禦史檢法。博學多才藝，工詩善書，精鑑賞，向與蘇軾、王安石等人相契，並受到他們的推重。

韋偃是唐代中期畫馬名家，李公麟此圖雖題為摹韋之作，但從圖中的用筆看，明顯帶有宋人風格。圖中所畫馬一千二百餘匹，牧者一百四十餘人，場面極為壯闊。馬在畫面上的佈局前密後疏，人物與馬匹的形象皆在墨綫勾勒的基礎上加淡色渲染，綫條挺拔，賦色古樸，是他將古人畫法與清逸的個人畫風相結合的巨製。

本幅自識"臣李公麟奉敕摹韋偃牧放圖"。另有清乾隆御題詩一首。鈐鑑藏印"宣和"（朱文）、"政和"（朱文）、"紹興"（朱文聯珠）印、"宣和中秘"（朱文）、"萬曆之璽"（朱文）、"皇帝圖書"（朱文）印及孫承澤、梁清標、清內府鑑藏印等共三十四方，又半印五方。

後隔水有清乾隆御題詩一則。鈐梁清標及清內府鑑藏印共六方。尾紙有明太祖朱元璋題跋（釋文見附錄）。另有清乾隆題字一行。鈐鑑藏印"宣和書學博士江南徐氏仍孫"（朱文）、"黃氏家藏"（朱文）、"內府圖書之印"（朱文）、"御府圖書"（朱文）印及梁清標、清內府印共十一方。

曾經《石渠寶笈續編》、《石渠隨筆》、《庚子銷夏記》著錄。

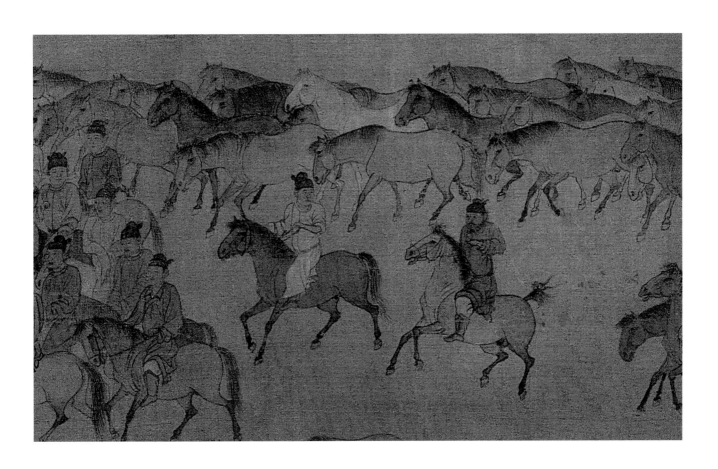

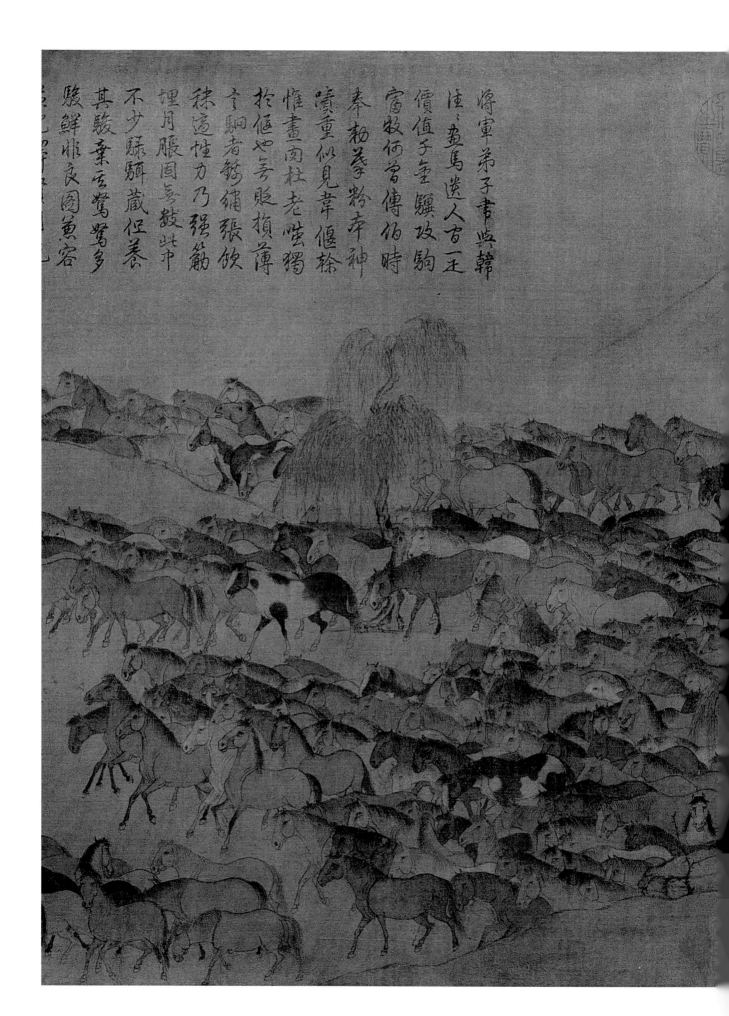

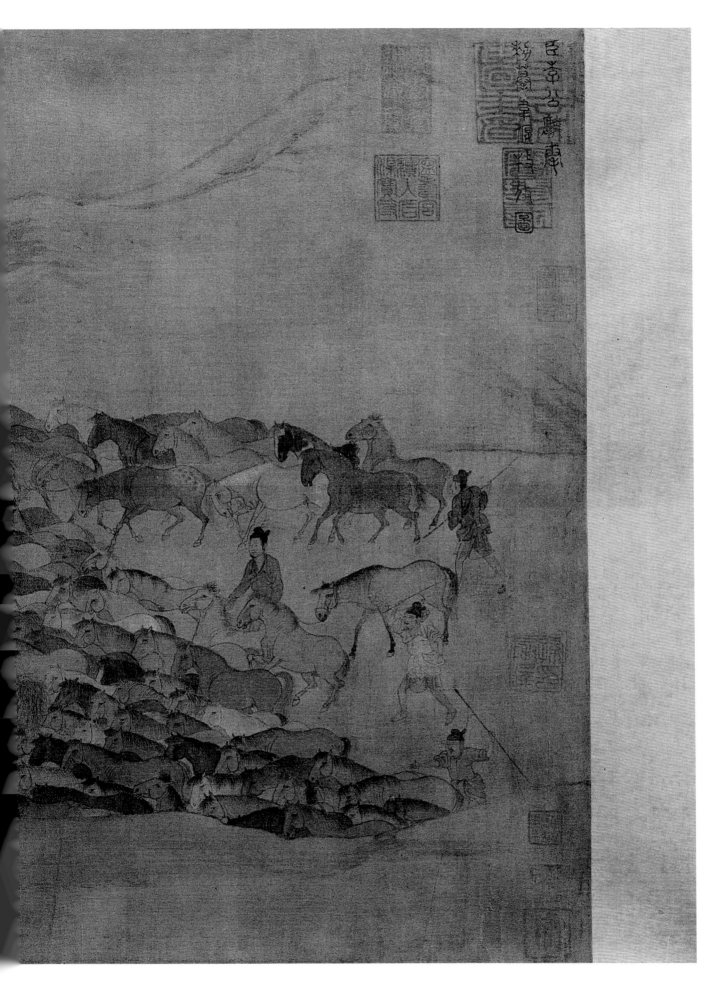

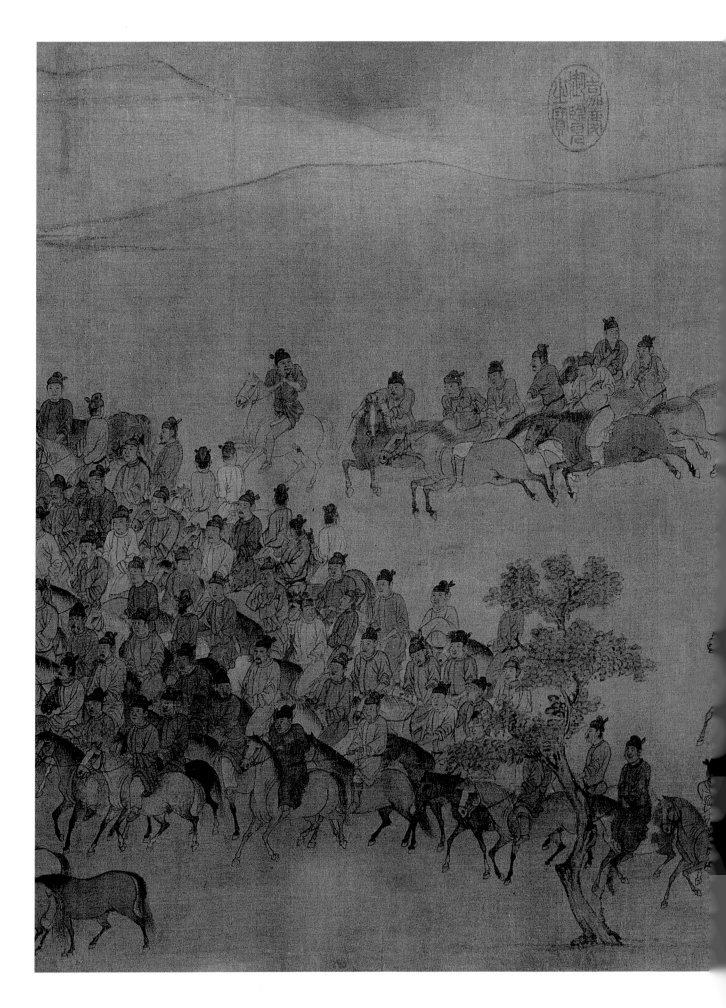

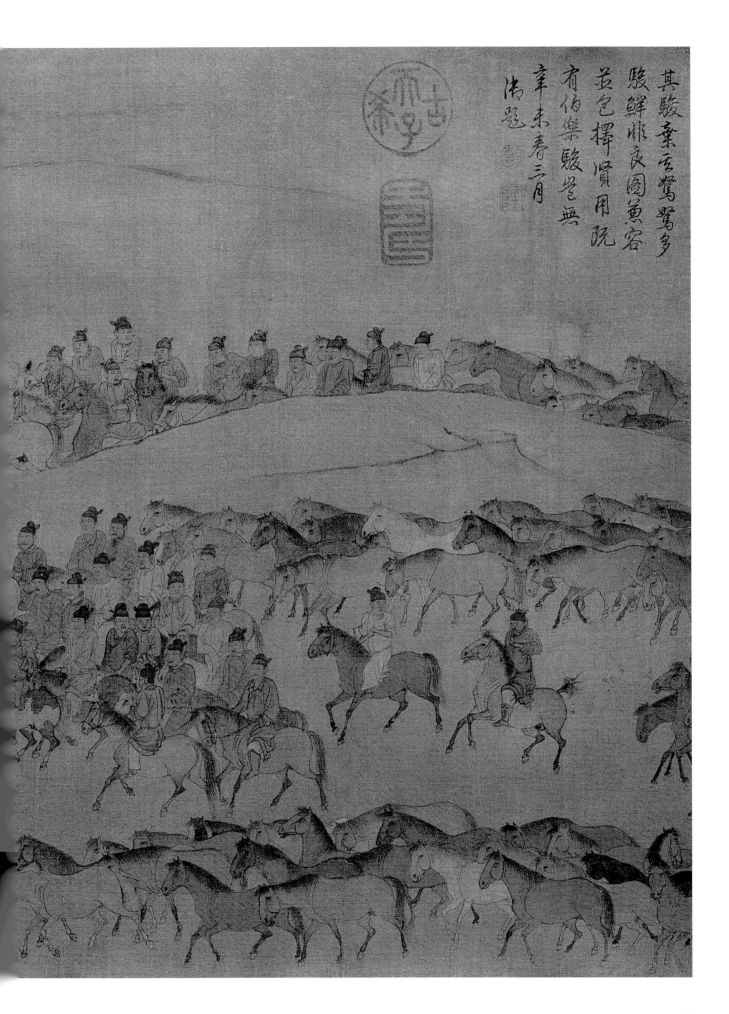

其駿棄百駑駑多
駿鮮非良圉焉容
苗毳擇賢用既
有伯樂駿豈無
辛未春三月
御題

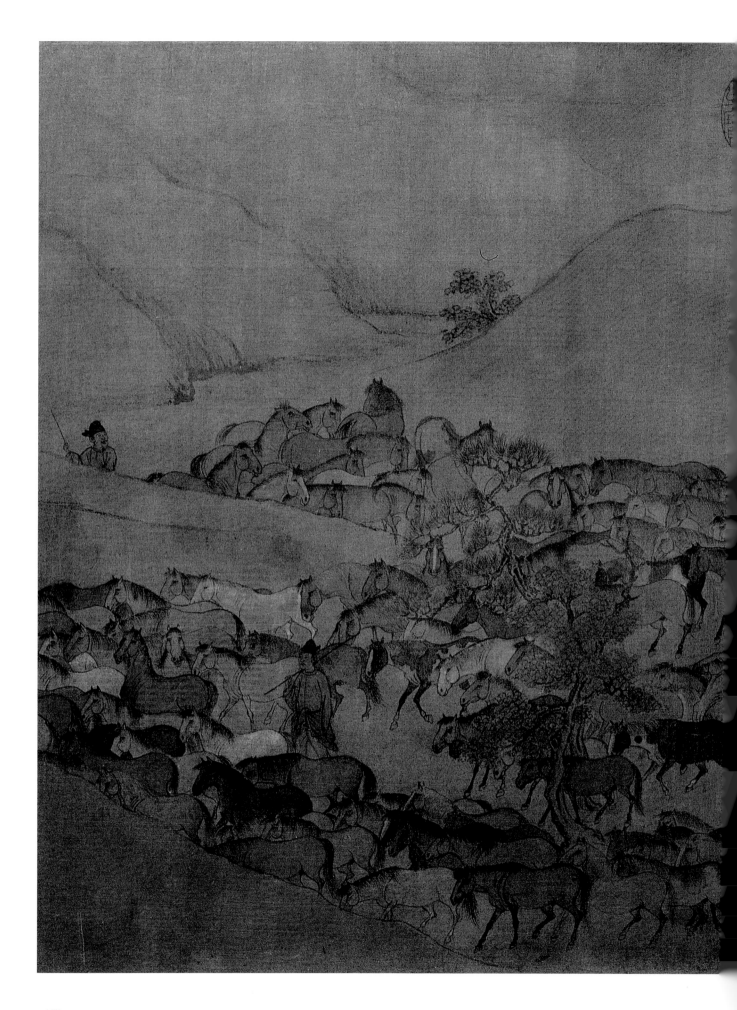

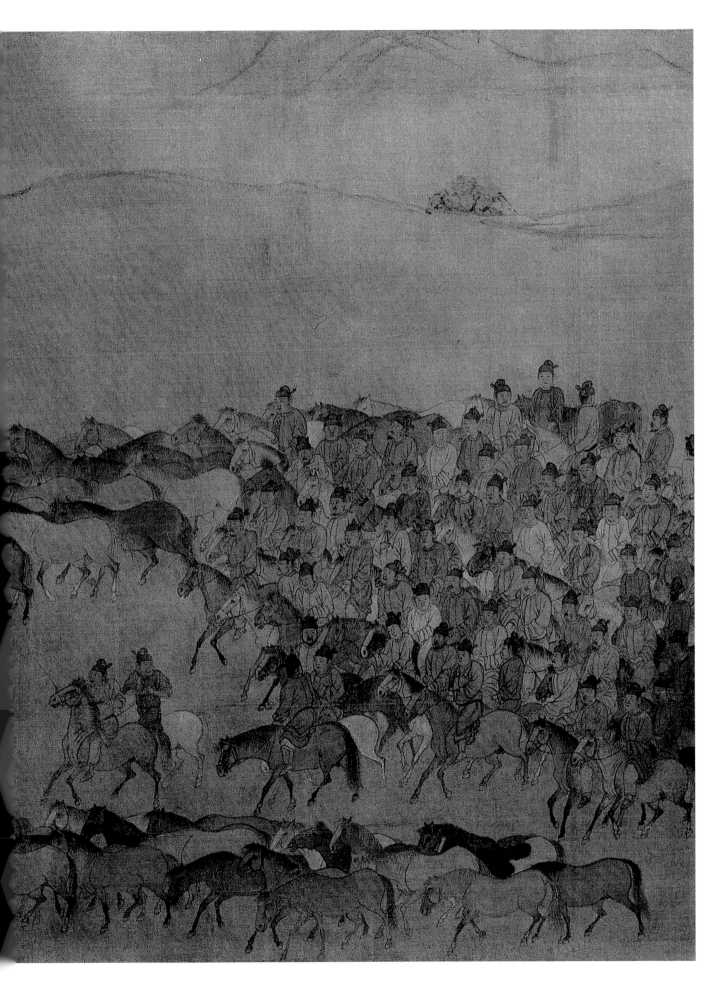

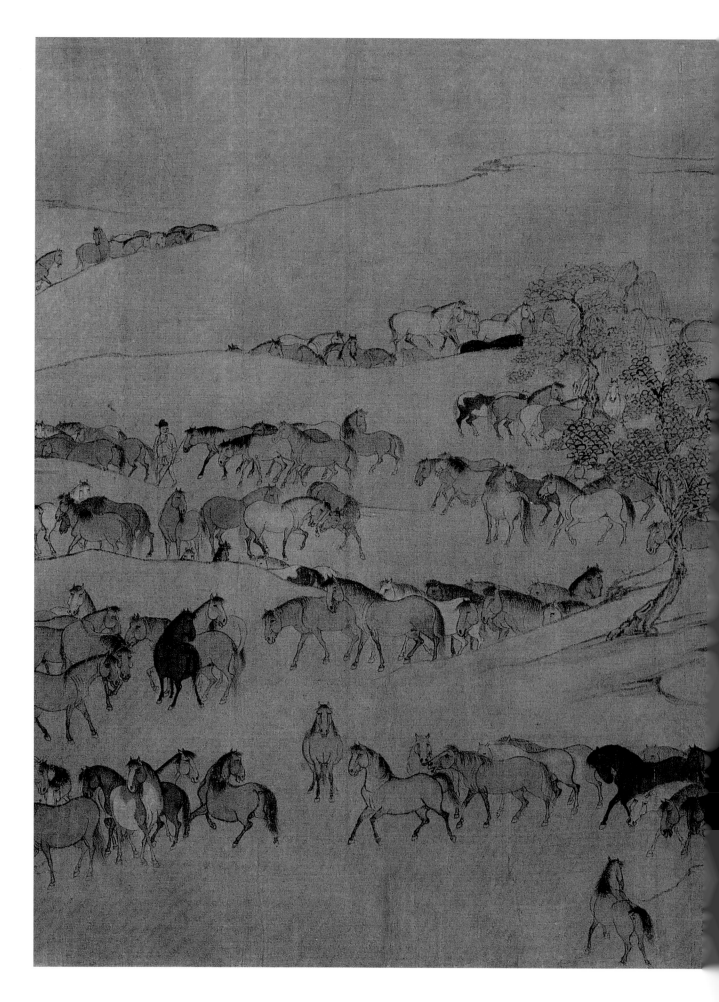

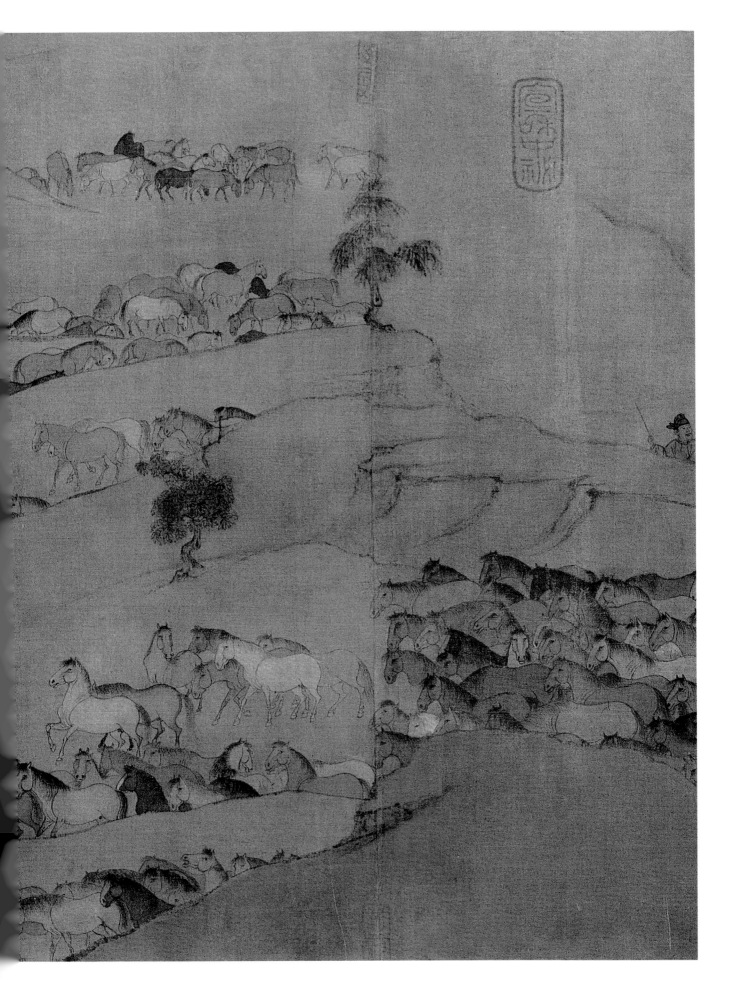

201

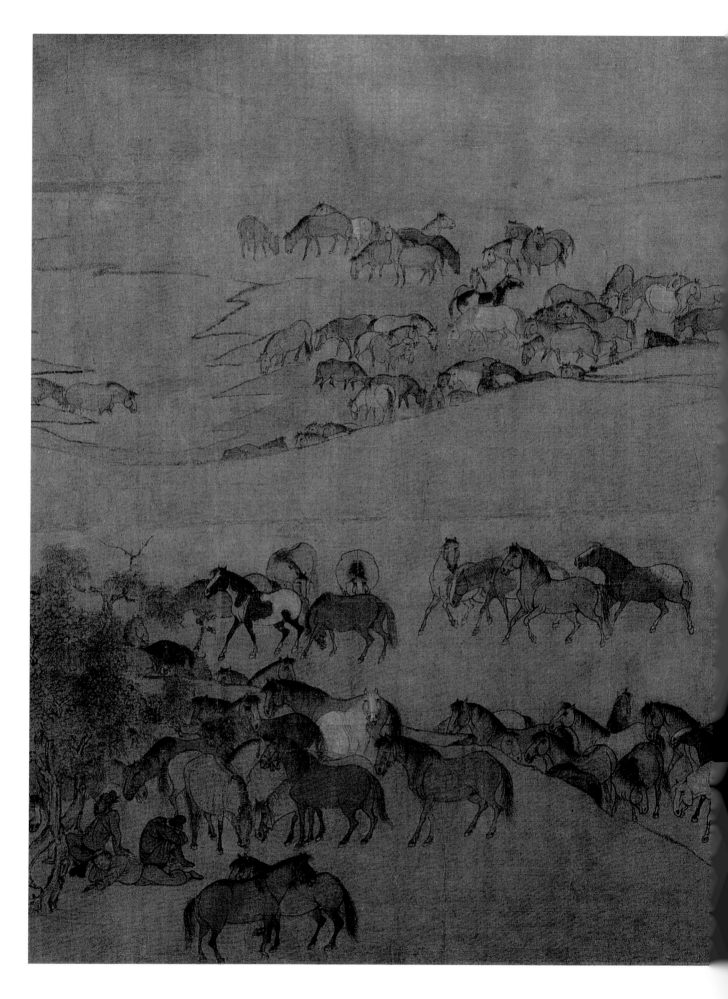

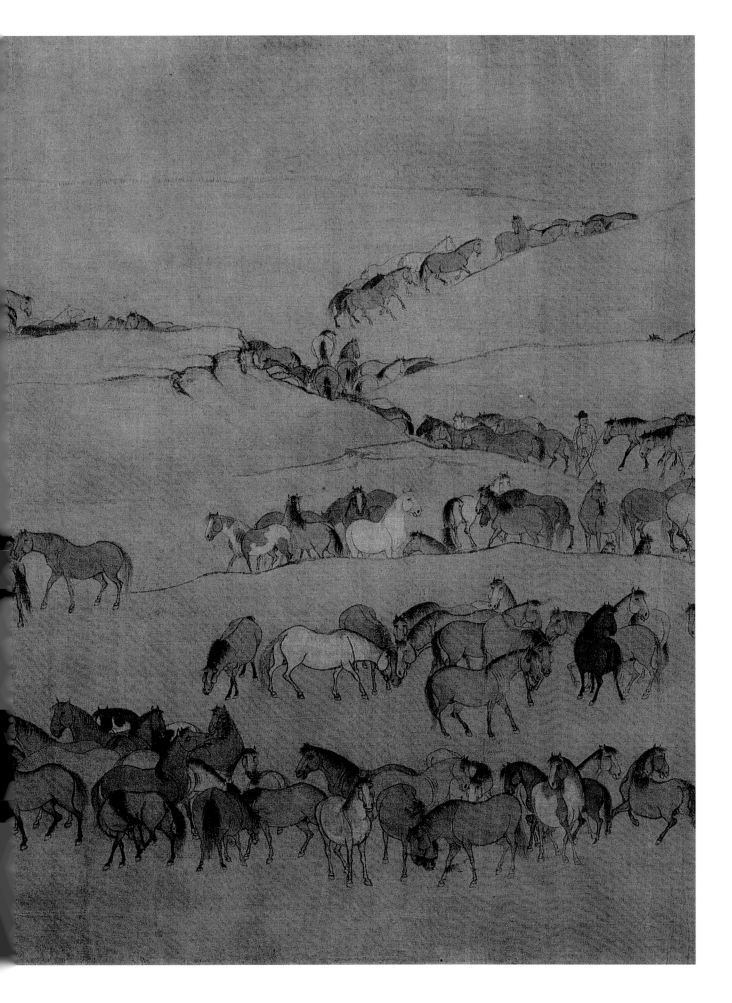

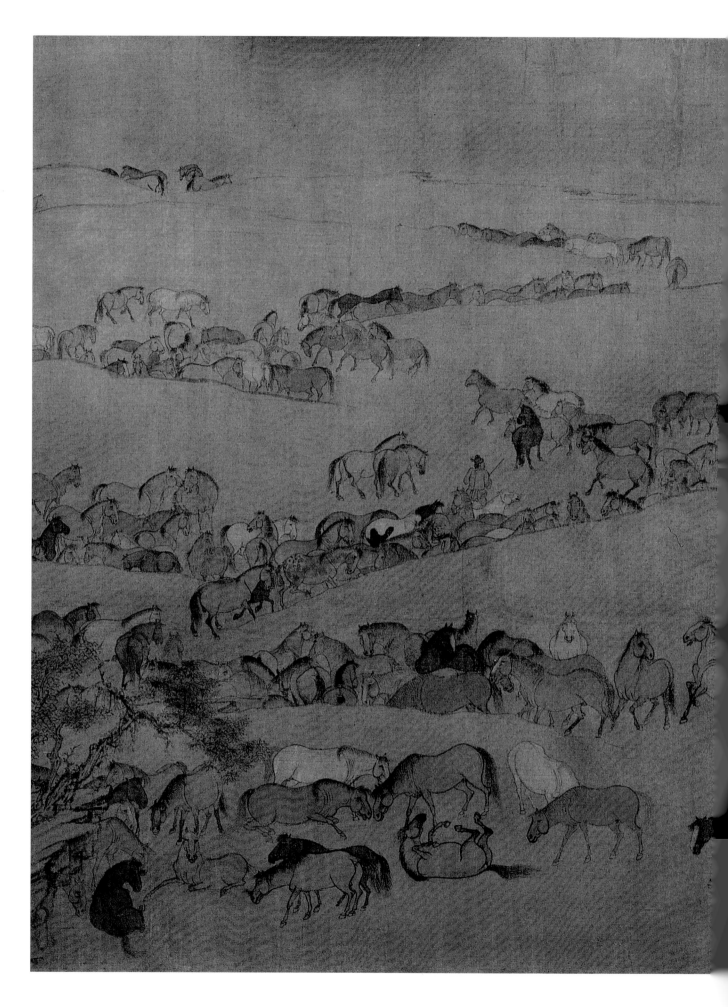

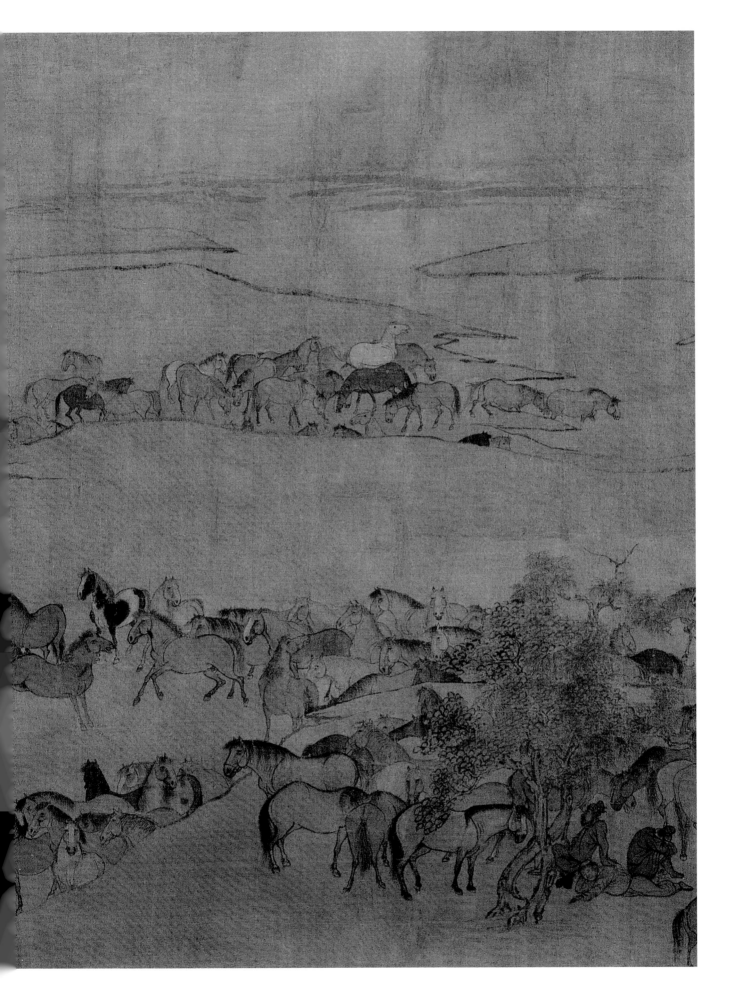

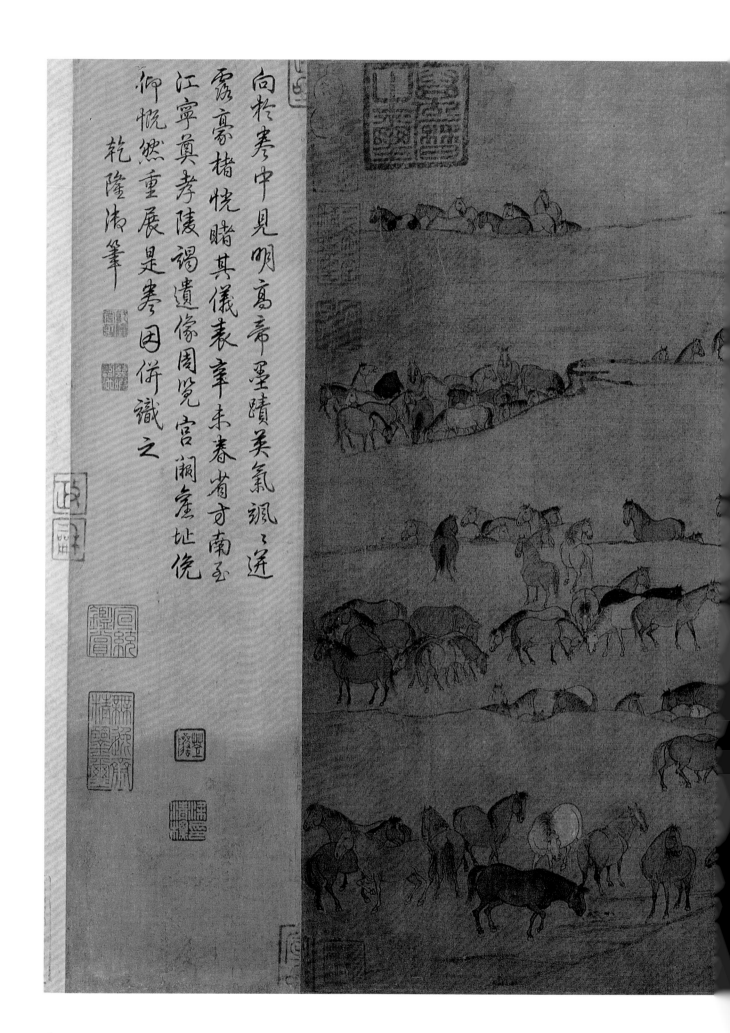

向於卷中見明高帝墨蹟英氣颯之逆
霜豪楷恍睹其儀表幸末春省寸南至
江寧奠孝陵謁遺像周覽宮闕臺址倪
仰愾然重展是卷因併識之
乾隆御筆

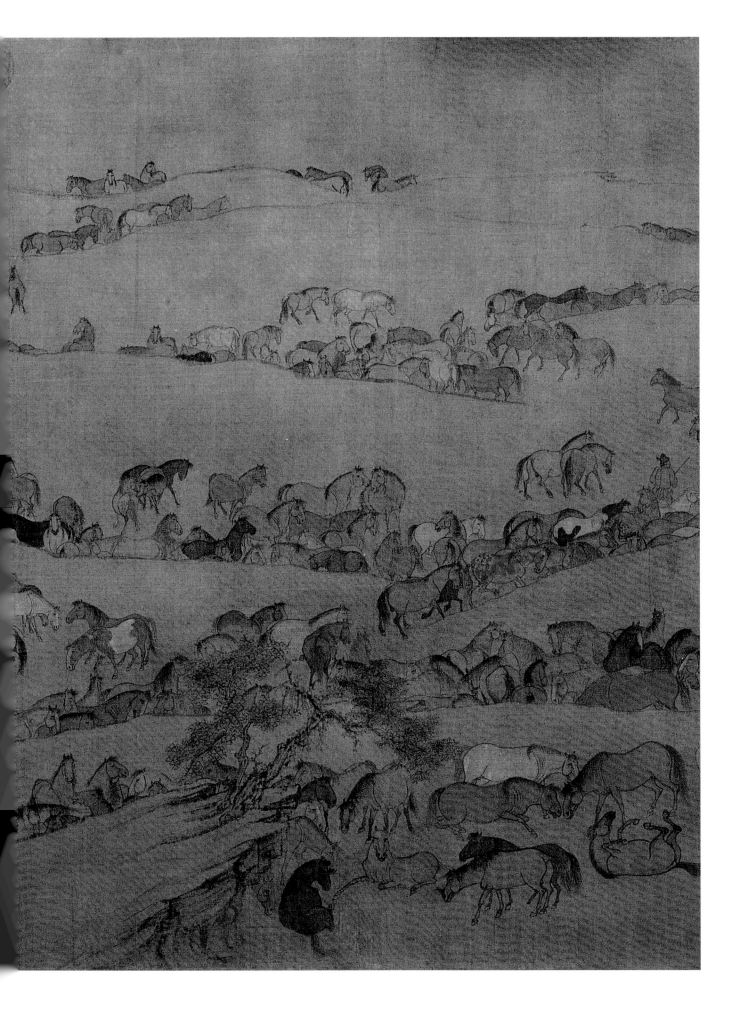

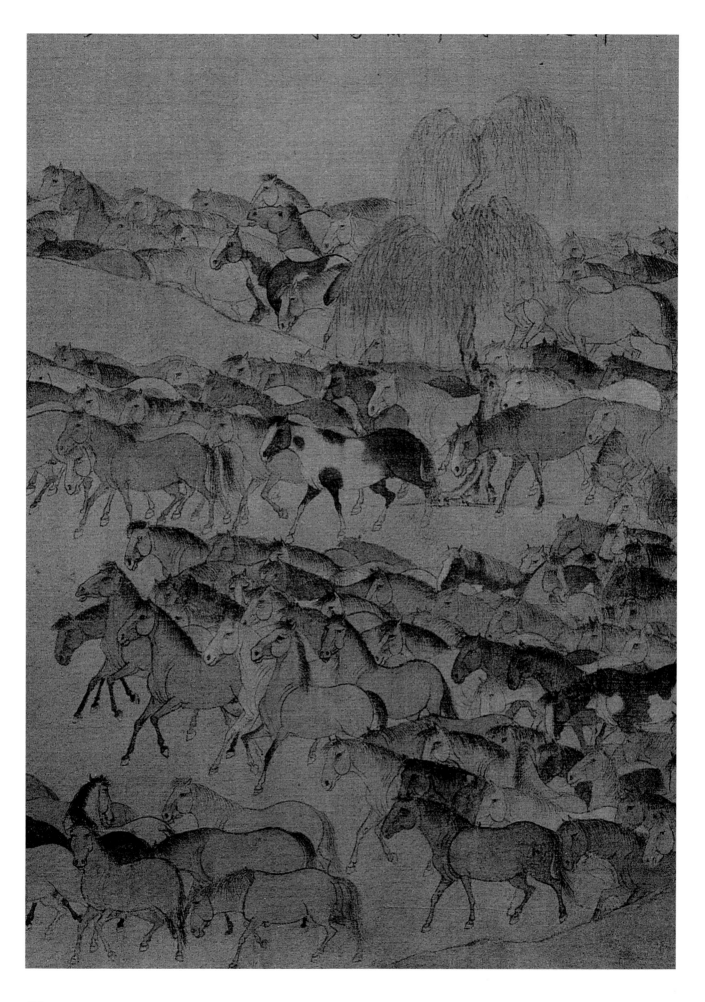

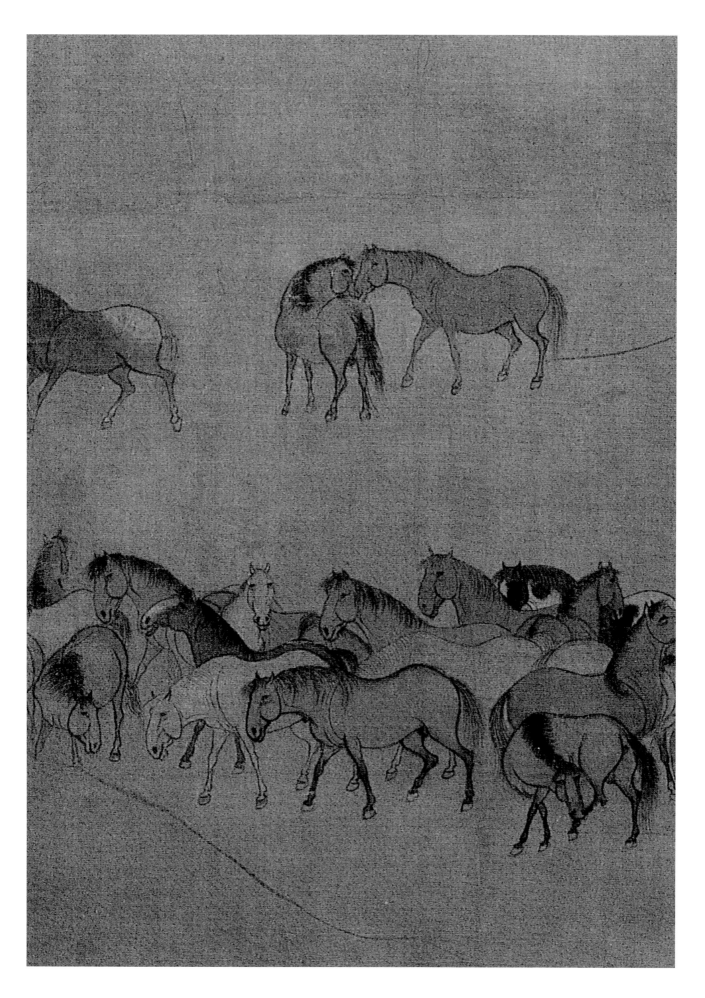

69

祁序　江山放牧圖卷

北宋

絹本　設色　縱47.3厘米　橫115.6厘米
清宮舊藏

Cowboy and Buffaloes in the Region of Rivers

By Qi Xu
Song Dynasty
Handscroll, colour on silk
H.47.3cm　L.115.6cm
Qing Court collection

祁序（生卒年不詳），江南人。北宋畫家，畫花竹禽鳥，兼長畫水牛、鬥牛圖，奇思巧構，人或云有戴嵩遺風，其作品生動活潑，富於田園野趣。被《宣和畫譜》譽為"近世罕有其比"。

《江山放牧圖》畫江南水鄉春景，淺渚曲流，叢樹葱鬱，意境平闊悠遠。綠坡汀渚上的牧童有的驅牛弄笛，有的放飛紙鳶，有的鬥草為戲，水牛閒散

安適，全圖洋溢着一種平靜祥和的氣氛。以乾細的短綫描出牛毛，手法細膩寫實，表現出作者敏銳的觀察力和精到的表現技巧。此圖為祁序畫作的傳世孤本。

本幅有清乾隆御題詩一首，後鈐"乾""隆"（朱文聯珠）印。另有鑑藏印"耿昭忠信公氏一字在良別號長白山長收藏書畫印記"（白文）、"信公鑑定珍

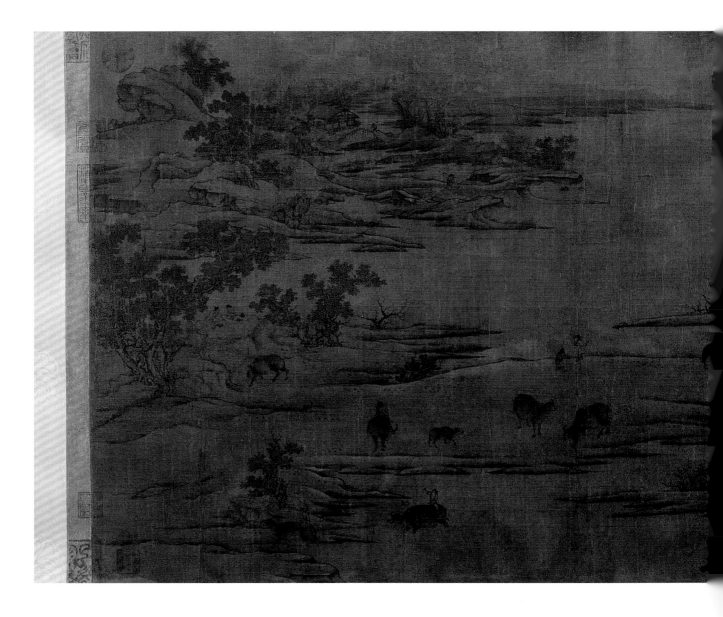

藏"（朱文）、"西蜀柳寅東鳳詹圖書"（朱文）、"半古軒"（白文半印）及清乾隆、嘉慶、宣統內府印十方，又半印五方。

前隔水有金章宗題籤"祁序江山放牧圖"。鈐鑑藏印"明昌"（朱文）、"明昌寶玩"（朱文）、"禦府寶繪"（朱文）、"內殿珍玩"（朱文）印。後隔水鈐鑑藏印"珍秘"（朱文）、"宜爾子孫"（白文）印。尾紙鈐鑑藏印"蕉林"（朱文）、"觀其大略"（白文）印。

曾經《石渠寶笈初編》著錄。

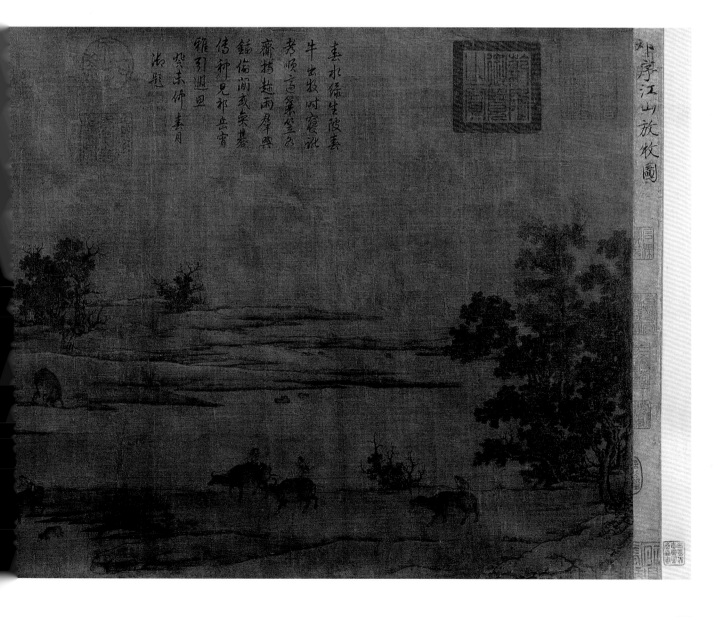

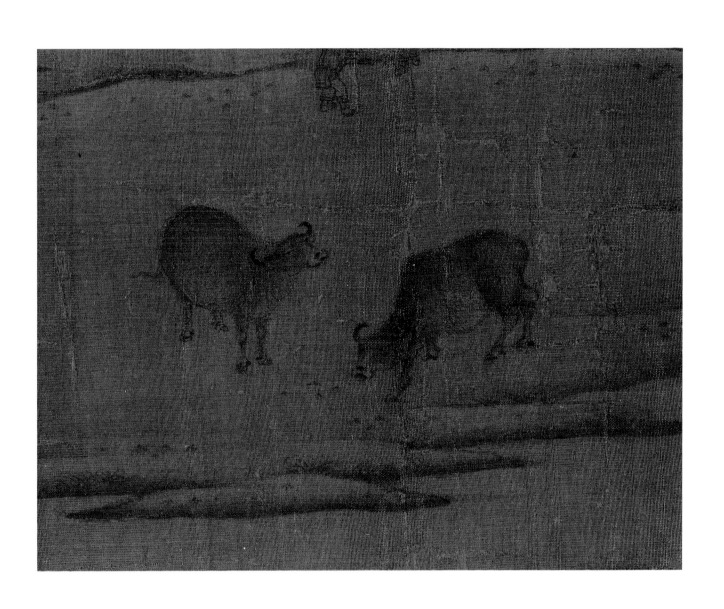

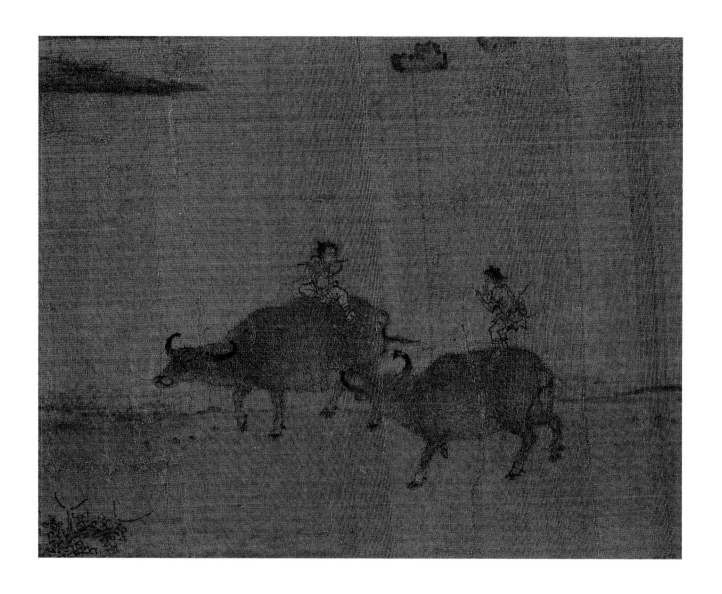

70

毛益（傳） 牧牛圖卷

南宋
紙本 設色 縱26.2厘米 橫73厘米
清宮舊藏

A Cowboy on the Back of Cattle
By Mao Yi
Song Dynasty
Handscroll, colour on paper
H.26.2cm L.73cm
Qing Court collection

毛益（生卒年不詳），南宋孝宗（1165—1173）年間畫院待詔。昆山（今江蘇昆山）人。工畫翎毛、花竹、畜獸，尤能渲染，品格秀逸不俗。

《牧牛圖》描寫幽靜的山谷間輕嵐浮動，綠蔭搖曳，一個頑皮的牧童騎坐於牛背上調鳥為樂。大牛步態沉着悠閒，穩健安詳，小牛昂頭追趕，步態急切而天真。以短促濃潤的筆墨勾染坡樹、人物，以乾細的皴擦描繪水牛，通過刻畫人、牛、鳥之間融洽和諧的關係，表達了作者寄情田園質樸平淡生活的理想。

本幅款識"毛益畫"為後添款。有清乾隆御題詩一首，後鈐"乾隆宸翰"（朱文）印。另有清乾隆、嘉慶、宣統內府藏印十二方，又"棠村審定"（白文）、"蒼岩"（朱文）印。前隔水鈐鑑藏印"蕉林書屋"（朱文）。後隔水鈐鑑藏印"雲中"（朱文）。

尾紙有清乾隆、范顯德、池廷瑞、金信、徐孳、泰中行、宋埜、夏中、葉克人、周嵗、陳叔剛等十一家題記或題詩。鈐鑑藏印"古稀天子"（朱文）、"猶日孜孜"（白文）、"雲中"（朱文）、"秋碧"（朱文）、"蒼岩子"（朱文）、"蕉林"（朱文）、"觀其大略"（白文）印。

曾經《石渠寶笈續編》著錄。

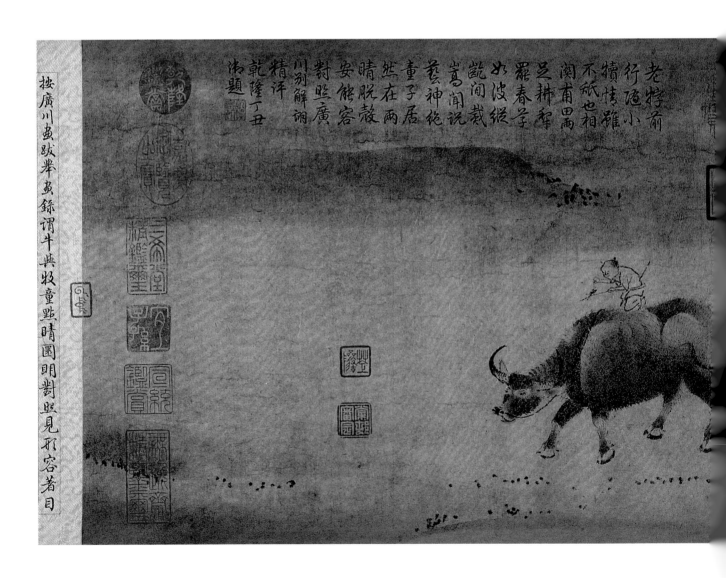

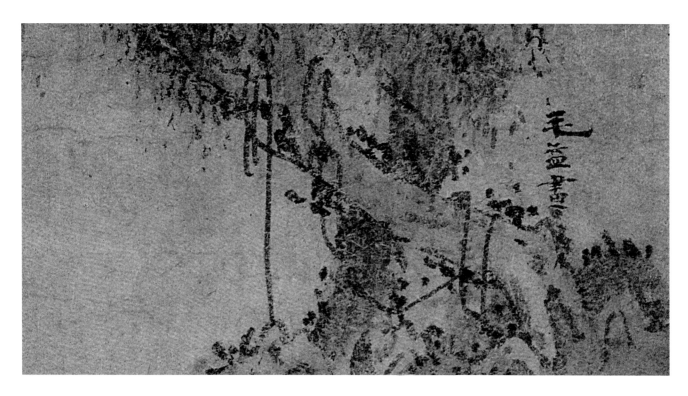

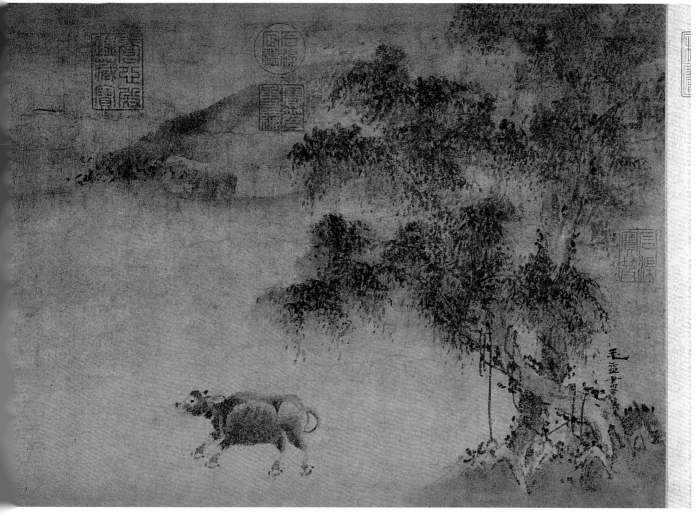

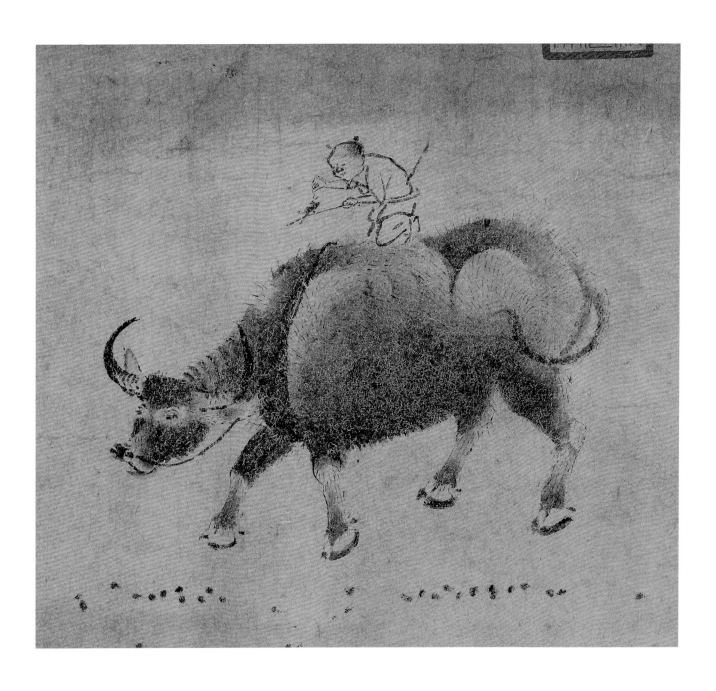

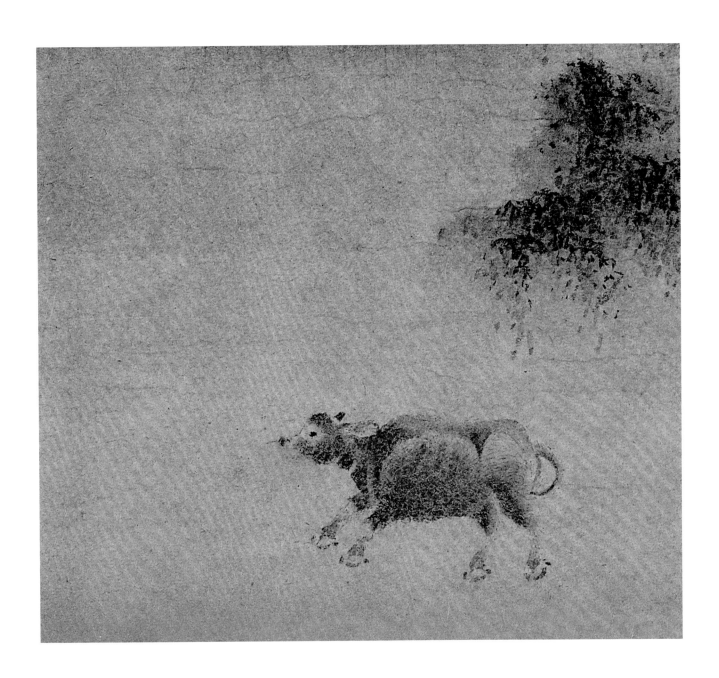

71

李迪　獵犬圖頁
南宋
絹本　設色　縱26.5厘米　橫26.9厘米

Hunting Dog
By Li Di
Song Dynasty
Leaf, colour on silk
H.26.5cm　L.26.9cm

圖中畫一獵犬尖嘴細腰，弓身潛行，它眼神專注，鼻翼微張，肌肉繃緊，可以想見此犬是機警老練的獵手。畫法工致精到，犬毛用細柔或鋒韌的綫寫出，真實細膩，其超絕的寫生功力不禁令人讚歎。

本幅自識"慶元丁巳(1197)李迪畫"。鈐鑑藏印"真賞"(朱文)、"珍秘"(朱文)、"宜爾子孫"(白文)、"典禮紀察司印"(朱文半印)、"漢水耿會侯書畫之章"(白文)、"都省書畫之印"(朱文)、"丹誠"(白文)、"都尉耿信公書畫之章"(白文)、"漱六主人"(朱文)、"禮部評驗書畫官房"(朱文半印)、"公"(朱文)、"信公真賞"(朱文)、"耿嘉祚印"(白文)、"湛思"(朱文)印。

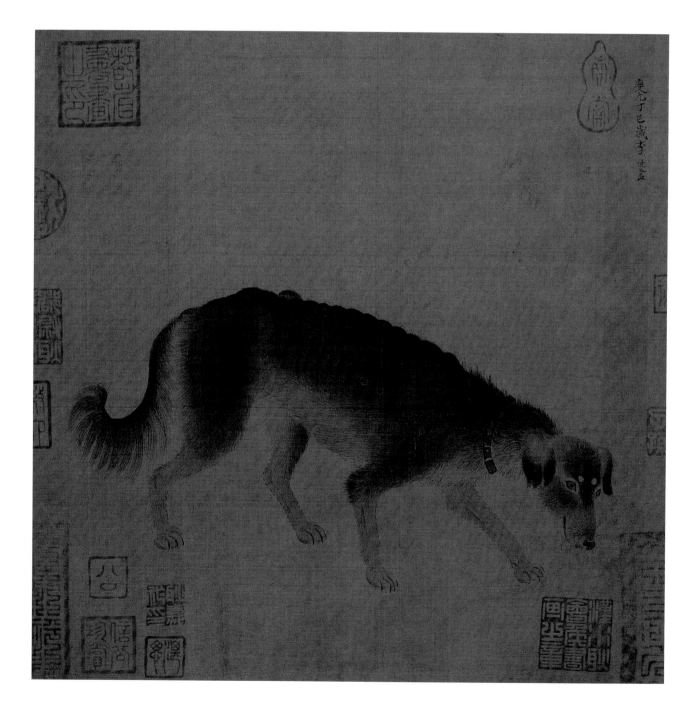

72

李迪（傳）　蘇武牧羊圖頁
南宋
絹本　設色　縱24.4厘米　橫21.5厘米
清宮舊藏

Su Wu Herding Sheep
By Li Di
Song Dynasty
Leaf, colour on silk
H.24.4cm　L.21.5cm
Qing Court collection

圖中畫漢臣蘇武出使匈奴，被迫留居
牧羊的故事，蘇武手持使節在山間迎
風而行，他衣履單薄，掩面回望牧放
的綿羊。石、樹畫法稚拙，羊的姿態
呆板，缺乏生動的氣息，用平塗雜以
點染來表現皮毛，應為後人摹本。

本幅款識"李迪畫"係偽款。後鈐一印
不可辨。

曾經《石渠寶笈》著錄。

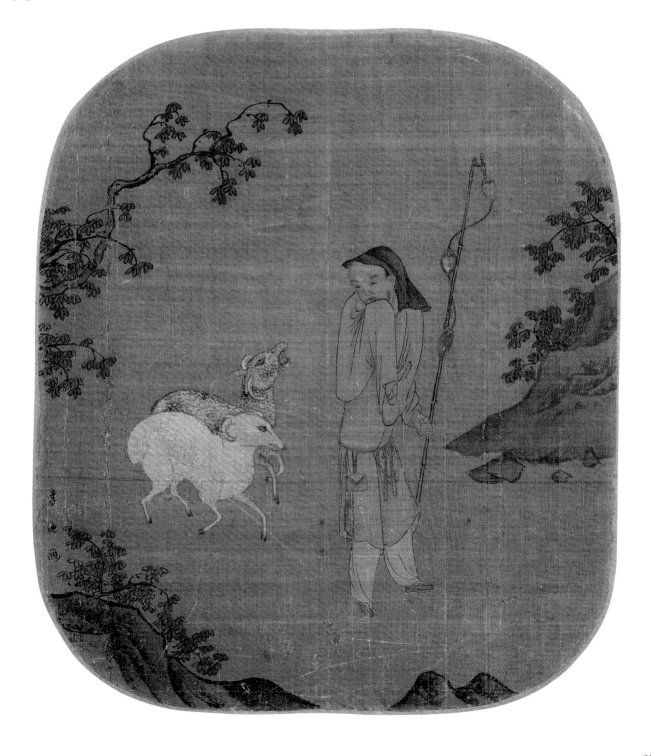

73

陳居中　四羊圖頁

南宋

絹本　設色　縱22.5厘米　橫24厘米

Four Goats

By Chen Juzhong

Song Dynasty

Leaf, colour on silk

H.22.5cm　L.24cm

陳居中（生卒年不詳），南宋嘉泰（1201—1204）年間畫院待詔。專工人物、番馬、走獸，造型準確真實，用筆精細工整，設色富麗雅致。

圖中畫深秋山岡，坡樹枝葉疏落，枝頭一雙山雀俯瞰着坡石間的山羊抵角

嬉鬧，山羊神態頑皮，畫面頗富山野情趣。羊用淡墨斷續之筆寫出其體貌輪廓，再以淡墨加色或鉛白色描畫皮毛，筆墨風格簡括松秀。

本幅鈐印"陳居中畫"（朱文）。另有兩方鑑藏印殘。

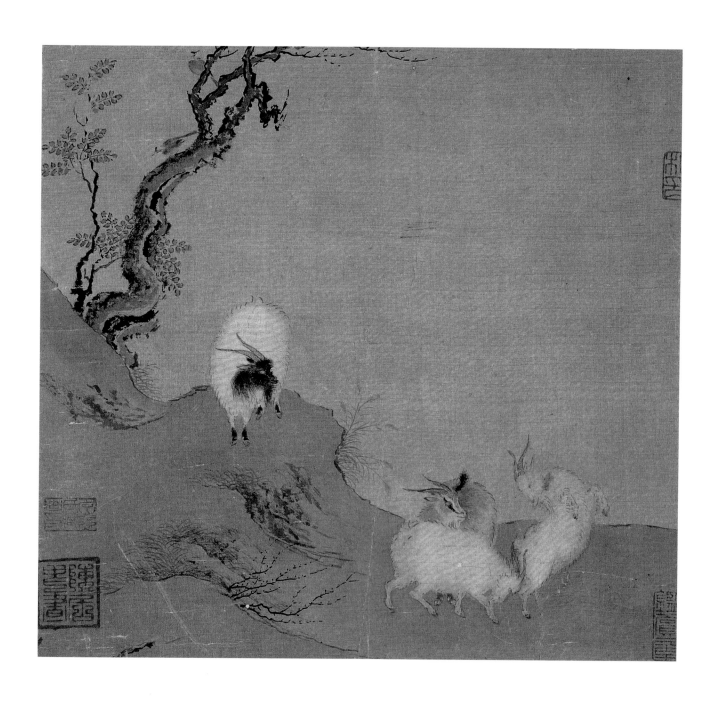

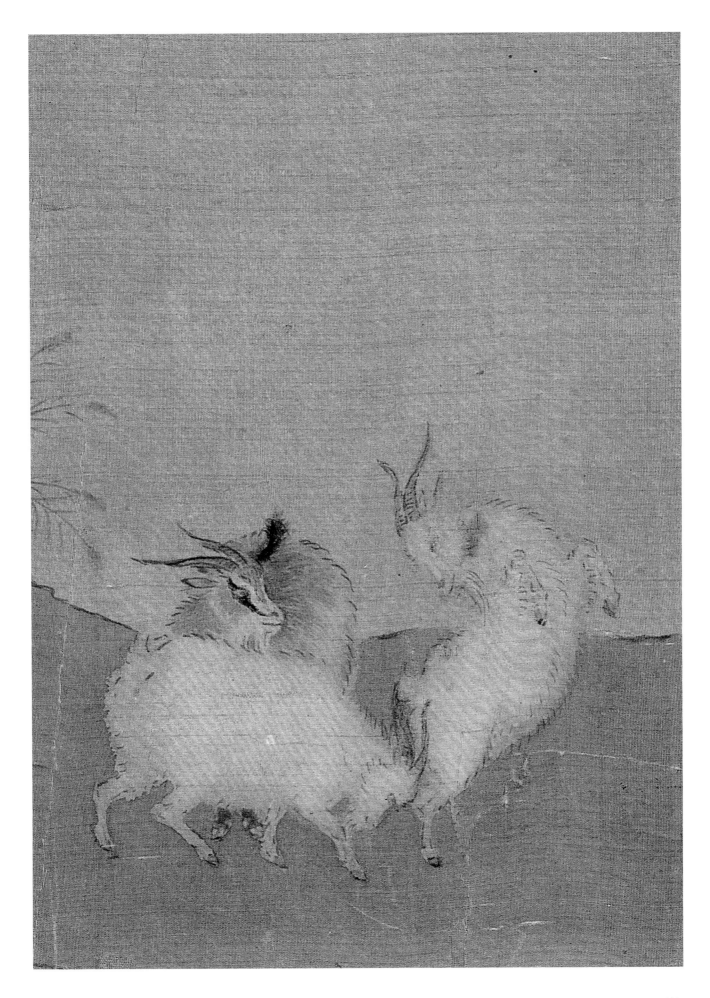

74

陳居中　柳塘浴馬圖頁
南宋
絹本　設色　縱23.7厘米　橫26厘米

Bathing Horses in a Pool
By Chen Juzhong
Song Dynasty
Leaf, colour on silk
H.23.7cm　L.26cm

圖中畫盛夏季節，遠山葱鬱，水塘畔綠柳垂蔭，一牧者首領盤坐於樹下，觀看牧人從草間、林地將馬羣驅入水中。人馬雖細小如豆，但人物神氣及馬的不同毛色、不同姿態皆準確生動，筆法沉着嚴謹，描繪精微。

本幅鈐鑑藏印"信公珍賞"（朱文）、"龐萊臣珍藏宋元真跡"（朱文）印等共九方。

裱邊題籤："陳居中"。對幅有耿昭忠題跋。

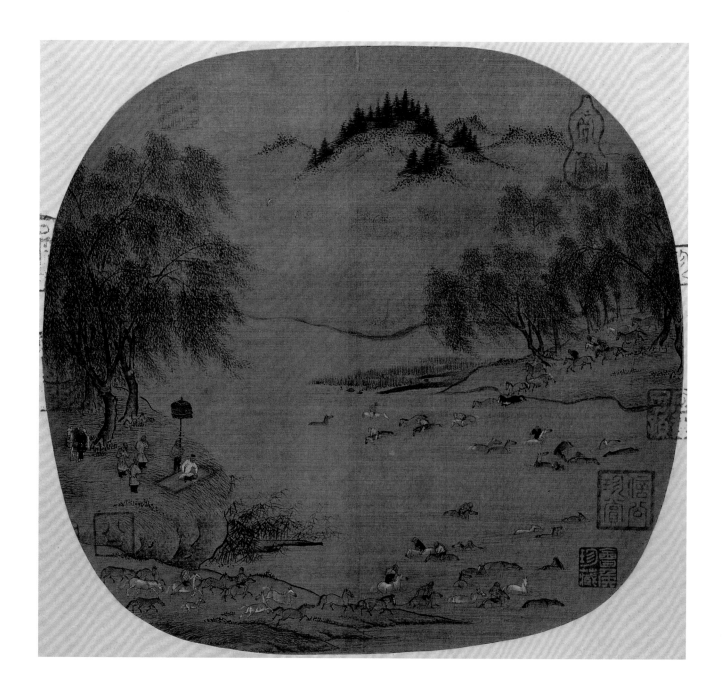

75

佚名　柳林牧牛圖頁
南宋
絹本　墨筆　縱23.2厘米　橫24.1厘米

Cowboy and Buffalo in willow Forest
Anonymous
Song Dynasty
Leaf, ink on silk
H.23.2cm　L.24.1cm

圖中繪山坡古柳，落葉紛披，一頭解
了韁繩的水牛憩於柳蔭下，牧童倚坡
而坐，手持長杆作釣魚狀，富有閒散
淡泊之趣。人物用筆簡括，水牛的刻
畫則甚細微，形態生動。

本幅鈐鑑藏印"史國生"（朱文）。

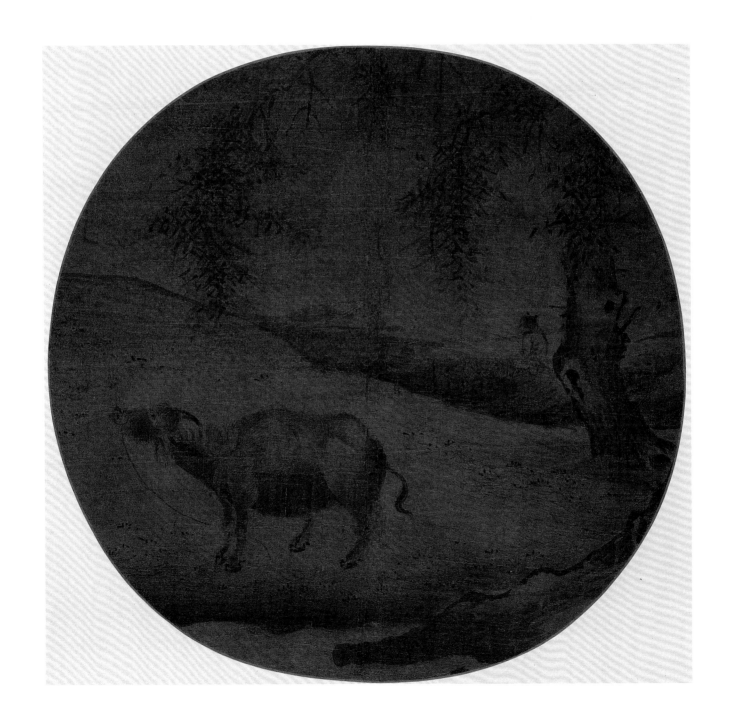

76

佚名　雪溪放牧圖頁
南宋
絹本　設色　縱25.7厘米　橫26.5厘米

Herding Cattle in Winter
Anonymous
Song Dynasty
Leaf, colour on silk
H.25.7cm　L.26.5cm

圖中寫江南雪後的景物，河岸上已為
皚皚白雪所覆蓋，一牛縮頭聳背，腿
向後蹲不肯前行，牽牛人頭戴斗笠，
用力拽之而行。筆法精工，形象生
動，富有濃厚的生活氣息。

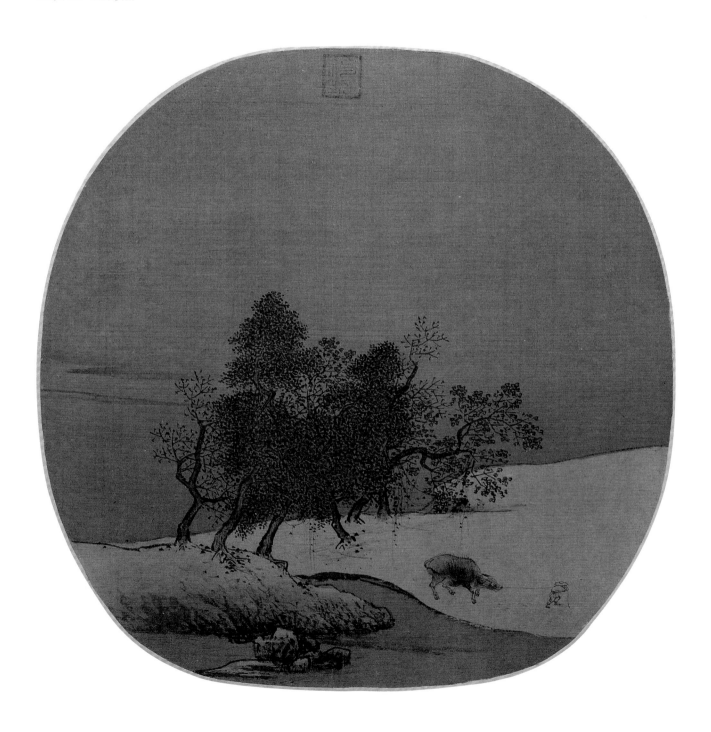

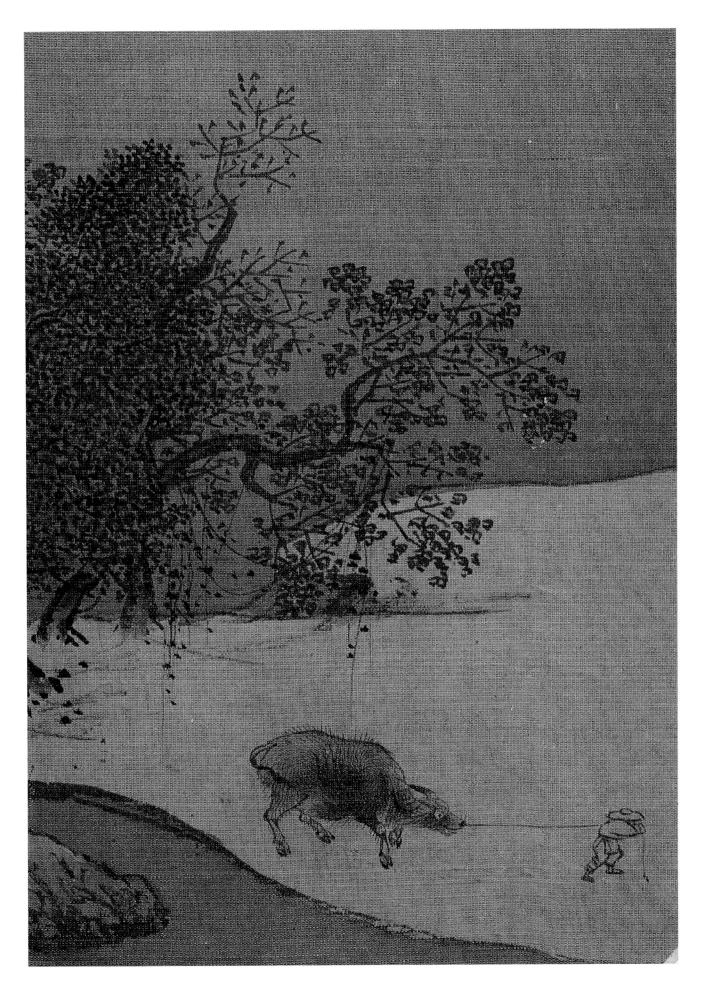

77

佚名　雪山行騎圖頁
南宋
絹本　設色　縱29厘米　橫23.1厘米

A Traveler on the Donkey's Back through the Snowy Mountains
Anonymous
Song Dynasty
Leaf, colour on silk
H.29cm　L.23.1cm

圖中畫雪峯秀聳，松杉掩映，寺觀隱現。梧桐樹下有寒溪小橋，身穿紅袍的士人騎着驢子，小僮牽驢躦行於雪徑，山側懸崖上的小軒內有人相候。畫面以大面積佈置雪山，人物、坐騎雖小而形態畢現，設色多用朱砂，頗有特色。

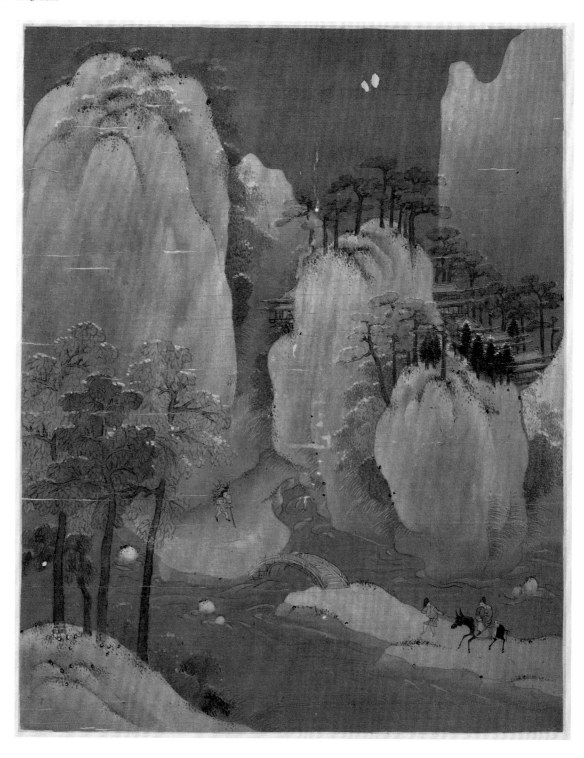

78

佚名　猿猴摘果圖頁
南宋
絹本　設色　縱25厘米　橫25.6厘米
清宮舊藏

Apes Picking Up Fruits
Anonymous
Song Dynasty
Leaf, colour on silk
H.25cm　L.25.6cm
Qing Court collection

圖中繪崖石邊橡樹枝幹虯曲，長臂猿攀援於上。兩隻猿猴拿着紅果邊吃邊逗趣，另一隻黑猿則探出左臂繼續採摘，三猿上下呼應，動態靈巧，饒有情趣。用筆圓轉自如，落墨濃淡相間，出於北宋易元吉一路的宮廷畫風。

本幅鈐鑑藏印"黔寧王子孫永保之"

（白文）、"信公珍賞"（朱文）、"公"（朱文）、"會侯珍藏"（白文）、"明安國玩"（白文）等十方。

對幅為耿昭忠題跋並鈐印五方。裱邊鈐印"信公鑑定珍藏"（朱文）。

曾經《石渠寶笈》著錄。

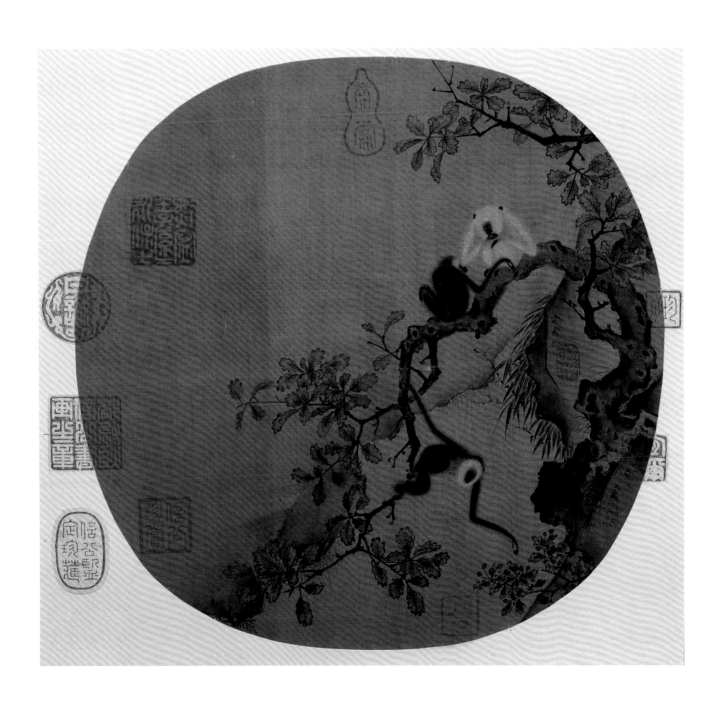

79

佚名　蛛網攫猿圖頁
南宋
絹本　設色　縱28.3厘米　橫25.7厘米
清宮舊藏

Ape to be Grabed with the Spider Web
Anonymous
Song Dynasty
Leaf, colour on silk
H.28.3cm　L.25.7cm
Qing Court collection

圖中繪一黑猿抓住橡枝悠蕩，伸出右臂去捅樹枝上結成的蜘蛛網，富有情趣。用筆工致，將黑猿靈活矯健之姿，聰明頑皮之神刻畫得惟妙惟肖。畫法上追蹤北宋名家易元吉。

對幅有清乾隆御題詩：“蜘蛛張其網，捕物供腹唇。黑猿伸長臂，攫網為解紛。忍及不忍間，二者高下分。如何蟲與獸，有仁有弗仁。慶之非寫生，直以畫訓人。”鈐“翰日暉”（白文）、“得象外意”（朱文）。

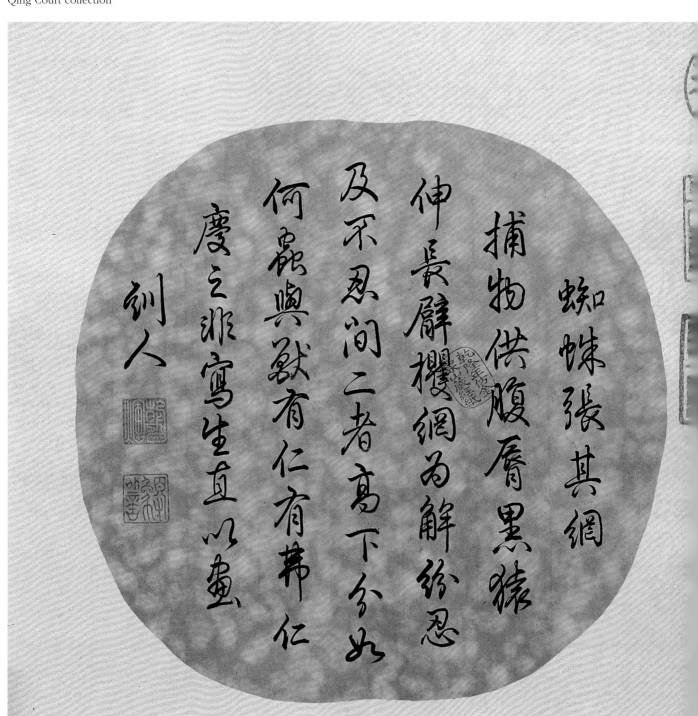

中縫鈐藏印"古希天子"(朱文)、"八
徵耄念之寶"(朱文)、"太上皇帝之
寶"(朱文)。

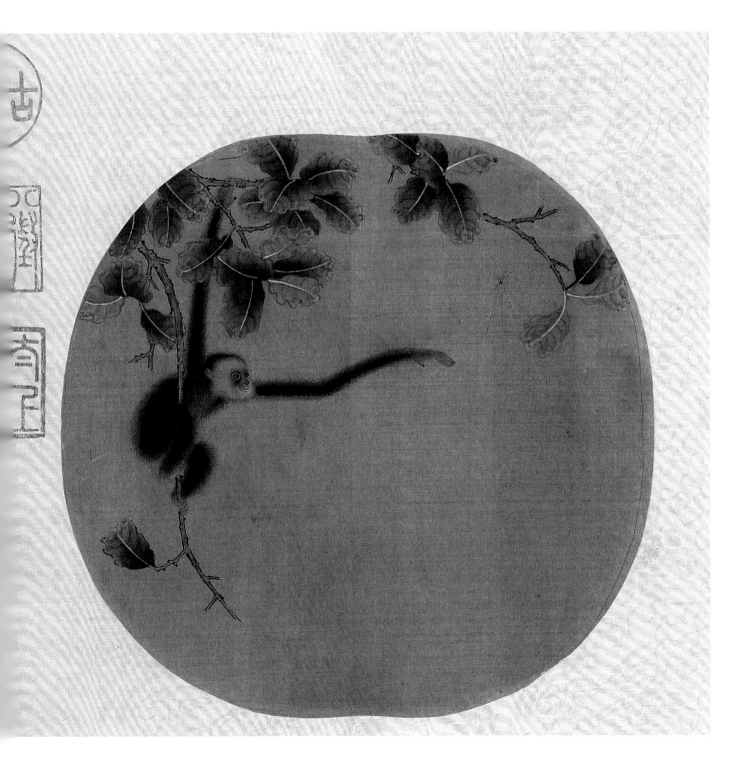

80

佚名　牧牛圖頁
南宋
絹本　淡設色　縱23厘米　橫24厘米

Cowboy and Cattle
Anonymous
Song Dynasty
Leaf, light colour on silk
H.23cm　L.24cm

圖中繪牧童站在淺溪中，手持簸箕淘米，而水牛則臥在不遠處的沙灘上注視着它的小主人，意境清澹恬靜，引人入勝。

本幅鈐殘印一角。

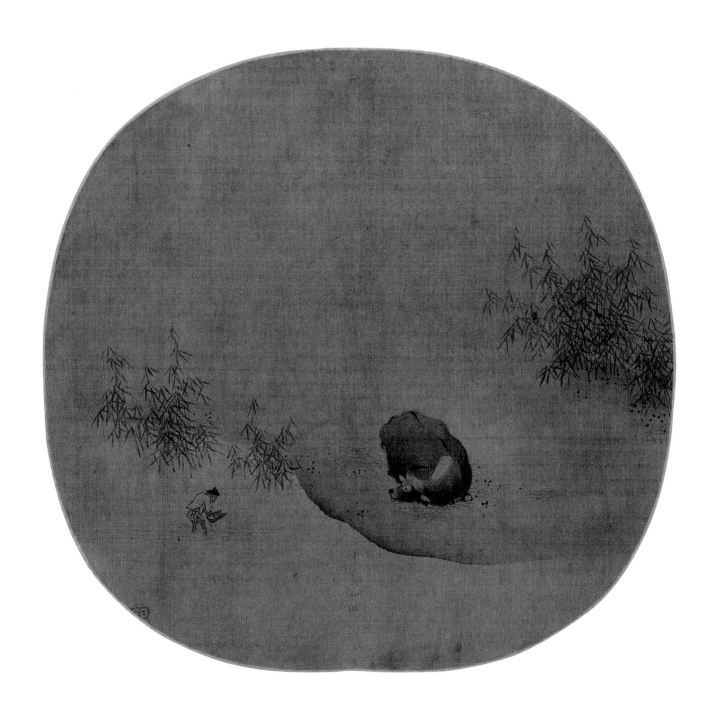

81

佚名　騎士獵歸圖頁
南宋
絹本　設色　縱22.3厘米　橫25.2厘米
清宮舊藏

Returning with a Good Bag after Hunting
Anonymous
Song Dynasty
Leaf, colour on silk
H.22.3cm　L.25.2cm
Qing Court collection

圖中繪一遼邦貴族狩獵歸來，下馬校驗羽箭，坐騎上馱有一隻獵獲的山羊。畫馬技法熟練，勾勒細勁，人物刻畫得生動傳神，服飾鮮明細緻。

本幅鈐鑑藏印"真賞"（朱文）、"公"（朱文）、"信公珍賞"（白文）、"會侯珍藏"（白文），另有半印五方。

對幅為清乾隆御題詩："射得羚羊馱馬上，凌風意氣自然粗。韜分撚箭仍獵去，弗學胡瓌卓歇圖"。鈐"八徵耄念之寶"（朱文）、"自強不息"（朱文）。中縫鈐藏印"八徵耄念之寶"（朱文）、"太上皇帝之寶"（朱文）。

曾經《石渠寶笈續編》著錄。

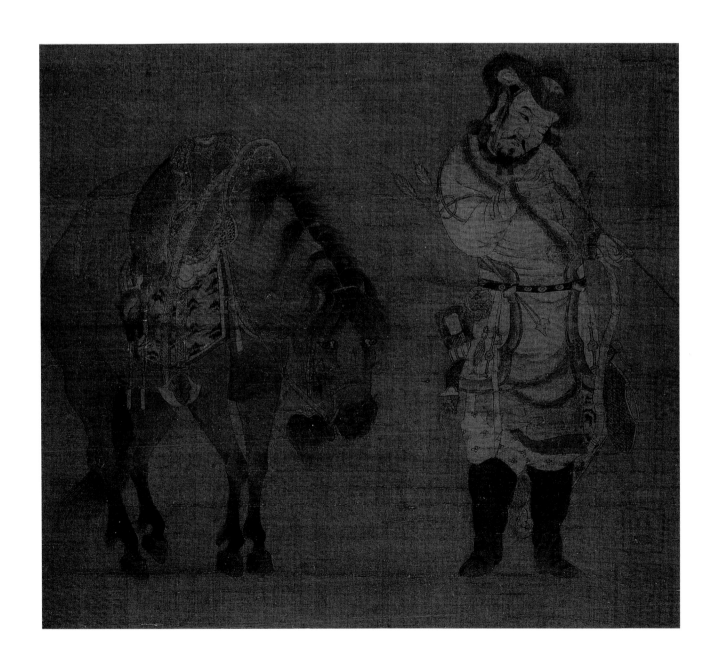

82

趙霖　昭陵六駿圖卷

金

絹本　設色　縱27.4厘米　橫444.2厘米

清宮舊藏

The Six Steeds before Zhaoling Mausoleum

By Zhao Lin

Kin Dynasty

Handscroll, colour on silk

H.27.4cm　L.444.2cm

Qing Court collection

趙霖(生卒年不詳)，河南洛陽人。金熙宗(1136—1149)、世宗(1161—1189)時內廷待詔，善畫人馬，風格樸拙渾厚。《昭陵六駿圖》是其唯一的傳世作品。

《昭陵六駿圖》是根據唐昭陵前的石刻繪製而成，描繪了六匹跟隨唐太宗李世民征戰沙場的駿馬，其名依次為：颯露紫、拳毛騧、白蹄烏、特勒驃、青騅、什伐赤，六駿形態壯碩剽悍，或忍痛卓立，或奮蹄馳騁。首段表現了在討伐王世充之戰中為李世民充當馬弁的丘行恭為傷馬拔箭撫痛的情景。既保留了原刻中六駿結實豐滿的造型，又顯示出毫毛畢現的筆墨技巧。

本幅每段畫前有金趙秉文行書"唐太宗六馬圖"題贊。另有清乾隆御題詩二則。鈐鑑藏印"文房之印"(墨文)、"吳簡"(朱文)、"譚敬之印"等及乾隆、嘉慶、宣統內府印共二十七方。

引首有清乾隆御題"昭陵石馬歌"，並鈐"乾"、"隆"(朱文聯珠)印等六方。前隔水鑑藏印"保泰"(白文)印等共四方。後隔水鑑藏印清乾隆內府印共三方。尾紙有趙秉文題跋(釋文見附錄)，另有鑑藏印"吳簡"(朱文)。

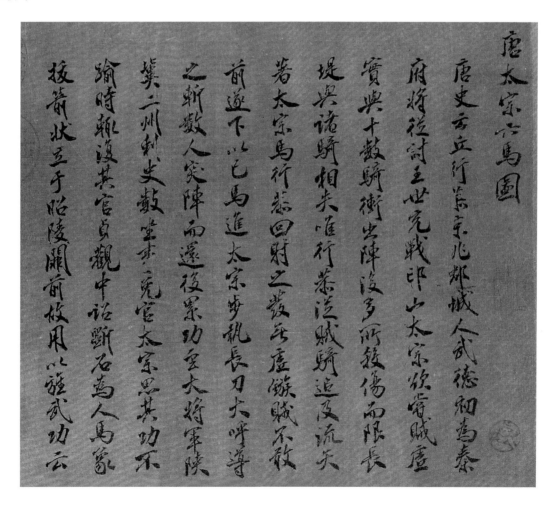

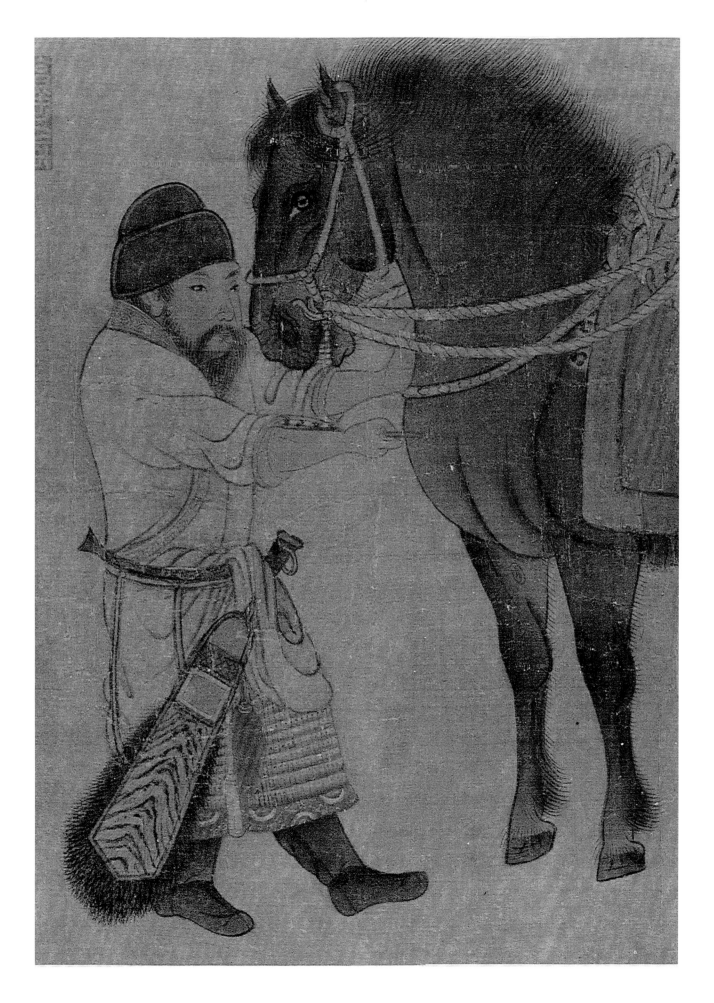

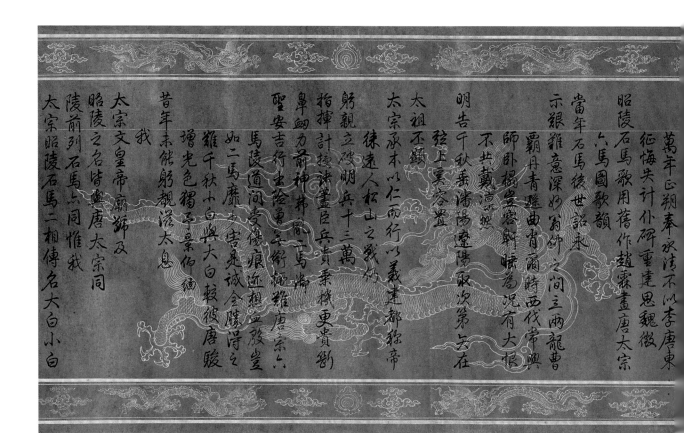

萬年正朔奉承清不以李唐東
征悔失計仆碎重建思魏徵
昭陵石馬歌用舊作趙霖畫唐太宗
六馬圖歌韻
當年石馬後世詔永
示銀意深豹翁仲之間三兩龍曹
霸丹青選肖酾時西伐常興
師卧榻豈容鼾睡為況有大恨
不共戴涇然
明告千秋垂瀋陽遼陽取次第六在
絃上笑容置
太祖不顧
太宗承木以仁而行以義建都稱帝
徐遠入松山之戰成
躬親立破明兵十三萬
指揮計拯決盡臣兵貴櫟更貴劉
鼻頭力前神弗前一馬喘
聖安吉行出陰魯年衝紀雜唐宗六
增光色獨平景佇緬
馬陵道閔愛儀痕迸想口發堂
如二馬麻吉見誠金滕得之
雖千秋小白與大白較彼唐駿
昔年末能躬親滋太息
我
太宗文皇帝廟歸及
昭陵之名皆興唐太宗同
陵前列石馬點同惟我
太宗昭陵石馬二相傳名大白小白

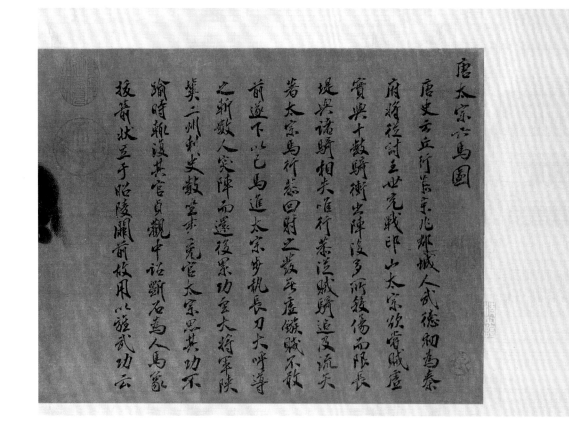

唐太宗六馬圖
唐史方立行策宗九邢城人武德初為秦
府將征討王世充戰邙山太宗欲觀賊虛
實與十數騎衝出陣沒多衡發傷而限長
堤與諸驍相失惟行恭逐賊騎躐賊不敢
著太宗馬行恭回顧王發矢虜應弦斃
前遂下以己馬進太宗步靷長刀大呼導
之斬數人突陣而還後累功至大將軍陝
虢二州刺史數筆其亢官太宗思其功不
瑜時都沒其官貞觀中詔斷石為人馬鐫
接箭状立于昭陵閧前敬用以旌武功云

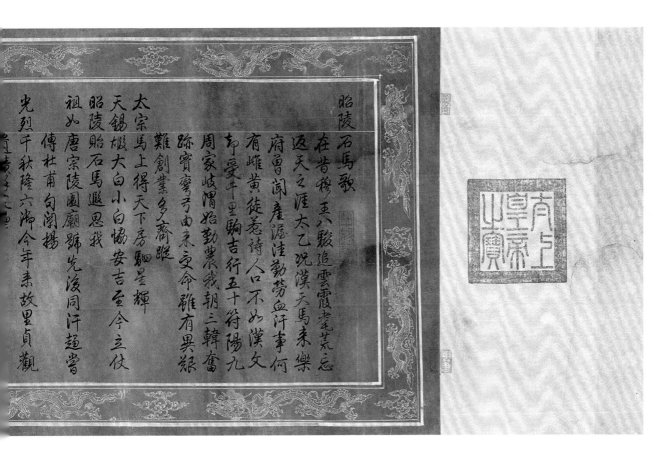

昭陵石馬歌

在昔穆王八駿追雲霞老毛荒忘
返天之涯太乙況漢天馬來樂何
府曾聞產渥洼勤勞血汗事何
有雌黃徒卷詩人口不如漢文
卻受千里騆吉行五十符陽九
周家岐渭始勤農我朝三韓奮
跡寶寧奇由來受命雖有異銀
難創業多齊跳
太宗馬上得天下房駟星輝
天錫槭大白小白協安吉至今立伐
昭陵貽石馬遯思我
祖如唐宗陵園廟駢先後同汗趨曾
傳杜甫句闡揚
先烈千秋隆六御今年來故里貞觀

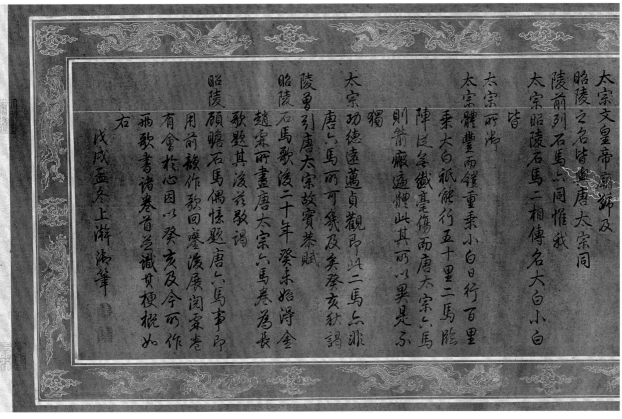

太宗文皇帝勳猷及
昭陵之名皆與唐太宗同
陵前列石馬六同惟我
太宗昭陵石馬二相傳名大白小白
皆
太宗所御
太宗體豐而鎧重乘小白日行百里
乘大白祇能行五十里二馬膌
陣後參鐵真毫傷而唐太宗六馬
則箭癢遍體此其所以異是不
獨
太宗功德遠邁貞觀昂此二馬六非
唐六馬而可幾及矣癸亥秋調
陵曾引唐太宗故實恭賦
趙霖所畫唐太宗六馬卷為長
歌題其後羌敬謁
昭陵顧瞻石馬偶懷題唐六馬事即
用前韻作歌回鑾後展閱案卷
有會於心因以癸亥及今而作
兩歌書諸卷首芝識貫梗概如
右
戊戌孟冬上游滿筆

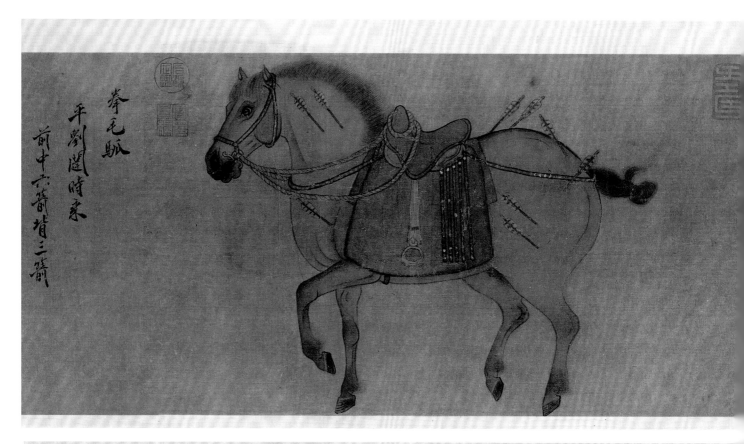

拳毛騧

平劉黑闥時乗

前中六箭背三箭

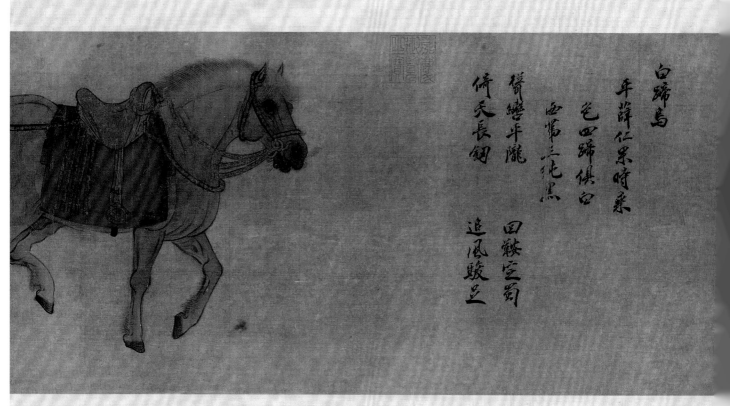

白蹄烏

平薜仁果時乗

色四蹄俱白

西睡天花騘

轡轡平隴

倚天長釖

回鞍定蜀

追風駿足

236

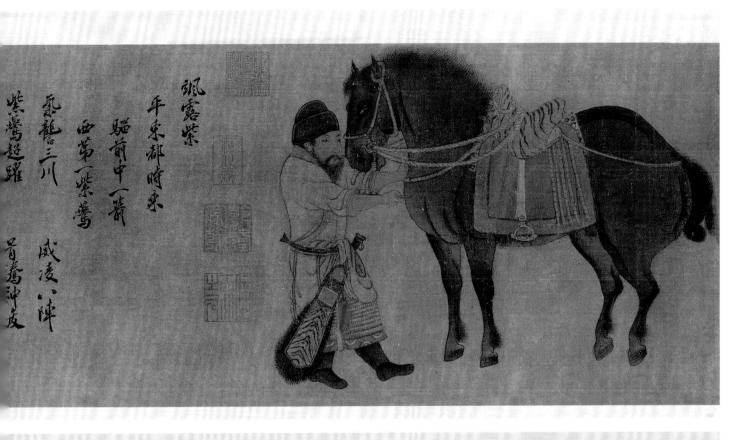

颯露紫
平東都時來
駿前中一箭
西第一紫騅
氣龍□三川
威凌八陣
紫騅馬超躍
冑騎馬沖突

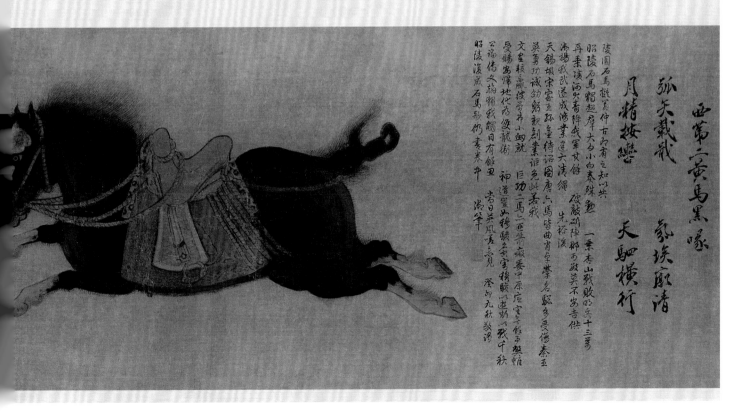

西第二黃馬黑喙
弧矢載戢
氛埃廓清
月精按轡
天駟橫行

陵園石馬歌有仲古以有之知以共
昭陵石馬猶超犀大勹小向秦殊塗
再秉漢河尖壽將我軍戈假
渴揚戎武遂成漢業達大清纒
天錫堪宋富五孫䢒待詎圖唐以馬皆曲肯卓榮君駿多受傷秦至
英勇功誠勁躬䂓業詎兔䕅若我
文皇糅高彼穹帬小奧就
巨功二馬亞禁中原店字銜子裴帷
受賜出歸地化為䌋龍術
神道靈山稜駿名字㮣駼以逆馺以戟千秋
云誧傳文錫猶我嗣日有餘里
昭陵渡咸石馬歌竹畫春中
滿筆

當日共風龍忠貫
癸卯九秋敬鍀

237

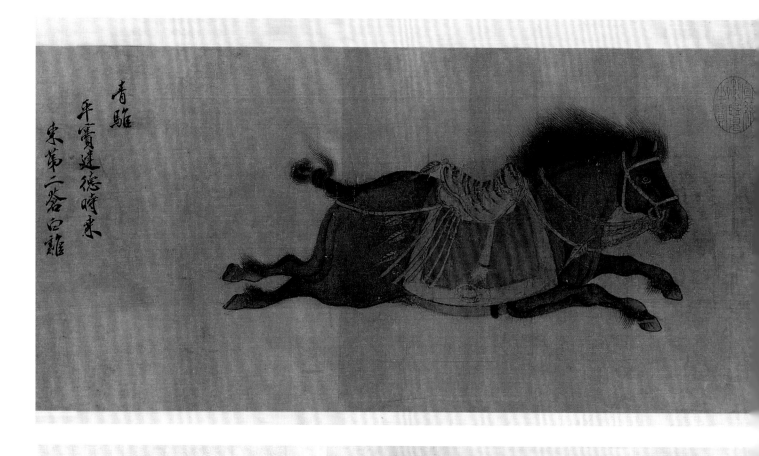

青騅

平實建德時乘

束第二斧白羅

什伐赤

平世元建德時乘

束第三純赤色前

中四箭背中一箭

滙澗未靜

斧鉞中威

朱許驍豈

青騅凱歸

宋家王孫至鉒詔猶出藝最稱牲少魚薦昭陵六馬圖六馬一二皆神肖天閑署驍非而師粉東乃鞍孫石名仲宗撰黃兩淫娘赤叟書法于秋柴垂馬皆有孫有次束桂之盒頻倒置何源朱寳宅刻舟不簽卸不一豆更肯獨立技雖邑弛建德寫領陳皆躬家馬或巾簽取法諍鯨回捲平書諳先雜斷再馳此完橫素疢撥鵣嘉琺自捲神弓兩使竣糿弘郡雜笑沂見開元乃誘照夜白弓中學隸好頷色丹青後世系譊釁三名起李圖三斬皀而貴賒釁三名起李圖三斬皀婆束秋七月上澣皀於函吳山莊洎肇

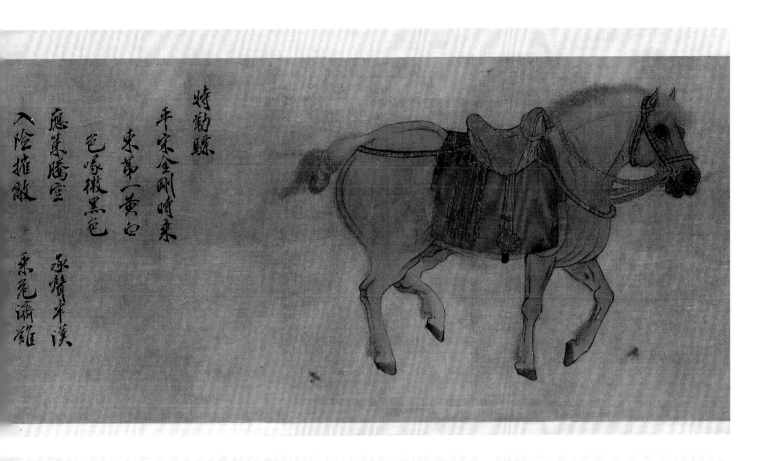

特勒驃　平定金剛時來　東第一黃白　色啄微黑色　應策騰空　入陰披敵　承膺半漢　來免濟艱

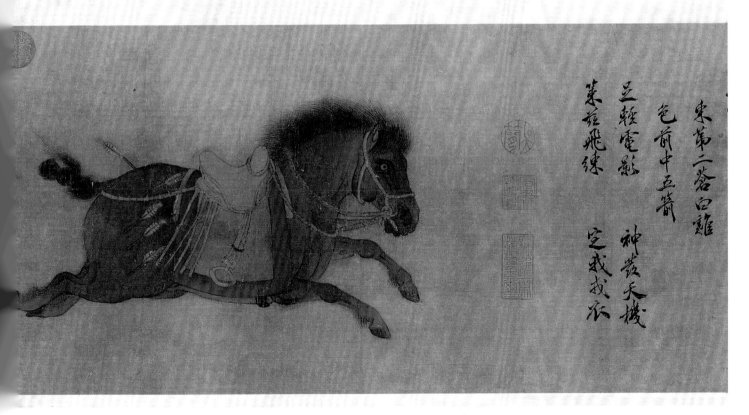

東第二鶻白黑　色前中五箭　迅輕電影　策茲飛練　神發天機　定我戎衣

239

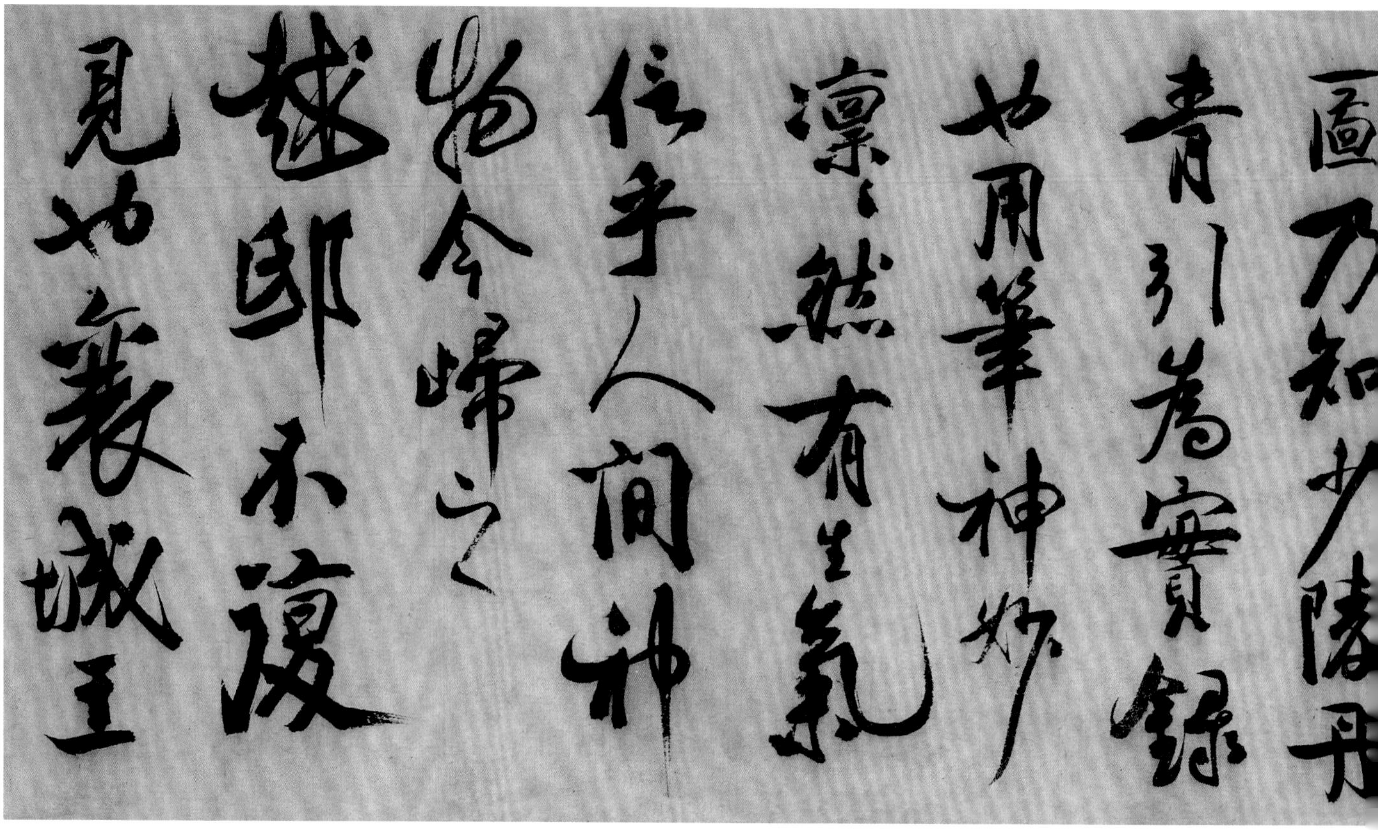

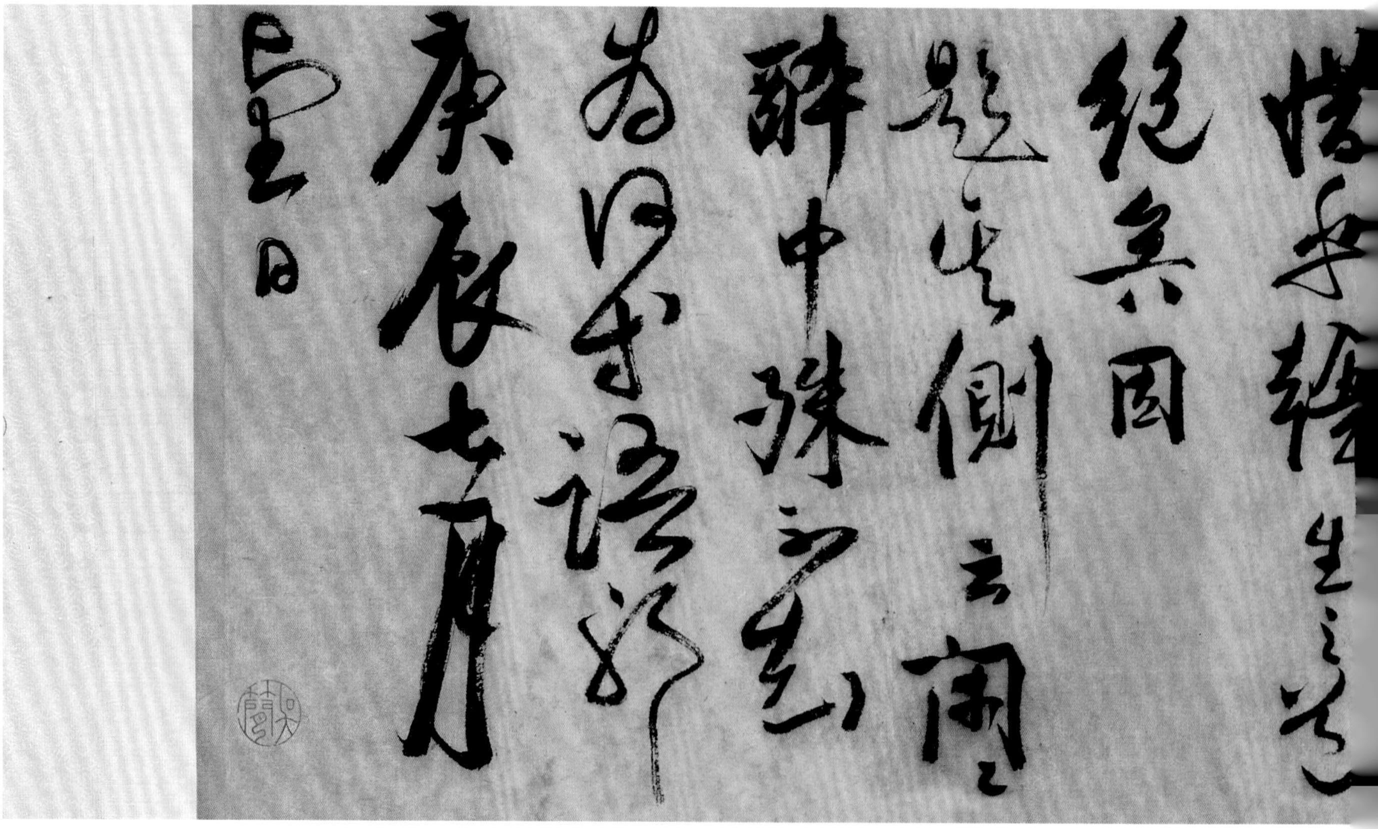

區乃知少陵丹
青引為實錄
也用筆神妙
凜凜然有生氣
任子人間神
物今婦之
遂郎永寢
見如襄城王

惜乎繪生之志
絕兵固
題語側云開
醉中殊云幻
為以未語於
庚辰七月

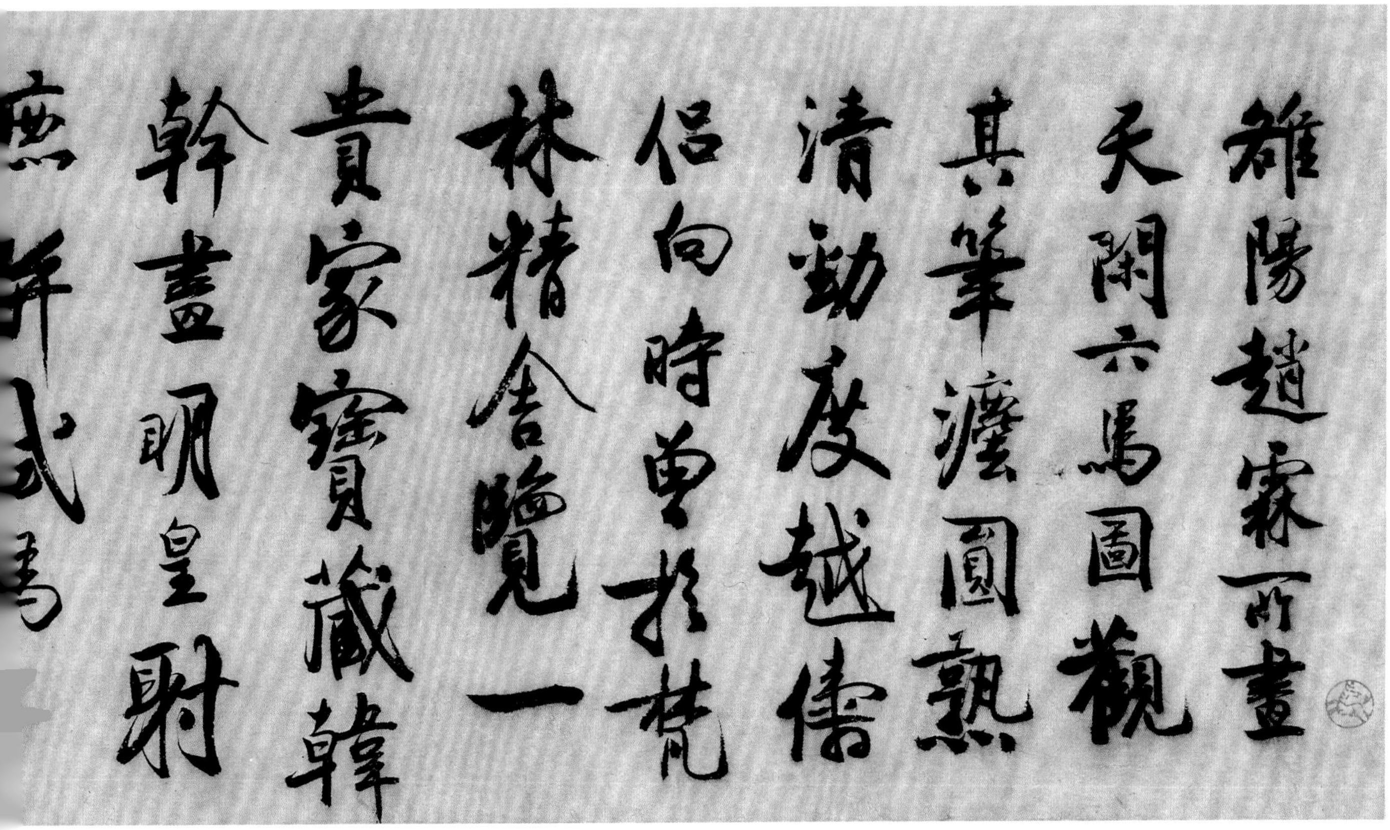

雒陽趙霖所畫
天閑六馬圖觀
其筆瀟圓熟
清勁度越儔
侶向時單於荒
林精舍瞻覽一
貴家寶藏韓
幹畫明皇點
庶幾式馬

越邸永寶
見如襄城王
持此圖
歡明季間
了霖在
吾宗時待
詔今日藝苑花

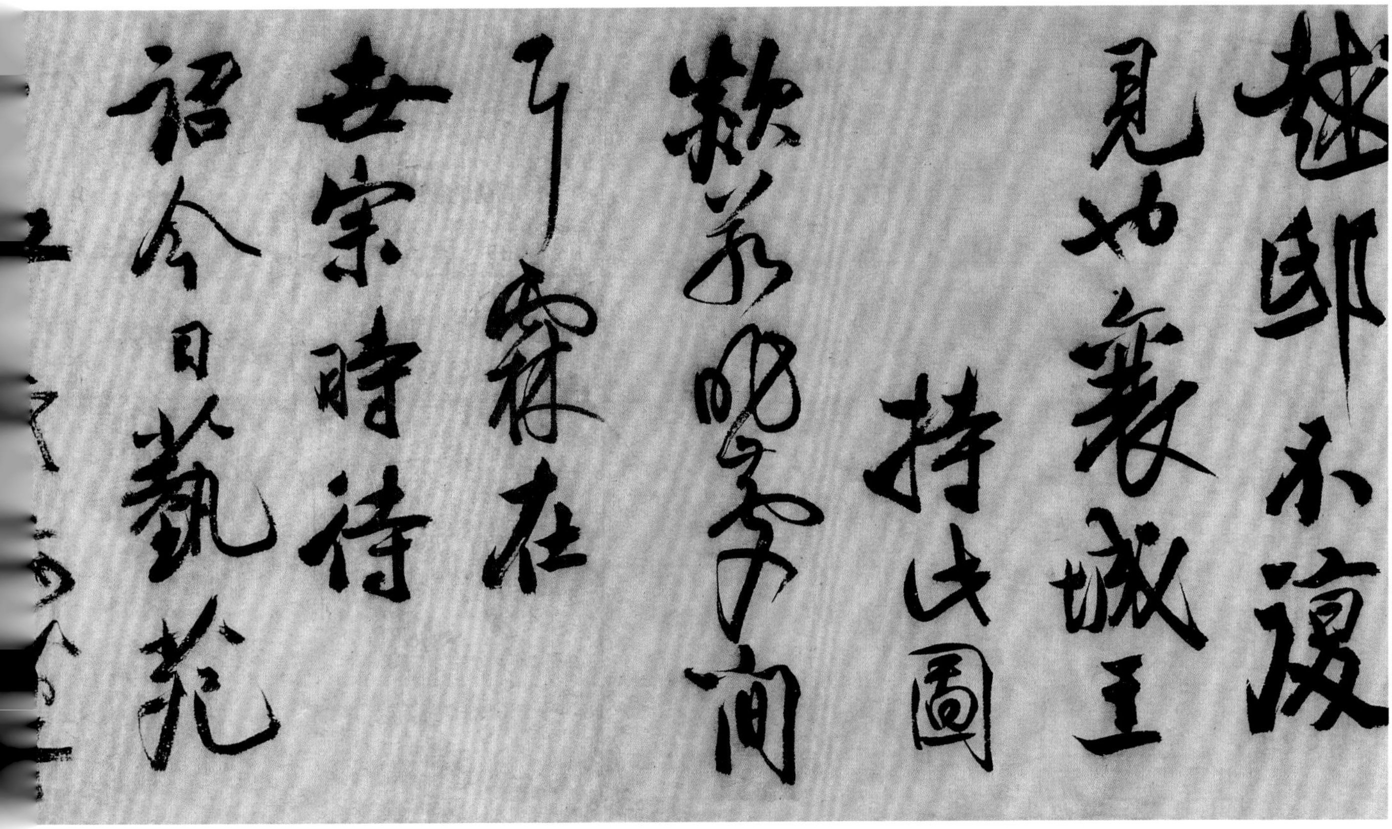

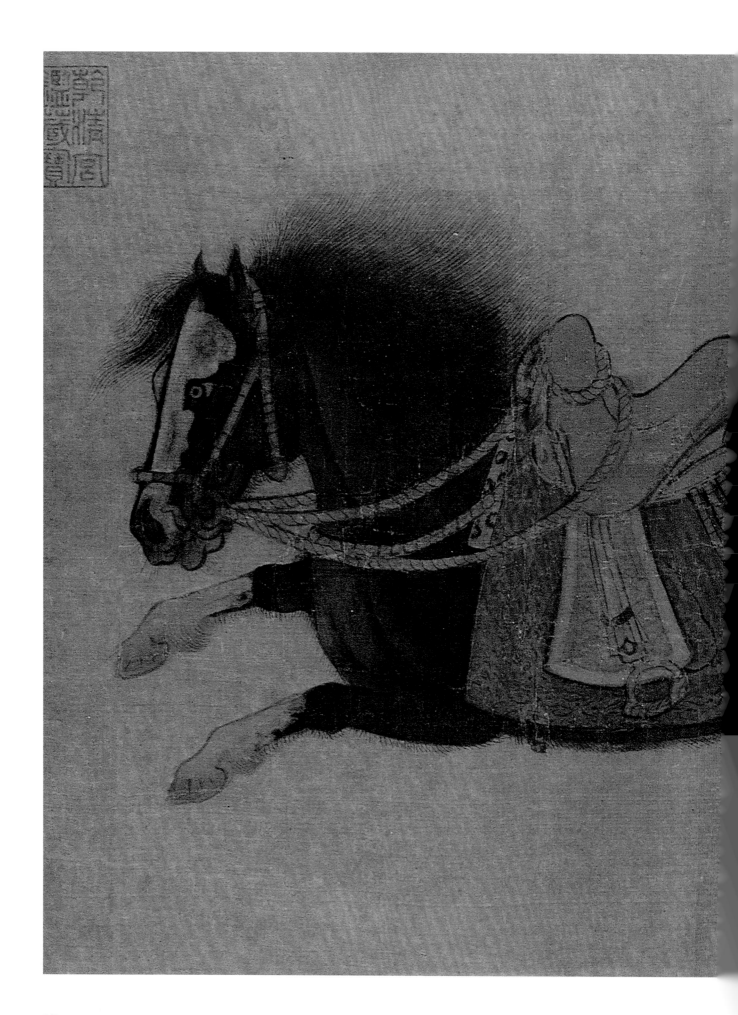

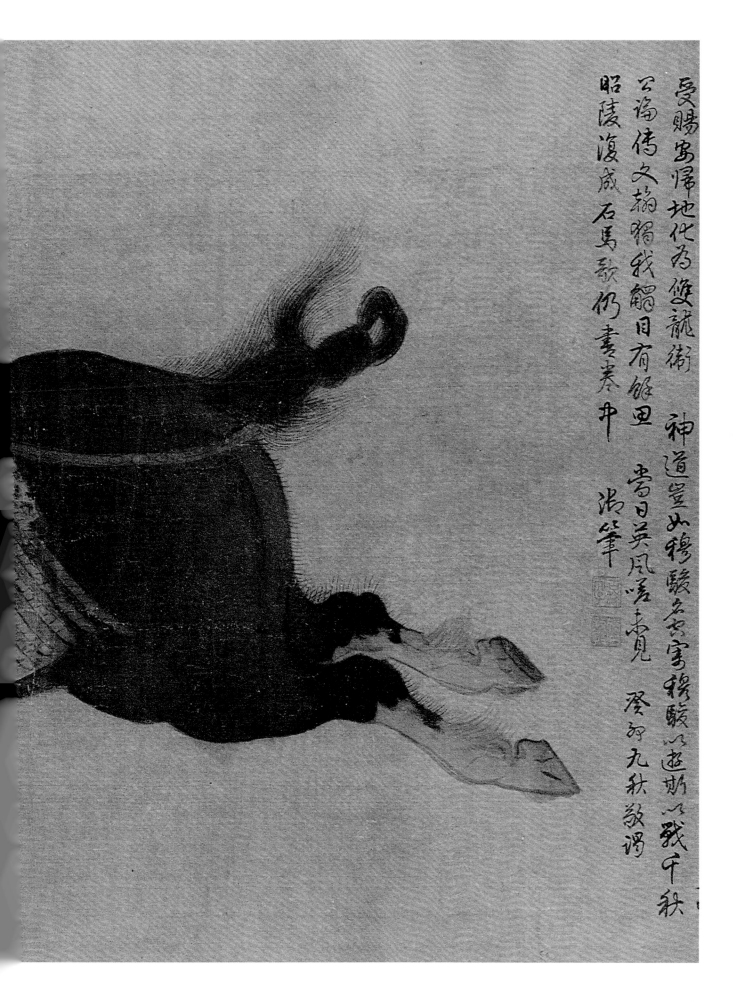

受賜寧歸地化為雙龍衛　神道豈此穆駿名實穆駿以遊斯以戰千秋
云誦傳文翰賜我驅日有餘里　雪日英風嗟每覓　癸卯九秋敬讀
昭陵復成石馬歌仍書奏中　淦筆

243

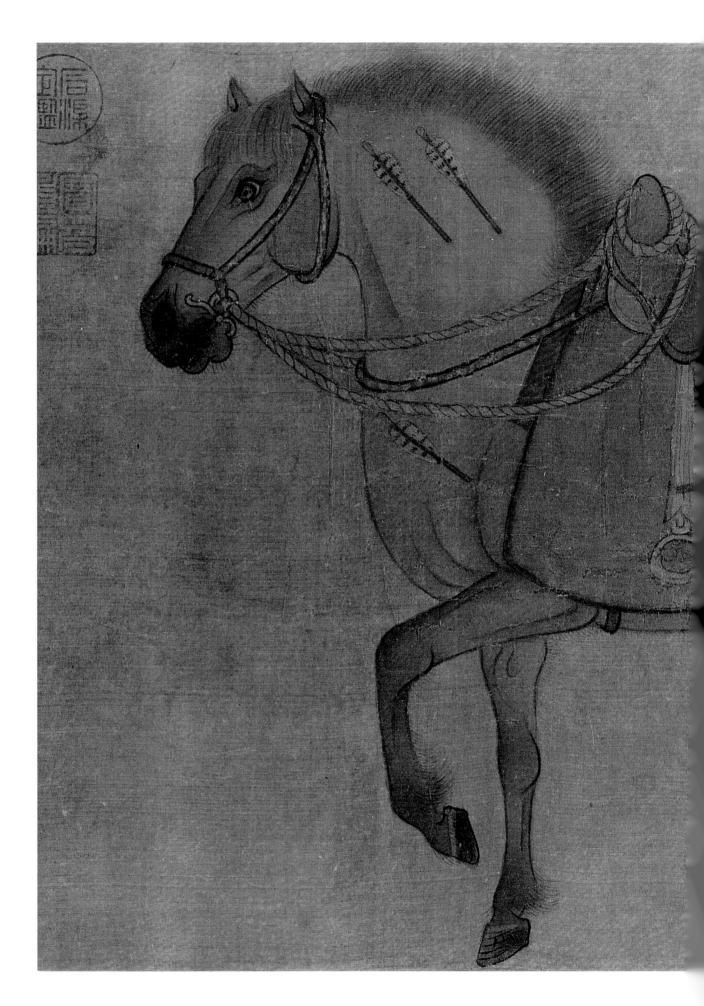

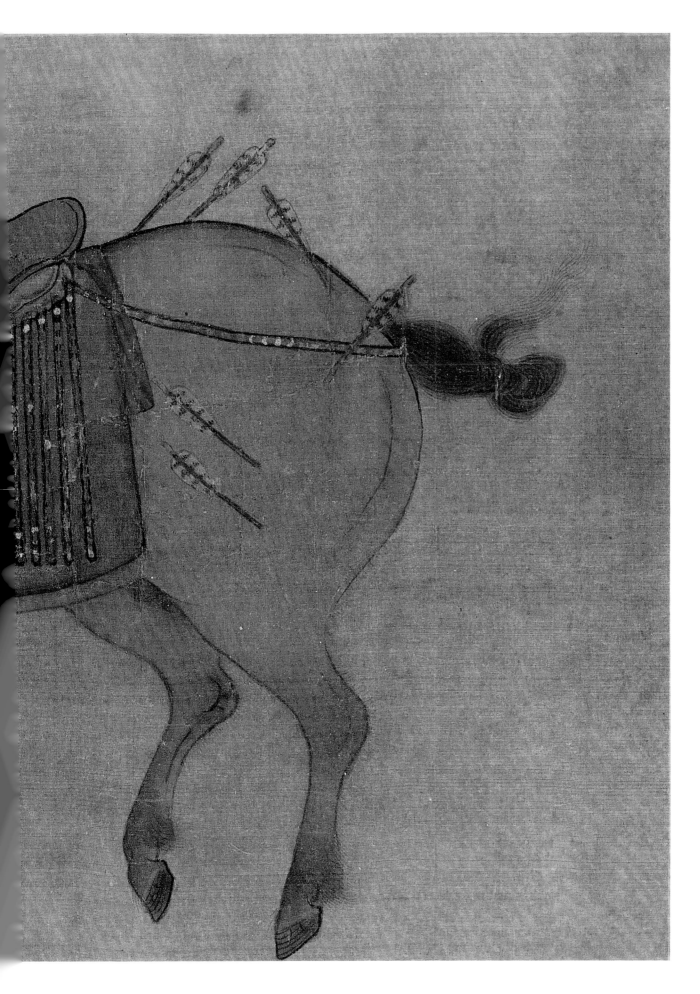

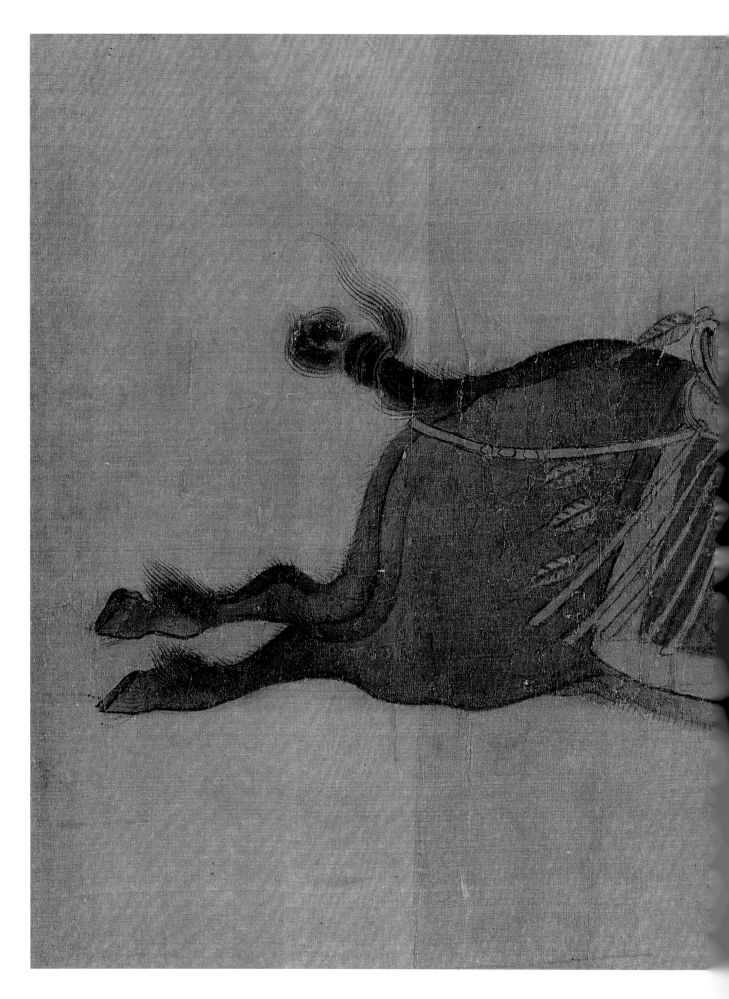

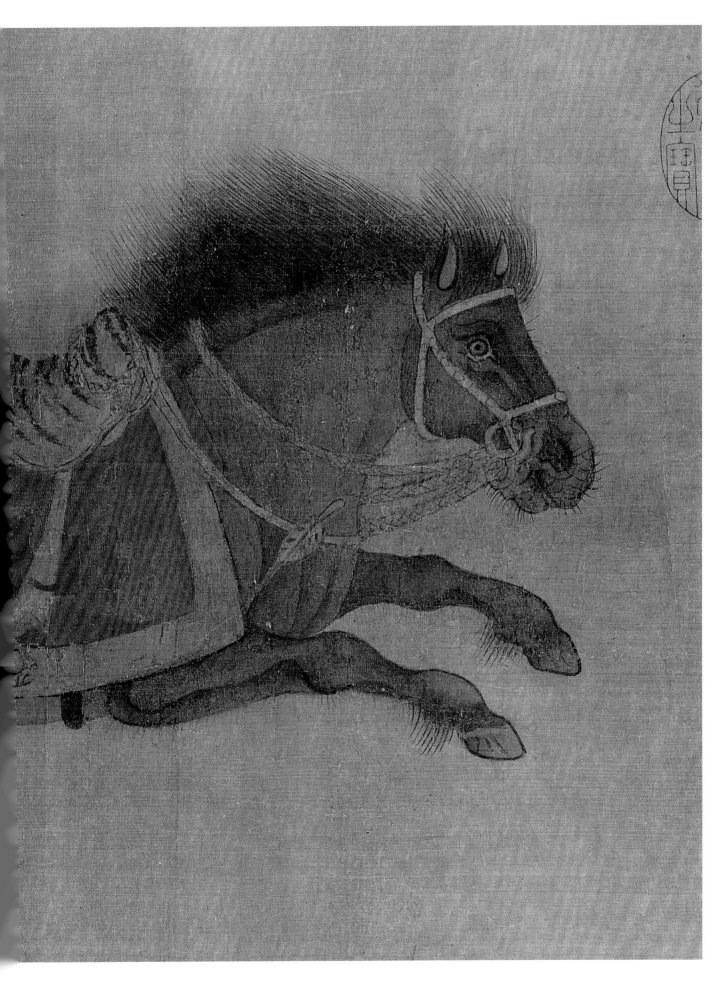

83

張珪　神龜圖卷
金
絹本　設色　縱34.5厘米　橫55.3厘米
清宮舊藏

Auspicious Tortoise
By Zhang Gui
Kin Dynasty
Handscroll, colour on silk
H.34.5cm　L.55.3cm
Qing Court collection

張珪，金正隆（1156—1161）年間人。
畫史言其工畫人物，形貌端正，衣褶
清勁，勾勒直欲駕軼前輩。可惜他的
人物畫皆已亡佚，本卷《神龜圖》是已
知的唯一傳世作品。

古人視靈龜為祥瑞。《神龜圖》繪一龜

伏於水邊沙灘，昂首向天，吐納山川
雲氣，採煉天地精華，是典型的"瑞
應圖"題材。龜的畫法，工細寫實，
而又不失生動。背景煙波浩渺，神秘
莫測。作者自署"隨駕"，此圖或為當
時供御之用。

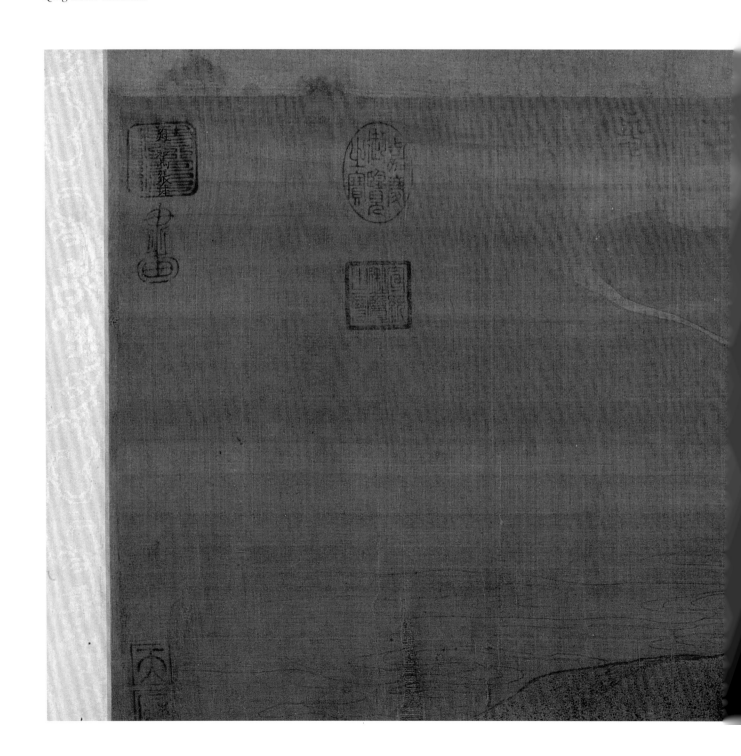

本幅款識："隨駕張珪"，下鈐"畫"（朱文）字印。款字上壓印一方，印文不辨。鈐鑑藏印"奎章"（朱文）、"天曆"（朱文聯珠）及清乾隆、嘉慶、宣統璽印六方。

尾紙有無款題跋。另有錢士升題詩一首。鈐鑑藏印"塞庵"、"大學士之章"、"野處"（白文）、"圭山小隱"（朱文）、"舜舉"（白文）、"項子京家珍藏"（朱文）等八方。

曾經《石渠寶笈初編》著錄。

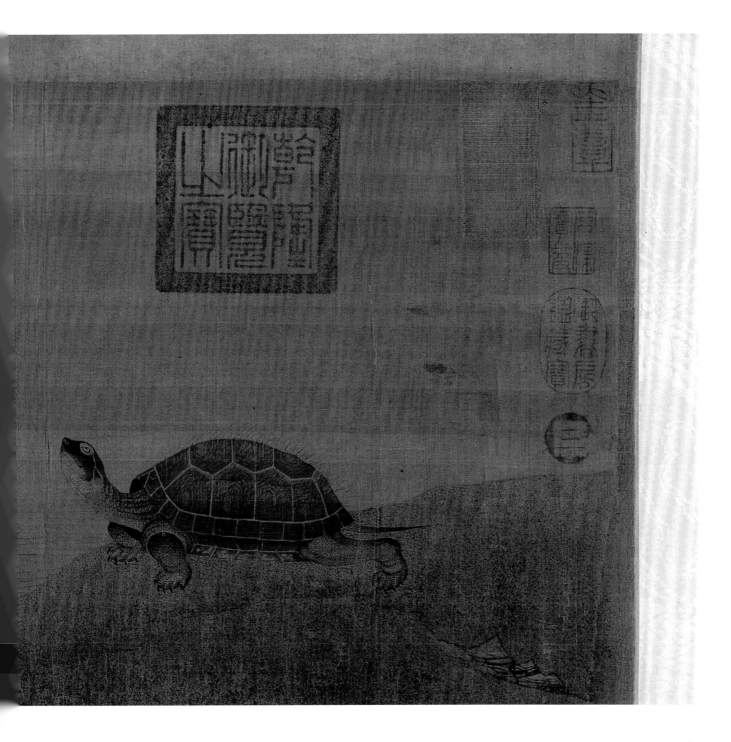

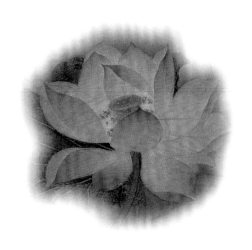

圖1　黃筌　寫生珍禽圖卷

前、後隔水鈐鑑藏印"錢氏素軒書畫之記"（朱文）、"東北博物館珍藏印"（朱文）、"蕉林秘珍"（朱文）、"吳□□鑑□□"（朱文）、"宣統鑑賞"（朱文）、"無逸齋精鑑璽"（朱文）、"用卿"（白文）"吳廷"（白文）。押縫印有"錢氏合縫"（朱白文鼎形）、"奉華之印"（朱文）、"隴西記"（朱文葫蘆形）、"師摯氏"（白文）、"長"（朱文）。

尾紙鈐"瑤暉堂印"（朱文）、"錢氏合縫"（朱白文鼎形）、"汪元臣"（朱文）、"師摯氏"（白文）、"觀其大略"（白文）、"曲阿薑二酉鑑藏"（朱文）、"張鏐"（白文）。

圖2　趙昌（傳）　寫生蛺蝶圖卷

前、後隔水鑑藏印"蕉林梁氏書畫之印"（朱文）、"家在北□"（朱文）及朱文半印；"張鏐"（白文）、"安定"（朱文）、"新宇"（朱文）、"吳希元印"（朱文）、"棠村審定"（白文）、"蕉林居士"（白文）、"宣統鑑賞"（朱文）、"無逸齋精鑑璽"（朱文）。

鈐鑑藏印"邗上張鏐黃美拜觀"（朱文）、"冶溪漁隱"（朱文）、"女明父"（朱文）、"張偉鑑定"（朱文）、"蒼財子"（朱文）、"蕉林鑑定"（白文）、"松雲居士"（白文）。

馮子振題詩：

"蚱蜢青青蚱蜢扶，草間消息未能無。尺綃何限春風意，約略滕王蛺蝶圖。前集賢待制馮子振奉大長主命題"。

趙巖題跋：

"粉翅濃香共撲春，林園仿佛落花塵。誰教草露吟秋思，驚覺南華夢裏人。趙巖"。鈐"巖"（白文）。

董其昌題跋：

"趙昌寫生曾入御府。元時賜大長公主者，屢見馮海粟跋，此其一也。董其昌觀"。鈐"董其昌印"（白文）、"太史氏"（白文）。

圖11　馬麟　層疊冰綃圖軸

本幅印鑑"項元汴印"（朱文）、"墨林山人"（白文）、"項氏子京"（白文）、"檇李項氏之家寶玩"（朱文）、"項墨林鑑賞章"（白文）、"項子京家珍藏"（朱文）、"墨林秘玩"（朱文）、"商丘宋犖審定真跡"（朱文），"汝修"（白文）、"顧氏□閣珍藏"（朱文）。半印"典禮紀察司印"（朱文），另一方印文不識。

裱邊鈐"教育部點驗之章"（朱文）。

圖21　法常　水墨寫生圖卷

沈周題跋：

"余始工山水，間喜作花果草蟲。故所畜古人之制甚多，率尺紙殘墨，未有能兼之者。近見牧溪一卷于皰庵吳公家，若果有安榴、有來禽、有秋梨、有蘆橘、有薜荔、若花有菡萏，若蔬有菰蒻、有蔓菁、有園蘇、有竹萌，若鳥有乙鳥、有文鳧、有鶺鴒，若魚有鱨、有鮭，若介蟲有郭索、有蛤、有螺。不施彩色，任意潑墨漬，儼然若生。回視黃筌、舜舉之流，風斯下矣。且紙色瑩潔，一幅長三丈有咫，真宋物也。宜乎公之寶藏也歟！沈周"。

圖66　佚名　百馬圖卷

後隔水鈐鑑藏印"司禮太監黃賜圖書"（朱文）、"克征私印"（白文）、"潔躬"（朱文）、"曹溶私印"（白文）、"宣統鑑賞"（朱文）、"無逸齋精鑑璽"（朱文）。

李宏題跋：

"經歷隴西，君出示唐人《百馬圖》，其立行蹄齓，百態各新，皆曲盡其妙，豈非曹（霸）、韓（幹）之餘意也。作歌以題卷首云：'昔人愛馬成馬癖，一幅霜縑圖百匹。陡塘半刷毛未乾，疑是龍媒渥窪出。春風萬里春草長，嘶鳴啼齓行相將。四方平定爾無用，別有東征下海航。'汴梁李宏"。

□晦題跋：

"躍龍門外春生渚，綠衣奚官通馬語。天廄曉開十二閒，掣電團風不及數。豈無驪黃抱月烏，行行試看渥窪駒。朝別幽燕夕秣吳，馬中有龍子信夫。畫師手段書生眼，只識晴窗《百馬圖》。晦頓首"。鈐鑑藏印"冶溪漁隱"（朱文）。

圖67　韓滉　五牛圖卷

前隔水鈐"三希堂"（朱文）、"石渠定鑑"（朱文）、"寶笈重編"（朱文）、"天籟閣"（朱文）、"項子京家珍藏"（朱文）等印。後隔水鈐"汪廷堅印"（白文）、"學山"（朱文）、"檇李項氏之家寶玩"（朱文）、"八徵耄念之寶"（朱文）、"五福五代堂古稀天子寶"（朱文）等印。

趙孟頫題記：

"余南北宦遊於好事家，見韓滉畫數種賢官，畫有《豐年圖》、《醉學士圖》（最神）、張可與家《堯民擊壤圖》（筆極細）、鮮于伯幾家《醉道士圖》與此五牛皆真跡。初，田師孟以此卷示余，余甚愛之，後乃知為趙伯昂物，因託劉彥方求之，伯昂欣然輟贈，時至元廿八年（1291）七月也。明年六月攜歸吳興重裝。又明年，濟南東倉官舍題。二月既望　　趙孟頫書"。

尾紙鈐"子京"（朱文）、"世"（朱文）、"鈺"（朱文）、"汪庭堅印"（朱文）、"墨林山人"（白文）、"項墨林父秘笈之印"（朱文）、"退密"（朱文）、"趙氏子昂"（朱文）、"孔克表印"（白文）、"平生真賞"（朱文）、"乾"（朱文）、"隆"（朱文）及清人名章五十餘方。

圖68　李公麟　臨韋偃牧放圖卷

明太祖朱元璋跋：

"朕起布衣，十有九年。方今統一天下，當羣雄鼎沸中原，命大將軍帥諸將東盪西除，其間跨河越山，擒賊侯，摧堅敵，破雄陣。每思歷代創業之君，未嘗不賴馬之功，然雖有良騎無智勇之將又何用也！今天下定，豈不居安思危，思得多馬牧於野郊，有益於後世子孫，使有防邊禦患備慮間。洪武三年（1370）二月二十三日坐於板房，忽見羽林將軍葉升攜一卷詣前，展開見李伯時所畫《羣馬圖》，藹然有紫寒之景。嗚呼！目前盡獲唐良驥，豈問胸中萬畝機。"

圖82　趙霖　昭陵六駿圖卷

趙秉文題跋：

"雒陽趙霖所畫《天閒六馬圖》，觀其筆法圓熟清勁，度越儔侶。向時曾於梵林精舍覽一貴家寶藏韓幹畫明皇射鹿並試馬二圖，乃知少陵《丹青引》為實錄也。用筆神妙，凜凜然有生氣，信乎人間神物。今歸之越邸，不復見也。襄城王持此圖，欻若昨夢間耳。霖在世宗時待詔，今日藝苑中無此奇筆，惜乎韓生之道絕矣，因題其側云。間間醉中，殊不知為何等語耶。庚辰七月望日"。

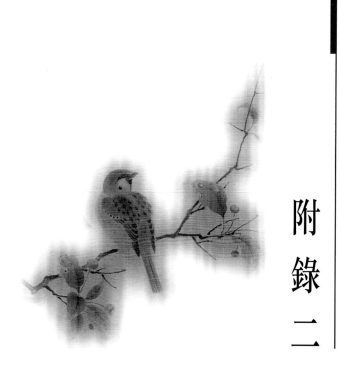

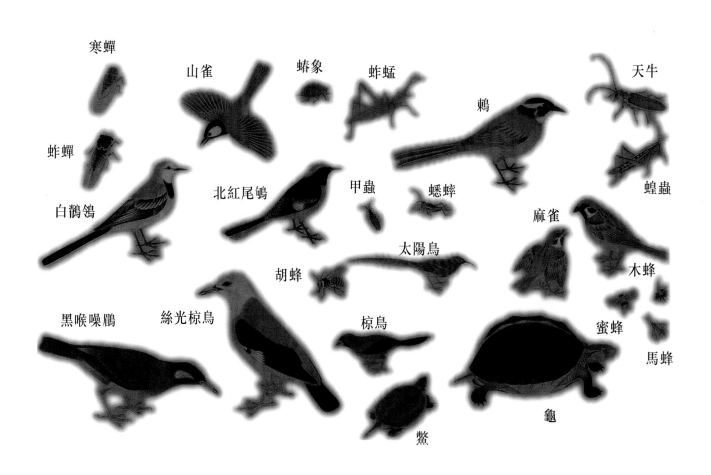

寒蟬

蚱蟬

山雀

蝽象

蚱蜢

鵙

天牛

白鶺鴒

北紅尾鴝

甲蟲

蟋蟀

蝗蟲

黑喉噪鶥

絲光椋鳥

胡蜂

太陽鳥

麻雀

木蜂

蜜蜂

馬蜂

椋鳥

龜

鱉

圖1　黃筌　寫生珍禽圖卷　禽鳥龜蟲名

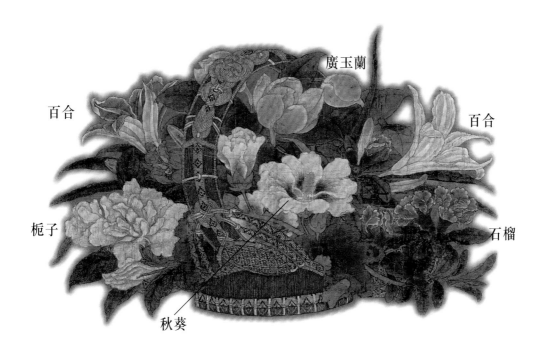

廣玉蘭

百合

百合

栀子

石榴

秋葵

圖20　李嵩　花籃圖頁　花草名

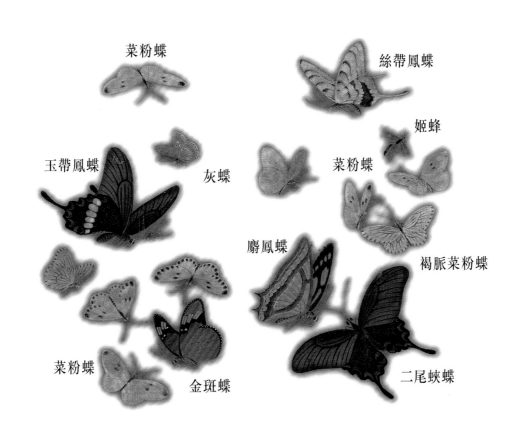

菜粉蝶

絲帶鳳蝶

姬蜂

玉帶鳳蝶

灰蝶

菜粉蝶

麝鳳蝶

褐脈菜粉蝶

菜粉蝶

金斑蝶

二尾蛺蝶

圖60　佚名　晴春蝶戲圖頁　蝴蝶名

鳴謝

北京自然博物館專家委員會委員李湘濤

以及李竹、袁峰、殷學波